汉语句法的语用属性

张伯江 / 著

图书在版编目（CIP）数据

汉语句法的语用属性 / 张伯江著. —北京：商务印书馆，2022
ISBN 978-7-100-20931-1

Ⅰ. ①汉…　Ⅱ. ①张…　Ⅲ. ①汉语—句法—研究
Ⅳ. ① H146.3

中国版本图书馆 CIP 数据核字（2022）第 048238 号

汉语句法的语用属性
张伯江　著

商　务　印　书　馆　出　版
（北京王府井大街 36 号　邮政编码 100710）
商　务　印　书　馆　发　行
北京艺辉伊航图文有限公司印刷
ISBN 978 - 7 - 100 - 20931 - 1

2022 年 4 月第 1 版　　　开本 710 × 1000　1/16
2022 年 4 月北京第 1 次印刷　　　印张 $23\frac{3}{4}$

定价：98.00 元

目　录

第一部分

话题结构

第一章　汉语话题结构的根本性

1.1　汉语话题结构是基本句法结构

关于汉语句子“话题性”的说法由来已久，多是与英语句子那样的“主语性”相对而言的。西方比较通行的语法著作里常常是说：那些跟句子谓语里主要动词没有语义角色关系的成分，在英语里很难直接充当句法成分，大多需要用speaking of或者as for等成分引导出来。Andrews（2007）在讨论以下例句“Speaking of Jim, what's Harriet been up to lately?”时就说：“Jim作为句子话题被提及，是句子关涉的对象，但谓语没有为其指派语义角色。”他同时举出汉语“这场火幸亏消防队来得快”以及拉祜语和日语为例，说明东南亚语言里比较多见这种“话题”直接做句法成分的现象。至于东南亚语言里的话题角色究竟是什么样的句法角色，多数论著语焉不详，似乎倾向于认为日语的形式——以不同的句法标记区别话题和主语——能够大致反映东亚“话题型语言”的总体面貌。中国的很多学者也持此观点，有代表性的如Chen（1996），徐烈炯、刘丹青（2007/1998）等，他们给了汉语话题一个明确的句法位置，以强调汉语话题的重要性，这无疑是看重汉语特点的。但是，汉语话题的重要性，还可以从另外的角度来认识。

最早提出汉语话题性的是赵元任（1968）。值得注意的是，赵先生并没有提出要区分汉语里的“话题”和“主语”，而是主张“汉语的主语就是话题”。对此，沈家煊（2012b）有很好的讨论，他说：“赵先生在明明知道有许多人在语法上把话题和主语区分开来，却仍然说汉语主语的‘语法意义’就是话题，这才是耐人寻味的。赵先生当然知道日语里主语用标记ga，话题用标记wa，也知道印欧语里主语和谓语动词有一致关系，主语必是谓语动词的一个论元，赵先生逻辑学的功力更是非常人可及，他的高明之处在于摆脱日语和印欧语的眼光，道出了汉语的特点。”的确，如果不是像日语那样可以明确用句法标记来区分两种不同的成分的话，硬要在汉语里区分话题和主语就会遇到一个很大的逻辑难题，即，如果句首只有一个主体成分出现时，我们是把它看成省略了话题的主语呢，还是省略了主语的话题？杨成凯（2000a、b）对此做了详细的讨论。

赵先生话题学说的深刻性在于，他是从汉语的全局性特征出发得出这个论断的。汉语区别于印欧语的全局性特征是什么？那就是，印欧语的句法基本是基于论元关系构造的，而汉语不是，汉语句法构成的基本单位是“零句”，零句与零句之间的关系是多种多样的。沈家煊（2012b、c）中，从汉语自身的逻辑特征以及汉语零句之间的话语关系角度，充分阐述了汉语句子结构“话题性”是根本。认识这个根本性，有一个重要的意义，那就是，我们应该更明确、更清醒地用汉语的眼光去理解汉语的句子，而不是像面对印欧语句子一样先去寻找论元关系。在日常的汉语语言生活中，经常发生忽视汉语特点而导致误读的现象。本章就是立足于一些汉语实例的讨论和思考，说明在汉语里着意寻找句首成分的论元关系可能会导致汉语特点的迷失，汉语话题结构在汉语语法里的深刻影响力还需得到更多的重视。

1.2　“云想衣裳花想容”——话题不是动作者

赵元任说：“主语和谓语的关系可以是动作者和动作的关系。但在汉语里，这种句子的比例是不大的，也许比50%大不了多少。因此，在汉语里，把主语、谓语当作话题和说明来看待，较比合适。”赵先生举了李白的名句“云想衣裳花想容”为例，说明这句话的意思是“云使人想起她的衣裳，花使人想起她的容貌”。这个例子是他关于汉语话题句不能简单用“动作者—动作”理解的最好说明：如果按“动作者—动作”来理解，则“云”和“花”就成了“想”这个行为的发出者，完全不是诗人的原意了。最正确的句法观，就是把“云”和“花”都看成话题，把“想衣裳”和“想容”看成说明，“想”行为的发出者不理解成紧邻它们前边的句法成分。

这使我们想起了另一个唐诗句子的理解，那就是“花溅泪”和“鸟惊心”的掌故。吕叔湘（1988）说：“我在《中国文法要略》里用杜诗‘感时花溅泪，恨别鸟惊心’做动词的致动用法的例子，就是说，溅的是诗人的泪，惊的是诗人的心。有的读者不同意，认为这里用的是修辞学上的拟人格，花溅的是它自己的泪，鸟惊的是它自己的心。这样一来，就得说感时的是花，恨别的是鸟，全与诗人无干。最近读《温公续诗话》，有一条谈到这两句诗：‘近世诗人杜子美最得诗人之体。如“国破山河在，城春草木深。感时花溅泪，恨别鸟惊心”——山河在，明无余物矣；草木深，明无人矣；花鸟，平时可娱之物，见之而泣，闻之而悲，则时可知矣。’”如果按赵元任的提醒，可以知道把“花/鸟”理解为动作“溅泪/惊心”的发出者未必是最符合汉语实际的，吕叔湘的理解事实上是最符合汉语“话题—说明”结构的解读。

其实，不只是在诗句里，许多俗语的意思也是只有用“话题—说明”结构去解读才能正确理解，例如：

“萝卜快了不洗泥”，周一民（2009）的解释是：“谓干活速度加快，就不能太细致，就要降低质量。”举例有“几番摸爬滚打，几番冲锋陷阵，到了年底瞧准了北京站这个好地界儿，根据‘萝卜快了不洗泥’的古训又把一大批装有半头砖的点心匣子抛了出去”，“女售货员笑道：‘萝卜快了不洗泥，萝卜慢了代剥皮！’没铃没锁还抢不着呢，拿票来！”这句俗语，“萝卜”当然不能理解为动作者，“洗泥”和“剥皮”的动作者并没有出现在字面上。这跟“想衣裳/想容”“溅泪/惊心”的动作者并没有出现在字面上是一样的。

1.3 “三下五除二”——准确离析出话题部分

“三下五除二”也是一句俗语，现在多用来形容“办事麻利干脆”（周一民，2009）。其实，这话来自珠算口诀。原本是指当加数是三时，拨下一粒表示“五”的上珠，再在被加数的下珠中除去二。可见，这是说明一个涉及“三”的运算。句子的结构应该是以“三”为话题，“下五除二”是对它的说明。从这句话的本意看，似乎与“麻利干脆”没什么联系。我们想，可能是俗语使用中，误把“三下”当成一个词理解造成的，“三下两下”一般是表示简洁快速意义的。这是一个未能准确把握汉语话题结构、未能准确离析出话题成分的俗语误读例子。

再看一个俗语“站着说话不腰疼”。这句话的来历暂未考知，但是我想，把“站着”理解为“说话”的状语怕是不太合适。“站”从古至今都有“停”的意思，所谓“不怕慢就怕站”就是用的“站”的“停”义。“站着”就是“停着”，就是不工作。当别人都在弯着腰不停地耕作的时候，却有不劳作的人在那里说闲话，当然体会不到劳作者的辛苦，这就是“站着，说话不腰疼”。这又是一个未能准确离析出话题成分“站着”的独立句法地位的例子。

再说一句现代诗句。毛泽东词《忆秦娥·娄山关》里有一句“雄关漫道真如铁，而今迈步从头越”，意思是“不要说娄山关像铁一样难以逾越，而今我们要大踏步越过去”。从句法上说，“雄关”是话题，“漫道真如铁”是对它的说明，其中“漫道”是插入语。近年来人们引述这句话的时候，常常把“雄关漫道”误会成一个成语，误会成“雄伟的山关，漫漫的道路”的意思了。这也是没有准确地把话题成分“雄关”离析出来所致。

1.4 “三天打鱼两天晒网”——并列的样式，不并列的结构

“三天打鱼两天晒网”是一句批评人做事不认真、缺乏恒心的俗语，它的确切比喻意义是怎么来的呢？如果看成两个并列的结构，即“三天VP_1，两天VP_2”的话，依照语法书的说法——“表示时间长短的词语放在动词前头，……表示一个动作持续多久，但必须两件事情一块儿说，例如‘半天工作，半天学习’”（吕叔湘，1977）——那么这个俗语字面上应该是以五天的时间段设喻，说一个人用了五天里的三天从事打鱼，另外两天用来晒网。不过从常理来看，一个人把60%的时间用于打鱼，少量时间晒网，并没有什么可指责的。事实上，这句话还是把“三天打鱼”理解为话题、“两天晒网”理解为说明最好。这样，“打鱼”不是指一个行为，“三天打鱼”是一个用来谈论的话题，在这个话题之下，说话人指责某人用三分之一的时间从事打鱼行为，三分之二的时间用来晒网，少干活多休息，这当然是很不合理的做法了。如此看来，同样是“时间词+VP_1，时间词+VP_2”样式，“半天工作，半天学习”是并列关系，“三天打鱼，两天晒网”则不是并列关系，而是存在隐含的“话题—说明”关系的。“汉语就是这样，经常用两个句段的并置来表达意义上的各种关联”。（沈家煊，2012c）

沈家煊（2012d）也有一个涉及并列结构的例子：“有一个笑话，过去生产队分谷子，有个单身汉很懒，工分少谷子也当然分得少。这个懒汉就同生产队长吵了起来。生产队长说：‘毛主席讲的，四体不勤，五谷不分！谁叫你四体不勤？你四体不勤，我就五谷不给你分！’‘四体不勤，五谷不分’本来是两个小句并置的流水句，但是人们总是倾向于在意义上建立某种主从关系。”故事里生产队长是把

“四体不勤”当作条件式话题处理的。这个误读与“三天打鱼两天晒网”的误会方向正好相反。

1.5 “曹操收去青龙伞”——韵律结构帮助辨识话题结构

传统京剧《甘露寺》里，乔玄在向吴国太介绍蜀国大将张飞时说：“这位将军，在当阳桥前大吼一声，吓得曹操收去青龙伞，惊死夏侯杰。这位将军好威风啊，好煞气呀！”（《马连良演出剧本选集》，中国戏剧出版社，1963）

从字面上看，我们看到这段话谈及三个事件，分别是1）张飞大吼一声；2）（吓得）曹操收去青龙伞；3）惊死夏侯杰。三者之间的关系似乎应该是：事件1）为话题，事件2）和事件3）为两个并列的说明。即，“大吼一声”造成两个后果，一是吓得曹操收伞，二是吓死了夏侯杰。

但是我们听了此剧舞台实况，演员实际演出时候的节奏处理，却跟我们由字面观察得出的分析大不相同。最大的不同，一是“吓得曹操”四个字后有一个清楚的停顿，表明这里是一个话题；二是“收去青龙伞”和“惊死夏侯杰”这十个字，用的是清楚的上下句的语调念出的，表明演员对句子的心理切分是把这两个片段当成两个并列的说明。也就是说，有声语言韵律结构反映的事实是：

曹操【话题】，收去青龙伞【说明1】，惊死夏侯杰【说明2】。

这个事实提示我们，“曹操收去青龙伞”不是普通的“施事+动词+受事”结构，“曹操”不是一个动作者，它只是一个话题，代表的是交战中的魏军（比如我们说“率领数万人马攻打曹操”这句里的“曹操”代表的就是“魏军”），当张飞“大吼一声”发生后，“曹操”

这一方产生了两个结果：一是统帅者头上的青龙伞被迫收去了，二是主帅身边一位将军意外吓死了。从句法上说，“曹操收去青龙伞”，“曹操”并不是动作者，只是话题，跟“林则徐摘去顶戴花翎”一样；“惊死夏侯杰”同样不是曹操做了什么，他只是代表这个阵营，属于这个阵营的一个将军死了，跟“王冕死了父亲”一样。

需要更严密解释的事实是，为什么在韵律形式上“吓得曹操”四个字组合成一个韵律单位？这种“得”字补语句的韵律特征，其实李临定（1963）就有过清楚的认识，并讨论过句中相关成分的句法语义属性。结合现代语言学关于韵律单位与信息单位相应的观点，以及赵元任的“零句说”，我们有理由把“吓得曹操”当作一个独立的单位看，它既是前面话题“大吼一声”的一个说明，本身又是一个话题，引出进一步的说明。（这种话题与说明的连环关系，沈家煊1989、2012b有详细讨论）

像这样的韵律单位代表一个话题的情况，在戏剧演出中不乏实例。京剧《空城计》里诸葛亮听说马谡失守街亭的消息以后，有一段自叹的念白：“想先帝在白帝城托孤之时，言道马谡言过其实，终无大用。悔不听先帝之言，错用马谡，失守街亭，我是悔之晚矣！”这段话里值得注意的是，舞台实现时，“言道马谡言过其实，终无大用”这一句的韵律结构，并不是“言道|马谡言过其实，终无大用”而是“言道马谡|言过其实，终无大用”，这就意味着“言道马谡”是一个心理切分的话题。同样，此剧里还有一处：“人道司马用兵如神，今日一见，是令人可服，令人可敬呀！”韵律结构也是“人道司马|用兵如神”而不是“人道|司马用兵如神”。

论元结构是人们惯于接受的结构，因为它代表了“理想认知模型”（详见§1.8）；话题结构是汉语的根本结构，是汉语使用者表意的最自然渠道。人们有时利用论元结构的惯常性与话题结构的根本性之间的不一致关系来增强语言的表现力，辨识的手段就是韵律特征。有一个化妆品的广告词是“你值得拥有”，这句话形式上类同于

"施事+谓语"的句子，使人们接受起来很自然，然而仔细思考起来，其中的语义关系并不是论元关系，"你"是话题成分。这个广告的有声形式也是在"你"字后面形成一个明显的停顿。

1.6 "大河有水小河满"——顺向的语序，逆向的推理

周一民（2009：49）对这个俗语的释读代表了一般的看法："比喻全局好了，局部也会受益。反面是'大河没水小河干'。"举例取自刘绍棠的小说《鱼菱风景》："而且，大河涨水小河满，鱼菱村生产大队这两年的工值，也是直线上升；年关分红，杨家的几个劳力更分到一大笔现款，鼓囊囊的装满了腰包回家来。"

这种理解或许是有问题的。如果"小河"指的是大河的支流的话，按常识，是小河里的水流到大河里，大河才满的，而不是大河水满了分给小河的。

这句俗语本身违背了常识吗？我想未必。上述解读是以"大河有水"为普通条件式话题，"小河满"为相应的结果式说明。事实上这句话还可以有另外的解读方式，即，"大河有水"为现实性条件式话题，"小河满"为推断性结果式说明。说话时的情境是：看见大河里有水，可以推断出上游小河里水是满的；看见大河里没水，可以推断出上游小河里水是干的。这后一种理解是在知域里说的，前一种解读是行域里的。从话题到说明的顺向语序，都是因果关系，行域的理解是物理世界的前因后果，知域的理解是心理世界的回溯推理，也是基于现实条件得出的推论性结果。两种理解各自遵从不同认知域的因果关系，只不过后一种知域的理解更合乎常识而已。

与此相类似的是对另一个俗语"墙倒众人推"的理解。很多人依物理世界的前因后果关系，把这话的意思理解成"落井下石"，"比喻人一旦失势倒霉，大家就都来欺负、攻击他"（周一民，2009：183）。从事理上讲，墙既倒了以后就没法推了。更合理的解释是：

看见墙倒掉了的事实，推断一定是此前许多人推墙导致的结果，仍然是一种回溯推理。这句话说全了是“墙倒众人推，鼓破万人捶”，道理很显著：墙倒了就没法再推了，鼓破了也不会有人再捶了；一定是面对倒了的墙和破了的鼓，推断这个事实的背后是多人施加影响所致。

1.7　纠缠的逻辑关系，平铺的流水句

吕叔湘《沙漠革命记》（辽宁教育出版社，1997）“重印题记”里，有这样一句话：

> 多少年以前，爱因斯坦，他本人是纳粹反犹运动的受害者，犹太复国主义的赞助者，可是他对二十年代巴勒斯坦的犹太人对待阿拉伯人的作法就提出过批评。

这里最容易识别的成分是话题“爱因斯坦”，其后有三个平铺的小句。从词语之间的呼应关系看，这里有两套逻辑关系：

1）多少年以前，他……就提出过批评。

2）他本人是……，可是他对……提出过批评。

如果按普通语法常识，“他本人是纳粹反犹运动的受害者，犹太复国主义的赞助者”算是一个“插入语”。依照插入语的定义，删掉它，原句结构应该不受影响。但是我们试着删去这个插入成分，其后的“可是”就显得突兀，不知与谁照应。原因在于，这个插入语之外的“可是”呼应的是插入语里的“他本人是……”。

这说明什么呢？其一，它说明汉语的“话题—说明”结构不是像“主语—谓语”那样联系紧密的呼应关系；其二，汉语多个零句之间不像印欧语那样依靠递归性组织在一起。话题“爱因斯坦”的说明语，既可以是所谓“插入成分”——“他本人是纳粹反犹运动

的受害者，犹太复国主义的赞助者”，也可以是线性顺序排在插入成分之后的另外的零句——“他对20年代巴勒斯坦的犹太人对待阿拉伯人的作法就提出过批评”。这也就是说，汉语话题与说明的关系，只有语序先后的关系，不必然要求有严格的逻辑嵌套关系。

1.8 结语

以上我们分六个小专题，谈了对汉语话题结构的几点看法。从“话题不是动作者”这一基本观点说起，讨论了我们对一些日常俗语以及其他常见汉语实例的误读，常常是起因于对汉语话题结构特点的忽视，或不能准确离析出话题部分，或不能在并列的样式面前识解出不并列的结构，或不能认识清楚顺向语序中隐藏的逆向推理。同时我们也通过实例展示了流水句里话题结构的韵律表现以及逻辑关系的延展方式。

在这些实例的讨论中，我们想借以说明的是汉语话题结构的根本性。虽然都是一些看似特殊的例子，实际上它们存活于我们世世代代每日每天的语言生活中。汉语句法上最基本的句法语义关系与英语那样的印欧语有同有异：相同的是1）都有“话题—说明”这样的语用结构，2）句子成分之间或多或少都能找到“施事、受事”等论元关系；不同的是，英语句法上强制地要求“主语—谓语”之间具有论元关系，不具有论元关系的不能直接实现为主谓关系，而汉语则不论有没有论元关系，语用结构“话题—说明”直接构成主谓关系。面对这样的不同，应该怎么看待汉语的基本句子结构？一种办法是，仿照日语、韩国语的样子，在汉语中也区分出“主语”和“话题”两种句法成分，把与谓语动词、形容词有论元关系的主体性成分优先分析为主语，没有论元关系的再看成话题；另一种则是赵元任（1968）所主张的、沈家煊（2012b）加以强调的不区分话题与主语的做法。本章认为后一种办法更为尊重汉语事实。把具有论元关系的“优先分析为主语”的做法，难免会误导分析者，如本章§1.5所讨论的“曹操收去青龙伞”的例子，就容易简单化地识别为“施—动—受”语义关系，进而处理成主谓句而非话题句，于是就看不到“曹操”事实上并非行为的施事，同时它作为话题控制着其后两个说明句的本质性事实。所以说，优先寻找论元关系的做法，一方面会误解原本的“话题—说明”关系，另一方面，过于拘泥论元关系，也不利于正确理解和处理流水句中的话题结构。

需要我们做出回答的一个重要问题是：为什么会产生那么多的误读？也就是说，为什么那么多我们认为是话题结构的句子，在实际生活中被理解成以“施—动—受”为基本模型的论元结构了呢？是不是汉语使用者也有优先寻找论元关系的本能呢？相关的问题是：像“大河有水小河满”“墙倒众人推”那样的例子，为什么优先在行域理解而不是知域？

对这样的问题，我们的回答是：语言的本质是“谈论”而不是“叙事”，“话题—说明”结构实现的就是“谈论”的语用功能。“叙事”是语言中一个重要内容，具有明确论元关系的语义结构是认知上的理想认知模型，也就成了无标记语体里默认的原型理解倾向。行域跟知域的关系也是如此，行域是原型。本章讨论的这些例子，最初都是产生于特定的语境、特定的语体里，在那些特定的“谈论”式情境里，这些“话题—说明”句是最恰当的选择。可以想见，这些句子最早被重复使用时，也是用在相似情境里的；当这些句子的使用被无意扩展到合理情境之外时，就有了误读的可能。时间一长，这些句子原本特别需要的情境要素逐渐消失，被过多地用于泛泛的语境和语体里，误读的可能性就更大了。一句话，误读来自误用。汉语听/读者在泛语境中优先选择原型理解是正常的，汉语说/写者造句时不局限于论元关系的考虑也是正常的。

汉语句子体现的是语用功能，没有充分语法化，“特多流水句”，“我们可以把任何两个前后相继的零句组合为一个整句”（沈家煊，

2012b），我们说汉语不靠论元关系构句而英语靠论元关系，其背后的实质差异就在这里。英语句子以动词为核心，论元关系是确定的，小句间的逻辑关系就是确定的；汉语小句不以动词为中心，小句是指称/说明性的，小句之间的关系也不依赖论元关系任意组合，因此就可以有§1.7那样插入语“他本人是纳粹反犹运动的受害者，犹太复国主义的赞助者”既是说明又是话题的情况。可见，汉语句子的生态环境是连续的语篇，离开了语篇，句子也就失去了活力。俗语本来是讲一种道理，一旦成为“俗语”，其组合关系就固定了下来，不再活在一个篇章环境中，也就不再是正常的汉语句子现象，对它产生误读在所难免。这项研究给我们更重要的启示在于：我们如果把汉语句子人为地切断，抽离实际语境，切成类似于英语句子的语言片段，做类似的论元结构分析，那样做的风险，大概就像本章讨论的那些俗语的误读一样，会失掉汉语本义的。

（原载《木村英树还历记念·中国语文法论丛》，日本白帝社2013年）

第二章　汉语句法中的框—棂关系

2.1　框—棂关系：从篇章到句法

廖秋忠（1985）研究了汉语篇章中的框—棂关系，我们把这个概念引申到句法中来，用以描写汉语句法中与话题相关的一些句法成分的语法表现。

廖秋忠（1985）是这样定义框—棂概念的："汉语语流中两个名词性成分，特别是相邻的，A和B有时存在着这样的语义关系：B或为A的一个部件/部分、一个方面/属性，或为与A经常共现的实体、状态或事件，A为B提供了进一步分解A或联想到B的认知框架。A就是这儿所说的框，B即是棂。除了整体—部分这种关系外，框—棂关系最常见于主谓谓语句的两个主语成分之间或领属结构的两个名词性成分之间。"可以看出，廖先生确定框—棂关系主要是着眼于语义关系，并且，廖文主要考察的是篇章中的框与棂的关系。我们注意到，发生在汉语篇章中的语义—篇章关系经常凝聚为汉语的句法关系，而且往往是最重要的句法关系。框和棂这一对概念在汉语里就已经落实为一种句法关系，可以概括一类重要的语法现象，这种关系可以使几种传统上认为并不相关的句法现象得到统一的解释，从而使汉语的基本句法关系得到合理的说明。

我们接受赵元任（1968）把汉语基本语法关系解释成"话题—说明"关系，认同沈家煊（2012b、2017a）把汉语的连续语段看成并置的指称性零句。如此，则每一个零句都有可能是一个话题，也有可能是一个说明。在说明部分里，我们常常可以看到一些算不上句子层面话题的名词性词语，它们与话题又有这样那样的关联，这就是我们所说的“棂”。就是说，它们与大话题的关系，就如同窗子的框与窗棂之间的关系。汉语里作为一种句法成分的棂的种类都有哪些？棂在说明里的作用是什么？建立句法上的框—棂关系对整个汉语句法体系来说有什么意义？这是本章要探讨的问题。

2.2 框—棂关系的句法类型

2.2.1 与“主谓谓语”有关的框—棂关系

2.2.1.1 与“整体—部分”有关的框—棂关系

汉语里主谓结构可以做谓语最早是赵元任（1948）提出来的，举的例子“这个人心好”“他记性很好”都是“整体—部分”语义关系的。廖秋忠（1985）讨论过这种情况，举了“该作品（A）内容（B）丰富”和“他（A）头（B）痛”为例，[①]应该说这是典型的框—棂关系。其实，正如廖秋忠（1985）所说，“该作品内容丰富”里的“内容”事实上是无指成分，与其说是“部分”不如说是“属性”。跟属性有关的具有“广义隶属关系”（吕叔湘，1986b）的例子有：

（1）这几个生产队的耕地（A）好坏（B）差不多。

（2）我（A）主科（B）学唱，你（A）主科（B）钢琴。

（3）包产责任制（A）各地的做法（B）不尽相同。

（4）众人（A）大眼（B）望小眼。

① 用括号标为 A 的是框，标为 B 的是棂，本章下面将沿用廖文的标法，B 后面再有下位棂的，顺次标为 C、D……

棂的部分也可以是动词：

（5）你（A）说话（B）太快。
（6）他（A）看书写文章（B）都在晚上。
（7）他们（A）认识（B）很早。

语法学界特别关注的话题与说明之间"没有这种或那种明显的联系"（吕叔湘，1986b）的例子，如果按照廖秋忠的定义"A为B提供了进一步分解A或联想到B的认知框架"来说，也可以归入框—棂关系：

（8）咱们菜地（A）水（B）第一要紧。
（9）做人（A）老实（B）第一。
（10）娘的思想（A）你（B）得帮我做工作。
（11）闺女的亲事（A）她（B）比谁都急。
（12）这次考试（A）小梁（B）是最有把握的一个。

2.2.1.2　与"整体—部分"无关的框—棂关系

从上面的讨论我们看到，廖秋忠已经把框—棂关系从语义上的"整体—部分"关系引申到了"事物—属性"关系，从不同分句之间的指同关系引申到了"主谓谓语句"中大小主语之间的关系。其实，汉语里"主谓谓语句"的范围如何，小主语/次话题的定义如何，向来是没有统一认识的（吕叔湘，1986b），我们认为，顺着廖先生的思路，进一步把汉语"话题—说明"结构中的"说明"部分里的带有次话题性质的成分，一律看作话题的棂成分，是顺理成章的事情。先看如下例子：

（13）家里的事（A）她（B）管，外边的事（A）我（B）管，这个（A）您（B）知道。

（14）他们之间的这次重逢（A）黎清（B）感到是生活对他的嘲弄和挑战。

（15）他这个人（A）该忘的（B）没有忘，不该忘的（B）却总记不住。

这些是话题成分与说明部分里的谓词具有明确论元语义关系的情况，“仿佛是从里边提出来安在句子头上似的”（吕叔湘，1986b）。吕先生说：“这当然不是事实，只是一种方便说法。实际上大概是先想到一个事物就脱口而出，一面斟酌底下的话怎么安排。句子里边的语序基本上反映思想的过程。”这“脱口而出”的成分，就是说话人选作框的东西，后面小句的主脑，不管是什么词，都应该视作这个框里边的棖，因为它也是借助框这个认知框架而产生联系的成分。

2.2.1.3 棖的层级

棖里边还可以有下位的棖（范继淹，1984；吕叔湘，1986b），例如：

（16）龙潭湖（A）你（B）东单（C）换八路。

（17）这篇文章（A）我的意见（B）最后一段（C）你（D）最好补充点儿材料。

（18）晃旗那小子（A），他爹（B）我（C）认识。

（19）骑兵（A），马乏了（B），你（C）有多大能耐也不行。

2.2.2 与“周遍性主语”有关的框—棖关系

陆俭明（1986）关于“周遍性主语句”的研究，一直被当作非话题性主语的实证。其实这些居前的周遍性成分缺乏话题特征并不足奇，因为它们无一例外前面都还有一个范围性的话题存在，只不过研究者有时把话题成分截掉了。在吕叔湘（1986b）中就有几例这样的句子：

（20）我们班长那身体，**什么病**，对付上几天就都好了。

（21）烟和酒他**一样**也不沾边儿。

（22）他这个人**事事**领先，**人人**夸好。

（23）她那俊俏模样，婶子大妈们**谁**看见**谁**爱。

这些句子只要去掉周遍性词语前的成分，就是陆俭明（1986）所说的"周遍性主语句"，我们试着用廖先生的办法标写出框—棂关系，这些句子便是：

（20'）我们班长那身体（A），什么病（B），对付上几天就都好了。

（21'）烟和酒（A）他（B）一样（C）也不沾边儿。

（22'）他这个人（A）事事（B）领先，人人（B）夸好。

（23'）她那俊俏模样（A），婶子大妈们（B）谁（C）看见谁（C）爱。

2.2.3　与特指疑问词有关的框—棂关系

陆俭明（1986）提到特指疑问句里的疑问代词不是话题，如"谁去？""哪一位要红茶？"里的"谁"和"哪一位"。其实，这也是不完整的语言片段，作为话题的框成分没说出来，完整的情况是：

（24）你们几个/咱们班（A）谁（B）去？

（25）你们几个/在座的（A）哪一位（B）要红茶？

陆俭明（1986）说，同样，作为答句的“老李去”“我要红茶”里的“老李”和“我”也不是话题。这个现象也很好解释，因为答句是问句的接应，承接上文的话题框省略，所以我们仅看到棂成分“老李”和“我”。

2.2.4 与反身代词、相互代词有关的框—棂关系

含有反身代词和相互代词的句子里，先行词是框，回指性代词是棂，这应该很好理解。以下是从蔡维天（2002）和刘探宙（2003）摘录的几个例子，标出框—棂关系：

（26）阿Q（A）自己（B）喜欢花，就鼓励大家种。

（27）门（A）自己（B）会开。

（28）意义上相同或相近的字（A）彼此（B）互相解释。

（29）姊妹三个（A），彼此（B）提挈，感情很好。（汪曾祺《晚饭花》）

与此相类似的还有“一个人”这样的回指性词语：

（30）萧萧仍然是往日的萧萧。她能够忘记花狗就好了。但是肚子真有些不同了，肚中东西总在动，使她（A）常常一个人（B）干着急，尽做怪梦。（沈从文《萧萧》）

2.2.5 与名词状语有关的框—棂关系

一般的语法体系认为名词很难直接做状语，可是双音节名词出现在句子谓语里紧贴在动词前的现象现在却有增长的趋势，它们的身份，究竟是状语还是小主语/次话题，有不同的看法。我们也都看作棂成分。

（31）咱们（A）电话（B）联系吧！

（32）菜店里的菜（A）还都明码（B）标着价呢！

（33）公司一个姓董的同事（A）弄了我之前用过的手机号，把信用卡开通了，从里面恶意（B）透支了三万多。

（34）远安警方（A）依法刑事（B）拘留了这位行骗的男子。

（35）那些暂时“中断”学业的志愿者们（A）还是会笑脸（B）迎接着每一个宾客的问询。

（36）著名演员王志飞、郑晓宁等（A），友情（B）出演了该剧中的角色。

2.2.6　与“无定主语”有关的框—棂关系

“无定主语”现象，自从范继淹（1985b）做了大面积考察以后一直广受关注，大多认为这是汉语主语有定性倾向的反例。其实用框—棂观来看，这些句子所在的语境并非没有定指性的话题，这些所谓“无定”的成分，都是话题框下的棂成分而已。以下是范继淹（1985b）和刘安春、张伯江（2004）里的例子：

（37）除夕的前一天晚上（A），湘西山区雪雨交加（B），一辆吉普车（C）翻到河里。

（38）在四号诊室（A），一位医生和一位护士（B）正在给一位叫黄亚一的青年电焊工治疗。

（39）第二天的英语课（A），一个二十岁出头的男老师（B）拿着一个崭新的教案夹，咚咚咚地走了进来。

（40）陈才福正在吃惊（A），两匹快马（B）飞奔而来。

（41）1947年（A），一个金发碧眼的青年（B）带着对中国这个神奇国度的梦幻来到上海。

（42）这时（A），一只白鸽（B）听到了灰姑娘的哭声。

（43）正在审问的时候（A），一只大老虎（B）跳进公堂。

2.2.7 与动补式有关的框—棂关系

刘勋宁（2007）令人信服地论证了所谓“得”字补语其实都是谓语，“得”字前面的是谓语所陈述的指称语。我们要进一步指出的是，这个指称语通常不是话题，它也是话题框的棂成分：

（44）花儿（A）红得（B）好看极了。
（45）房价（A）高得（B）让人无法接受。
（46）行李（A）重得（B）背不动了。
（47）老人（A）病得（B）晕倒了。

也有棂里边含有下位棂的现象：

（48）你（A）编故事（B），也编得（C）蛮好听的。
（49）他（A）开车（B）开得（C）好。
（50）他（A）打字（B）打得（C）飞快。

2.3 关于棂的性质的讨论

以上我们简单展示了我们认为应当处理为框—棂关系的几种情况。在通行的语法体系里，这些棂成分，有的处理为（小）主语，有的处理为状语，有的处理为次话题。这些看法都有一定的道理，但都是针对局部的事实。放在一起看，可以观察到具有全局意义的若干事实。

2.3.1 为什么不宜看作主语？

上面例举的各类棂现象，有一些是被人叫作主语的，如“周遍性主语”“无定主语”等，甚至“得”字所附加的成分也有看作主语的。问题是，汉语其实并没有符合普通语言学定义的主语特征，既没有形式上的一致关系，也没有格标记，施受关系又公认难以把握，而唯一可以依凭的手段——语序，得出的也只是话题，跟普通语言学意义上的“主语”有巨大的差距。前人称为“主语”的依据其实也各不相同，如陆俭明称“周遍性主语”的依据是语序（动词前的位置），而范继淹称“无定主语”的依据是语义（动作行为的发出者）。讨论这个问题，可以先从吕叔湘（1986b）所指出的一个重要事实说起：

（51）刘老太太有些害怕，手腕子乱哆嗦，脸色惨白，瞪直了眼睛，半天发傻，心直跳。

他的分析是，这个句子句首“刘老太太”是一个话题，后面接着六个连续的说明，而这六个说明性的零句，内部结构各不相同，“有些害怕”和“半天发傻”是不及物性的陈述语，“手腕子乱哆嗦”和“心直跳”是主谓结构，“脸色惨白”是描写性说明语，“瞪直了眼睛”是述宾结构，“很难作出某些解释来使它们获得进一步的协调”。

一者，并置的说明语里并不要求一定都有个“主语”；二者，相同语法位置上的成分也不一定都是“主语”：手腕子、脸色、半天、心。正像沈家煊（2016：146—147）所说：“汉语的实际情形是，句子的主语不必是谓语动词的论元。更重要的是，汉语的句子可以没有主语，没有主语的句子在汉语里是正常的句子。拿‘这本书我不打算写了’来讲，‘不打算写了’也是一个正常的句子S"，这样就没有理由说‘我’（位于S"前）不是话题。”

2.3.2　为什么不宜看作状语？

陆丙甫（2003）曾经用多方面的证据说明陆俭明（1986）所谓

“周遍性主语”其实都是状语，蔡维天（2002）也详尽讨论了反身代词的论元性和状语性，而自从陆俭明（1986）把“电话联系吧”“盆儿装吧”说成“主谓结构”以后，相当多的体词性成分究竟是论元还是状语就变得模糊了。

现代汉语状语的作用域不是紧挨着它的那个谓词而是它后面整个谓语部分，这是二十世纪八十年代层次分析法与中心词分析法大讨论中层次分析法胜出的地方（华萍，1981）。这样一来，“状语—中心语”和“话题—说明”就基本重合了，尤其当状语由体词充当的时候。汉语状语的原型意义是“方式”，有些棖成分（如周遍性的、反身性的、相互性的）确实有明显的方式意义，但“主谓谓语句”里那些小主语就不好说是方式了，因此，棖不能说都是状语。

可不可以反过来说状语都是话题呢？这个想法虽然大胆，细细想来，逻辑上倒是没什么问题。我们已经清楚地看到，反身状语、周遍词语、名词状语等都有显而易见的话题性，更值得一说的是，吕叔湘（1986b）曾经指出如下现象：

（52）怎么你们两个**一天到晚**意见老提不完呢？

（53）我**替你们**好话说了一大筐，才将就到今天。

既然“意见”“好话”是话题，那么它们前边的“一天到晚”“替你们”为什么不能看成更大一些的话题呢？

2.3.3 次话题？

次话题其实是对我们非常有用的一个概念，可以说所有的棖都是次话题，但这与学界通常所说的次话题就对不上了。许多论著谈到次话题时看重的是它对其后句法行为的控制能力，这实际上还是着眼于论元结构的句法观。我们相信汉语最重要的句法关系不是论元关系，而是指称语的并置，后者对前者做说明，亦即沈家煊

（2017a）所说的“名实耦”——“根据信息排序原理衍生推导‘所谓—所以谓关系’”。那么，次话题的范围就是远远大于现在的一般认识了。

棂的存在不是普遍现象，不是每个句子都有棂。就如同传统上说汉语存在主谓谓语句，但不意味着所有的谓语都是主谓结构一样。我们认为“话题—说明”是最重要的语法关系，那么“说明”里仍然可能是次一级的“话题—说明”结构，这个次一级的“话题”就是棂。棂不妨看作一种次话题，像例（17）那样的情况就是多重次话题结构。沈家煊（2017a）说：“仍然叫‘话题—说明’既照顾习惯也便于语言间的比较，关键是要认识，汉语的‘话题—说明’跟其他语言的‘话题—说明’有何不同。”依此，我们自然可以得出推论：汉语的次话题也是就汉语的“话题—说明”结构而言的。

2.4　汉语的基本语法关系与指称语的性质

2.4.1　汉语的基本语法关系

沈家煊（2017a）在赵元任“零句说”和吕叔湘“流水句”说的基础上，结合近来关于汉语谓语指称性的新认识，得出汉语基本语法关系就是“指称语的并置”论断。汉语不靠论元关系作为语法关系的主要支撑，而是靠并置性指称语之间的说明关系来构建句法，这是近年得出的一个重要的新认识。不以论元关系为首要，则主语、状语就都不是必要的，更宜于用话题性质去理解。但不是说汉语里不存在论元关系，尤其是体现为述宾结构的种种论元关系，在汉语里同样有丰富的表现。同时应该看到的是，述宾结构是包含在说明语里边的，动词对其论元的支配性、动宾短语的陈述性，都是说明语的组成部分。简单地说就是：“话题—说明”关系包含论元关系，说明性包含述谓性。

沈家煊（2017a）给出的汉语流水句的构造是：

（54）流水句→$U_{\text{指}}+U_{\text{指}}+U_{\text{指}}$……

本章的研究只是想进一步指出，在每一个$U_{\text{指}}$里，还有可能是次一级的“$U_{\text{指}}+U_{\text{指}}$”，其中起话题作用的，我们称之为棂成分。同时$U_{\text{指}}$也可能是VO式的论元结构，只不过结构作为一个整体，仍然是指称性的。

2.4.2 话题的指称性质

说到这里，需要顺便讨论一下$U_{\text{指}}$的指称性质。长期以来，人们对汉语的话题以定指性（identifiable 或 definite）为共识，这固然不错，因为不确定的指称是难以成为谈论的对象的。但我们想，从“谈论的对象”这个角度看，通指性（generic）也许是更合适的认识。陈平（1987）曾经说：“通指成分在语义上有两个特点值得我们注意。一方面，它并不指称语境中任何以个体形式出现的人物。从这个角度看，它与无指成分有相同之处。另一方面，通指成分代表语境中一个确定的类。从这个角度看，它与定指成分有相同之处。”由此可见，通指和定指是相通的，定指是通指的一个特例，它的特性就是个体性。语言学意义上的个体性，应该从句子的语义类型角度去理解，李洁（1997）很有见地地指出，光杆普通名词在表示状态的谓语（individual-level predicate）里一般是通指，在表示事件的谓语（stage-level predicate）里一般是定指。这个观察可以启发我们认识一些更微妙的语言事实，我们发现，不仅普通名词，甚至专有名词也有这样的倾向：

（55）司马光也无法忠实记载这段历史。

（56）司马光砸了缸救出同伴。

一般的语法著作会统一把这两个句子里的“司马光”处理为定指名词，我们想指出的是，例（55）里的“司马光”可以理解为“司马光那样的人”，因此体现为通指意义，例（56）里的“司马光”则只有定指意义。再看一个例子：

（57）上面供着致秋的遗像。致秋大概第一次把照片放得这样大。小冯入神地看着致秋的像，轻轻地说：……（汪曾祺《云致秋行状》）

“致秋大概第一次把照片放得这样大”说的不是云致秋作为施事去做放大照片这件事，这不是一个事件性的句子，而是一句评论，这个句子里的“致秋”理解为通指比理解为定指好——“致秋这样一个人第一次把照片放得这样大”。处置式的话题虽然典型情况是具有施行能力的施事，但是当整个句子不是叙述性而是评述性的时候，即便是专有名词，也有解读为通指而不是定指的可能。下面这个例子也是一样：

（58）梁丹将陈杰和吴万博这两件本是八竿子都打不着的事情，联系到了一起，也将这原本相对简单的事情变得更加复杂了。（网络小说《官场局中局》）

这句话不是“梁丹”做了“联系”这件事，而是有关方面在破案的过程中，发现陈杰的案子和吴万博的案子里都牵涉到“梁丹”这个人。句子的准确理解可以说是：梁丹这样一个人将陈杰和吴万博这两件事情联系到了一起。

汉语的“话题—说明”关系的实质是“所谓—所以谓”关系（沈家煊，2017a），所**谈论**的个体不同于所**报道**的个体，谈论侧重于属性意义，报道侧重于事件意义。理解“话题”，多看它的通指意义，有好处。

2.4.3 棂的指称性质

依上面的讨论，棂是“话题—说明”关系里“说明”部分中具有次话题性质的指称语，由于它依赖于话题而被辨识，所以它自身可以是无指性的，如以下几种情况：

1）棂是框的组成部分或内容，靠框来确定它的指称。

我（A）主科（B）学唱。
你（A）说话（B）太快。

2）棂是框参与事件的方式。

阿Q（A）自己（B）喜欢花。
她（A）常常一个人（B）干着急。
咱们（A）电话（B）联系吧！
同事（A）恶意（B）透支了三万多。

3）棂是框的某种状态。

花儿（A）红得（B）好看极了。
房价（A）高得（B）让人无法接受。

棂为有指的几种情况是：

1）框是谈论的事情，棂是有关此事的一个角色。

闺女的亲事（A）她（B）比谁都急。
外边的事（A）我（B）管。

2）棂为遍指，棂是有关框的一个侧面的所有成员。

我们班长那身体（A），什么病（B）……
他这个人（A）事事（B）领先。

3）框是时空信息背景，棂是某新出现的角色。

在四号诊室（A），一位医生和一位护士（B）……
第二天的英语课（A），一个二十岁出头的男老师（B）……

看得出，棂的指称类型是多种多样的，甚至不排斥那些句子大话题所不允许的无指、不定指等类型。这里讨论棂的指称，其实还是就其词汇意义孤立地判断的，如果放到框—棂关系里，其借助于框的可辨识性都是十分清楚的，每一个棂成分与其后成分所形成的“所谓—所以谓”关系也是清楚的。

2.5　结语

本章是在沈家煊（2012b）“流水句”和（2017a）“名实耦”观点的基础上，对以范继淹（1984）为代表的“多项NP句”现象做一个更为宽泛的观察。借助廖秋忠（1985）提出的“框—棂”语义关系的名义，拿来当作汉语句法中最重要的两种指称语的关系框架。这项工作的目的，就是进一步强调汉语中“话题—说明”关系的基本性，帮助我们看到，即便在低一级的层次上也是如此。还要强调论元关系不是汉语语法关系中最主要的因素。不看重汉语句首多项NP是否是论元，不是不关心论元与非论元的区别，正如沈家煊（2016：148）所说：“包含格局并没有抹煞这种区别，只是淡化了这种区别，而这种淡化恰恰是贴近汉语事实的，因此能消除理论上的不自洽。”

近年来我们在摆脱印欧语眼光看汉语方面取得的重要进展是认识到汉语主要语法范畴之间的包含关系，名词包含动词，说明包含述谓，话题结构包含论元结构，篇章关系包含句法关系。在汉语语法研究中应该更多地重视篇章和语用，这无疑应该归功于廖秋忠早期的倡导。

（原载《当代语言学》2018年第2期）

第三章　现代汉语的非论元性句法成分

一般句法理论认为，句子的主要成分主语、宾语等，都应该是谓语里主要动词的论元角色。谓词和论元的关系实现为基本的语法功能。按照西方学者一般的观点，语法功能首先分为内部的（internal）和外部的（external），内部功能包括核心（core）和旁语（oblique），而外部功能包括自由的（free）和受约束的（bound）两种。如图1所示（Andrews，2007）：

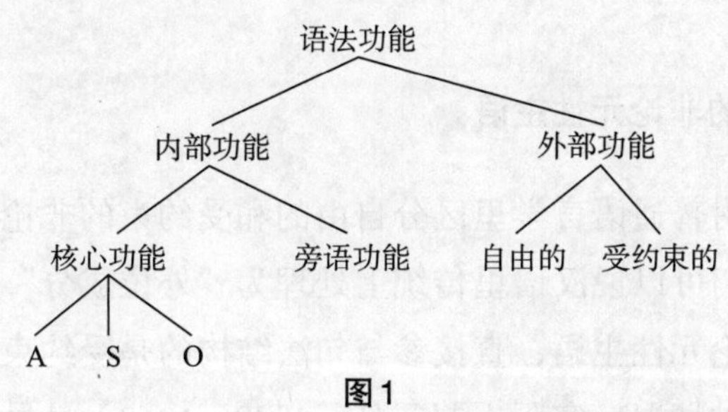

图1

所谓“内部功能”是一定有论元性语义关系的，如施事、受事、与事、工具、处所等，很多语言加了格标记或者用介词介引，就可以参与句法结构。属于“外部功能”的角色，在各种语言里实现语法功能的能力各不相同，多数都是“位于基本小句结构之外”的（Andrews，2007）。其中，“自由的外部功能”指的是不需要在句中承担任何语义角色的，而“受约束的外部功能”是要求在句中承担某一角色并且是句法上不能缺少的。在英语中，句子无法给例（1a）句首NP指派语义角色，见下面的对比：

（1a）As for American self-confidence, Columbia gave people a lift.

（1b）*American self-confidence, Columbia gave people a lift.

（1c）*It was American self-confidence that Columbia gave people a lift.

例（1b）（1c）都不能说，说明英语里只有类似*as for*这样的结构是自由的，而后两个句子所示的*it*分裂结构、话题化结构等都是受约束的，英语里受约束的句法位置上不能出现非论元性语义角色。汉语的各种角色都没有确定的句法标记，汉语句法也不存在有效的手段区分内部功能和外部功能，我们看到的事实是，非论元性的语义角色可以相对自由地出现在各种语法位置上，本章将在主语、宾语、定语等句法位置上分别观察它们的表现。

3.1 主语

3.1.1 自由的非论元性主语

如果比附普通语言学里区分自由的和受约束的非论元性主语做法的话，我们可以说汉语里传统上处理为“外位成分”的那些主语是自由的非论元性主语，直接参与句法结构的是受约束的非论元性主语。这两种情况，实际上赵元任（1948、1968）最早提出汉语主语的非论元现象时就都观察到了。“那回大火，幸亏消防队到的早”就是体现自由的外部功能的非论元性主语，而“他是个日本女人丨她是一个美国丈夫”等例子可以认为是受约束的外部功能，因为“是”字谓语要求前面有个句法上的主语。

赵元任（1948）是汉语语言学文献中最早用“主谓谓语句”来命名汉语话题句的，讨论的是“这个人心好”“我道路生”这样的现象。其实，此前王力（1943），吕叔湘（1942）都讨论过“狗儿名利心重”“家里的事情，你不用管”这样的例子，王力称之为“句子形式用如描写词”，吕叔湘则强调句首成分“含有‘至于’‘要讲’等语气”，赵元任（1968）注明：“第一个谈到主—谓式谓语的是陈承泽（1921），他说‘得以句为说明语’。”承认做谓语的是个主谓结构（或者“句子形式”），就是承认了句首“主语”对于后面“谓语”部分来说是个独立的成分，也就是说，不必然是个论元成分：“主—谓式谓语的主语，有时候叫作‘绝对主语’（absolute），因为它跟整个谓语分句是分开的，而且跟（小）谓语没有什么特别关系。”（赵元任，1968）赵先生同时指出，这种现象汉语比英语里出现的多。有的西方语言学者甚至据此说汉语是“超语法的”（supra grammatical，见赵元任，1968，§2.10.7）。这些论述，清楚地阐明了“主谓谓语句”里大主语的“自由的”性质。

自由的非论元性主语不限于主谓谓语句。赵元任（1968）讨论的“这件事早发表了”“这瓜吃着很甜”，或许可以看作另有句法主语（“这件事**新闻社**早发表了”“这瓜**我**吃着很甜”），从而可以说“这件事”“这瓜”是外部的自由角色。不过，这种区分没有太大的意义，下文将展示，只有一个句法主语的句子也常常是非论元成分，未必都能解释为另有主语。

3.1.2　受约束的非论元性主语

我们把“受约束”理解为谓语对主语的约束，即，看谓语是不是强制性地要求前边有一个句法主语。具体地说，就是单看谓语部分是否预测一个句法上的主语，而实际出现的那个句法主语又不是施事、受事等常规语义角色。凭这一条，就可以找出受约束的非论元性主语的实例。

3.1.2.1　把字句的主语

学界普遍认为，汉语的把字句是一种高及物性句式，句子的主语一般是有意志的施事，至少也是表示使因的致事（causer），也就是说，把字句的主语总是一个广义的施事性的角色。但是实际语言中，也常有非论元性角色占据把字句主语的情况，看下面这个例子：

（2）试想一下，如果这张地图把陆地轮廓画得特别详细，还加上中国的省界，甚至长江黄河，那它的主题会不会反而被冲淡了？（叶山《地图的细节是如何被简化的？》）

这个例子只看谓语“把陆地轮廓画得特别详细”，一个以“画”为主要动词的把字句，可以推断的主语必然是一个执画笔的人。而实例中这个做主语的“地图”既不是拟人用法也不是转指某个画图的人，我们难以确认它为其他的论元角色：

（2a）*由这张地图把陆地轮廓画得特别详细［不是施事］
（2b）*用这张地图把陆地轮廓画得特别详细［不是工具］

下面是几个相近的例子：

（3）他的生活从没把对方计划在内。

（4）云南把这种花叫做缅桂花，可能最初这种花是从缅甸传入的，而花的香味又有点像桂花，其实这跟桂花实在没有什么关系。（汪曾祺《昆明的雨》）

（5）汉朝不知道为什么把“祀灶”搞得那样乌烟瘴气。（汪曾祺《水母》）

“他的生活”不是“把……计划在内”这一行为的有意识发出者，“云南”不是缅桂花的命名者，“汉朝”也不是搞得乌烟瘴气的责任者。这几个例子或许都可以解释成处所/时间：

（2'）在这张地图上把陆地轮廓画得特别详细……
（3'）在他的生活里从没把对方计划在内。
（4'）在云南把这种花叫做缅桂花……
（5'）在汉朝不知道为什么把“祀灶”搞得那样乌烟瘴气。

如果解释成处所/时间，则处所短语后面的把字句仍然是个主体没着落的谓语，而且从语感上说，加了“在……上/里”跟不加并不是相同的句子，不加的时候，主语是真正的句法主语。

更何况，我们还有如下这种情况，占据主语位置的是个指人专有名词，却难以确认其论元身份：

（6）致秋大概第一次把照片放得这样大。（汪曾祺《云致秋行状》）

这个句子的谓语“把照片放得这样大”可以推测出的应该是一个施事成分，但句首的“致秋”却不是施事（原小说中的语言环境是：“我们知道，致秋的追悼会的规格是不会高的，……上面供着致秋的遗像。致秋大概第一次把照片放得这样大。小冯入神地看着致秋的像，轻轻地说：……”），或者其他什么论元角色：

（6a）*由致秋第一次把照片放得这样大［不是施事］
（6b）*是致秋第一次把照片放得这样大［不是致事］

可以确认，以上各例“把”字前的名词是真正的句法主语，亦即受约束的外部功能。如果认为它们是自由的外部功能，则应该可以在其后补出来一个施事主语，试看：

（2"）？这张地图他们把陆地轮廓画得特别详细……
（3"）？他的生活他从没把对方计划在内。

（4"）？云南人们把这种花叫做缅桂花……

（5"）？汉朝他们不知道为什么把“祀灶”搞得那样乌烟瘴气。

（6"）？致秋这辈子大概第一次把照片放得这样大。

问题在于，补出一个东西来，显得很任意，既不是句子的原意，而且可补出的词语不是唯一的，亦即不是确定的那个位置的省略成分。应该说，原句并无“省略主语”。

3.1.2.2 自主/及物动词的主语

自主兼及物的动词，也是一般认为选择施事或受事做主语的，但下面这个例子的主语却不好说是什么角色：

（7）赵云找了王凤卿，马岱找了程继仙。（丁秉鐩《国剧名伶轶事》）

这两句话不是按照及物动词“找”的常规论元结构来组织的，其主语“赵云”“马岱”是戏剧中的角色，宾语“王凤卿”“程继仙”是饰演该角色的演员，“找”的意思是有人找来了王、程这两位演员来扮演赵、马这两个角色（原句：这出《失空斩》的王平和马谡既然敲定，有这两位名角唱配角，可谓亘古未有。张伯驹自然是高兴万分，于是对其他角色，也都争取第一流了。这才赵云找了王凤卿，马岱找了程继仙）。从这段话可以判定“赵云”“马岱”不是施事主语。但还可能是其他语义角色吗？

（7a）*把赵云找了王凤卿［不是受事］

（7b）*对赵云找了王凤卿［不是对象］

（7c）*跟赵云找了王凤卿［不是与事］

再看这个例子：

（8）许国璋给了王老师。

这是说分配教学任务，分给王老师的是教许国璋主编的英语教材。

（9）彬彬应该告送他。（赵元任例）

原书注："意思是：应该告诉彬彬"。

讨论到这里，我们联想起吕叔湘（1946）曾经讨论过"本科探花点了个旗人""驻华大使也换了马歇尔"等例子。"赵云找了王凤卿""许国璋给了王老师"跟这两个例子看上去很像，但还是有两点不同：第一，"本科探花"和"驻华大使"并非实有所指的名词，而"赵云""许国璋""彬彬"都是专有名词；第二，"本科探花"和"驻华大使"可以看作受事（吕先生就是这样说的），但"赵云""许国璋""彬彬"却不一定是受事，对比：

（10）本科他们点探花，点了个旗人。

（11）这回他们换驻华大使，换了马歇尔。

（7"）？这出戏他们找赵云，找了王凤卿。

（8"）*这学期他们给许国璋，给了王老师。

（9"）*这事告诉彬彬，告诉了他。

因此可以说，例（7）—（9）中的"赵云""许国璋""彬彬"都是非论元性角色。

3.1.2.3　"施受同辞"

这是从古汉语研究中借用的一个术语。古汉语的"施受同辞"现象指的是这种情况："师行而粮食。饥者弗食。"这是出自《孟子·梁惠王下》的例子，俞敏说："如果问：这不显着乱得慌么？请放心。粮不吃人，所以乱不了。这种古语法叫‘施受同辞’。”（俞敏，1999）用论元结构的观点看，同一个形式的动词“食”，它的主语既可以是施事（饥者）也可以是受事（粮）。本章借用这一术语讨论现代汉语里的另一种情况——不是同一个动词，也是两个相同的句法地位的平行结构里，分别隐含着一施一受两个对立的角色：

（12）《党政领导干部选拔任用工作责任追究办法（试行）》中规定，引咎辞职和受到责令辞职、免职处理的党政领导干部$_i$，一年内不得$Ø_i$重新担任与其原任职务相当的领导职务，两年内不得提拔$Ø_i$。

这个例子，主语是“领导干部”，相对后面谓语里的动词“担任”和“提拔”来说，不能说不是论元，但是对其后的并列谓语而言，它在“担任”那里是施事，在“提拔”那里却是受事，也是一种施受不明的现象。

下面也是个话题被回指时施受关系不一致的例子：

（13）据他介绍，在解聘$Ø_i$以后，他$_i$也曾去工厂找过工作，但因年龄太大被拒之门外。

这段话从句里“解聘”缺省的论元是受事，而跟它紧密相关的主句里相应的人物，其语义角色是施事。同样的例子还有：

（14）陶陶起来，踢一记拉杆箱说，$Ø_i$不谈了，现在我$_i$扫地出门，$Ø_i$等于民工。（引自沈家煊《〈繁花〉语言札记》）

“扫地出门”的主语“我”是受事，“不谈了”和“等于民工”的零形主语是（广义的）施事。赵元任（1968）曾经发现生活中有“你就写他偷车的事情”的说法，其实是“他的车丢了”的意思

（§2.4.2），赵先生强调的是汉语里“有些动词所表示的动作说不清一定是什么方向”。如果说汉语是个讲究论元关系的语言，就会显著区分主动和被动用法，不会允许“说不清方向”的现象自自然然地存在。可见，以上三个例子，虽然可以比附着标出“省略”的论元角色施事/受事，其实，与动词相关联的论元角色本是不明确的，也是无须明确的。

以上三类情况除把字句外，都是赵元任讨论过的。值得思考的是，赵先生在提出汉语主语的非论元观时，并没有区分“句法主语”和“话题主语”，或者沿用“外位成分”“游离成分”的说法，①可以说，赵先生是无条件主张汉语主语非论元性的。

3.2 宾语

3.2.1 自由的非论元性宾语

宾语有没有非论元现象，远不如主语被谈论的多。尤其是，有没有“自由的外部功能”的宾语实现方式，好像从没有人提起。我们观察到，有一些实例，及物动词后面接着出现一个体词性成分，动词跟这个NP之间，无论韵律上的联系还是语义上的联系，都比较

---

① 明确区分句法主语和话题主语的可以举徐烈炯、刘丹青（2007/1998）为例，他们说：“话题在句子层次结构中占有一个特定的位置，正如主语宾语各占一个位置。”“话题与主语、宾语一样是句子的基本成分。话题可以省略，但主语、宾语也可以省略。”外位成分和游离成分的说法出自吕叔湘、朱德熙（1952）：“把实际上指相同事物的两个词或短语拆开来放在两个地方，用一个做句子的成分，把另一个放在句子的头上。我们就管这个居于结构之外的成分叫外位语。”“有些句子的头上有一个成分，不但独立在句子组织之外，并且不跟句子里边的哪一个词联系，不能算是外位语。这，我们姑且管它叫‘游离成分’。”沈家煊（2012b）评论道：“赵先生当然知道日语里主语用标记 ga，话题用标记 wa，也知道印欧语里主语和谓语动词有一致关系，主语必是谓语动词的一个论元，赵先生逻辑学的功力更是非常人可及，他的高明之处在于摆脱日语和印欧语的眼光，道出了汉语的特点。”

松散，但也不妨看作存在动宾关系，例如：

（15）我吃出来了，你说的那两种馅儿。
（16）听说了，常熟城里有名的美人儿嘛。
（17）我放弃了，你的那个提议。
（18）我们弄清楚了，那张联络图。

我们认为，这就是自由的非论元性宾语现象。虽然比较松散，但动词与其后的NP之间还是明显带有支配性的语义关联的，重要的是，它们也都具有动宾结构的一些句法特点：

（15'）我吃出来的是你说的那两种馅儿/我吃出来两次你说的那两种馅儿。

（16'）听说的是常熟城里有名的美人儿/听说两回常熟城里有名的美人儿了。

（17'）我放弃的是你的那个提议/我放弃过三次你的那个提议。

（18'）我们弄清楚的是那张联络图。

作为自由的外部功能，这种动宾关系跟自由的主谓关系有一定的对称性：

（15"）你说的那两种馅儿，我吃出来了。
（16"）常熟城里有名的美人儿嘛，听说了。
（17"）你的那个提议，我放弃了。
（18"）那张联络图，我们弄清楚了。

是不是可以据此认为例（15）—（18）是例（15"）—（18"）的倒装句呢？其实大可不必。在我们看来，例（15）—（18）的语序本是说话人正常语言心理的自然次序，无所谓倒装。赵元任（1968）基于对汉语主谓结构“话题—说明”性质的认识，提出“整句由零句组成”的看法。结合沈家煊（2012b）中关于“零句”以“流水句”的方式连环呈现的说法，可以说，例（15）—（18）既非话题倒装，也不必强看成动宾结构，不如看作两个独立的零句，后者是前者的补充说明。看成独立的零句以后，也就避免了例（15）—（18）里“了”是了$_1$还是了$_2$的疑惑，我们可以明确地说：都是了$_2$。

3.2.2　受约束的非论元性宾语

在相当多的语言里，核心功能倾向于直接使用“动词+宾语”的方式实现，而旁语功能和外部功能倾向于使用介词来引介，英语是典型的代表。汉语旁语功能和外部功能可不可以直接使用“动词+宾语”的方式，却表现出相当大的自由度。如孙天琦、李亚非（2010）就曾说过，“汉语论元结构的组织非常灵活，常常对一些基本的投射规则提出挑战。其中很重要的一个表现是一些非核心成分可以实现为核心论元”，“这种现象是汉语论旨自由性（thematic liberality）特征的典型代表，是一种非常特别的结构”，并且指出“这类结构在汉语中的能产性很强。只要旁格成分符合相关的语义、语用动因，语言使用者就可以根据自己的表达需要创新性地加以使用。所以，旁格宾语的语义类型十分丰富多变，常常无法用现有的论旨类型概括”。旁语功能和外部功能在汉语里直接实现为宾语，自由度究竟有多大，包括孙、李文在内的相当多的研究并没有给出边界。对于这些特殊动宾组合的产生机制，宋作艳（2011）用“事件强迫”解释了部分事实，谭景春（2008）用“语义综合”做了一些解释。

最早详细区分并描写汉语宾语语义类型的是孟琮等（1987），这部著作的宾语类型不仅分类细致，而且都尽其所能给出了句法变换依据。我们把其中一些主要句法手段归纳摘列如下：

（19）受事宾语。用“把”：砍缆绳→把缆绳砍了

结果宾语。用“成”：编草帽→编成草帽

对象宾语。用“对/向/与……相”：结合具体情况→与具体情况相结合

工具宾语。用“用”：抽鞭子→用鞭子抽

方式宾语。用“用”：写仿宋体→用仿宋体写

处所宾语。用“到/在……上/从/……上头”：睡小床→在小床上睡

时间宾语。用“在……里/时”：起五更→在五更起

目的宾语。用“为”：接洽业务→为业务接洽

原因宾语。用“因为”：愁经费问题→因为经费问题而发愁

致使宾语。用“使”：扩大战果→使战果扩大

施事宾语。用宾语倒置：出去了一个人→一个人出去了

同源宾语。用删除或离合式：睡觉→睡/睡一觉

等同宾语。用“是”：当工会主席→是工会主席

一个时期里也有不少论著中出现相似的表述，如李临定（1983）。但是也有一些“杂类”，难于明确建立起适用于整类的形式变换手段。如：比干劲，闹情绪，欠说服力，吃父母，打官司（以上出自孟琮等，1987）；看门诊，跑最后一棒，跑长途，拉上包月，吃劳保，比数量（以上出自李临定，1983）；蹬煤，趴活儿，拉了几百块钱，扛大个儿，喊嗓子（以上引自谭景春，2008）；等等。

这些“杂类”的宾语远比一般西方学者所能理解的“旁语功能”要出格得多，它们直接做宾语时，就是我们所说的“受约束的外部功能”。

重要的是，不仅存在大量“杂类”宾语没有合适的句法变换手段，就连例（19）里给出的那些手段也往往是局部有效的，不能普遍适用于整类的现象，也就更谈不上可否适用于多种类别了。刘探

宙（2017）对“抢红包”的分析给我们以重要的启示。她指出，抢红包、抢座位、抢路，都不是受事宾语现象，其中的“抢”不是“抢劫、强取”的意义，而是“抢先”的意义。这种“抢+NP”结构可以描写为：“抢（先）+［（于）+NP］”。我们认为这一描写框架很有意义，很多非论元性的宾语，都可以纳入这个句法框架：

（20）比干劲→比于干劲　　闹情绪→闹于情绪
欠说服力→欠于说服力　　吃父母→吃于父母
打官司→打于官司　　看门诊→看于门诊
跑最后一棒→跑于最后一棒　　跑长途→跑于长途

虽然不是所有的例子都可以做“于”字变换（有些是因为口语跟“于”的书面风格不相合），但确实绝大部分可以。这个变换的意义在哪里呢？它说明，不管“V+NP”里的V是及物的还是不及物的，在这里都表现为不及物性。刘探宙（2017）对“抢+NP”的变换分析足以说明这个特点：

（21）抢路＝抢于路＝在路上争先
抢速度＝抢于速度＝在速度上争先
抢票房＝抢于票房＝在票房上争先
抢时间＝抢于时间＝在时间上争先
抢风头＝抢于风头＝在风头上争先

其中所用“于”和“在……上”的变换方式，正好是吕叔湘（1942—1944）所述“方面补词”的属性。

吕著在论及语法功能时，谈到12种“补词”（相当于今天所说的论元，我们分别在括号中用当今通行的术语注出）：起事补词（agent）、止事补词（patient）、受事补词（dative）、关切补词

（benefactive）、交与补词（comitative）、凭借补词（instrumental）、方所补词（locative）、方面补词（？）、时间补词（time）、原因补词（reason）、目的补词（goal）、比较补词（comparison）。其中最为引人注目的是，“方面”没有对应的术语。“方面”是汉语中一个重要的语义概念，古汉语里主要实现在形容词及其补词的关系上，既可以直接带宾语的方式实现，也可用介词介引：

（22a）毒药苦口利病，忠言逆耳利行。（《汉书·淮南衡山济北王传》）

（22b）毒药苦于口利于病，忠言逆于耳利于行。（《史记·淮南衡山列传》）

吕先生说，“文言常在形容词之后用‘于’字连系一个补词，表示那个形容词适用的方面”，“白话也常用‘在……上’来表示这种‘方面’观念”。上面引述的刘探宙的分析则表明，现代汉语“方面”观念已经不限于形容词，也可以是动词，只是那动词不管是及物的还是不及物的，都不实现为及物意义。

汉语动词的及物不及物问题，历来有不同的区分方法。如果说能带宾语的就是及物的，那么汉语几乎没有不及物动词；如果说只有带某类宾语（比如受事）才是及物，也因为无法得到句法证据的支持而难以服人。其实汉语动词与其后成分之间的关系，从动词角度看，都是其所关涉的方面；从“宾语”角度看，都是说明。§3.2.1的事实显示，汉语松散的动宾关系其实就是并置零句之间的“话题—说明”关系。紧密的动宾关系不过是说明关系的凝固化，凸显的是关涉性的关系，受事、对象、结果、工具等也是关涉方面的具体种类。从这个意义上说，“关涉”是汉语动宾关系的普遍特征，“及物”（带论元性宾语）只是其中的特例。

3.3　定语

这里着重讨论带“的”的定语。汉语学界一般把带“的”的定语分为三类：领属性的、同一性的和一般性的（吕叔湘，1953）。这些结构里的定语与中心语，尤其是关系从句与核心词之间，一般认为也必然存在着基于论元关系的可推导语义联系，我们的考察则发现，汉语这些结构里也常有“不太讲理”的关系存在。以下我们依次观察。

3.3.1　领属性定语

吕叔湘先后写过三篇短文，讨论汉语里三类特殊的领格语法表现，分别是写于二十世纪四十年代的《领格表受事及其他》《代词领格的一项特殊用法》和六十年代的《“他的老师教得好”和“他的老师当得好”》（均见于吕叔湘，1984a）。这三篇文章分别讨论了这样三类语法现象：

（23）千万别介他的意/说我的鬼话。

（24）睡你的觉去/你说你的，我干我的。

（25）他的老师当得好/他的篮球打得好。

黄国营（1981）第一次把这三类情况当成同一类语法事实来处理，他根据“名$_1$+的+名$_2$”“单说时的意义与出现在句中时的意义不同”这一特征，把这种格式中的“名$_1$+的”称为“名$_2$”的“伪定语”。而吕叔湘很早就注意到领格成分的语义角色，指出这些成分多是受格（accusative）、与格（dative）或离格（ablative）等。也就是说，“伪定语”之所以伪，在于它的真实身份是句子里动词的某种角色，而不是以领有者身份来修饰/限制其句法中心语的。完权

（2017）令人信服地说明，领属结构"人称代词+的+N"的基本语义就是以人称代词为参照体的"参照体—目标"构式，人称代词与N之间存不存在领属关系不是必须的。

3.3.2 同一性定语

吕叔湘（1942）首次提出了"同一性加语"的说法，举例有：

（26）来到"省亲别墅"的牌坊底下/建国的事业/战争的威胁/沙漠旅行的经验/明日开船的消息/迁地为良的主张

吕先生说："这里面加语对于端语的关系是同一性，不是领属性（如'我的事业'），也不是狭义的形容性（如'伟大的事业'）；'建国'就是'事业'，所以是同一性。"这段话很好地说明了"同一性定语"的非论元性。十年以后，吕先生在《语法讲话》的"修饰语"一章再次讲到了这一类现象：

（27）连两公婆吵架的小事，也要到农民协会去解决。

（28）而且从译出的历史上，又知道了日本维新是大半发端于西方医学的事实。

（29）这篇文章疙里疙瘩，读不下去，这都是译者中文修养太差的缘故。

到了晚年起草的《现代汉语语法》（提纲）里，吕先生又提出了"××的权利、义务、能力、自由、必要"是否也属于同一类型的问题（吕叔湘，1976，§4.5.3）。

朱德熙（1983）把带"的"字的定语分为自指和转指两类，他的"自指"一类，显然是受到吕先生"同一性定语"的启发，并且更明确地表述为"VP里没有缺位。修饰语'VP的'和中心语之间没有同格的关系”，强调说，自指类定语的根本特点“在于其中的‘VP的’不属于跟VP里的动词相关的任何一个格”，点明了非论元性。

3.3.3　一般性定语

朱德熙所说的“同格关系”应该属于本章开头介绍的分类系统里的“内部功能”，他使用能否实现“句法成分的提取”来区分自指和转指的关系。有些明显不是朱先生所说“自指”类型的实例，却也是“其中的‘VP的’不属于跟VP里的动词相关的任何一个格”的现象，值得注意。刘丹青（2009）说：“关系从句是一种深嵌于名词短语内部的小句，只能是一种句法现象，一般的话语/语用操作是影响不到它的。……而在汉语中，话题性影响到关系从句。”他指出这样的事实：

（30）父亲死了的孩子　　　　<　孩子，父亲死了

（31）房屋被烧毁了的居民　　<　居民，房屋被烧毁了

（32）我写了提纲的论文　　　<　论文，我写了提纲

这几个例子多少还有一些线索可寻，也就是说，具有间接的句法身份，如“孩子、居民、论文”都还可以看作“父亲、房屋、提纲”的领有者。而我们发现的“灯光开得最亮的演员”等例子，足以说明比领属关系更远的非论元性角色照样很自由地出现在关系从句的核心语上（张伯江，2014a）。其实，这种非论元性的关系甚至在同样的从句里可以对应于不同的核心语：

（33）灯光开得最亮的演员/灯光开得最亮的角色

（34）销量最好的歌手/销量最好的歌曲

（35）停车最难的超市/停车最难的攻略

（36）最费脑筋的问题/最费脑筋的答案

（37）坡起费油的路段/坡起费油的发动机

（38）不见白天的工作/不见白天的排班

这种现象怎么理解？一方面，可以沿用习惯上的“句法提取”思路，认为例（33）—（38）是非论元性主语/宾语句变换的结果；另一方面，如果着眼于汉语“的”字偏正结构的“参照体—目标”关系，可以更方便地解释这种句法：“灯光开得最亮的”就是参照体，“演员”就是与之相关的目标（张伯江，2014a）。用“参照体—目标”关系不仅可以解释领属性定语和关系性定语，也是“同一性定语”的最好解释。也就是说，所谓领属性、同一性、关系性“的”字定语的区分，还是建立在论元关系的基本观念上的，看到汉语句法结构不依赖于论元关系的事实，则无需区别这几种定语，看作统一的现象更符合实际（沈家煊、完权，2009）。

3.4 跟糅合句法有关的论元关系问题

3.4.1 跟比拟结构有关的

汉语里突破论元关系“制约”的现象比比皆是，比拟结构就是其中的一种。比拟结构的一般形式是“主语+比拟结构+谓语动词”，其中谓语动词一定是陈述主语的。可是现实中我们也常常看到这样的例子：

（39）可歌可泣的英雄事迹像鲜花一样开遍朝鲜的山野。（巴金《第二次的解放》）

（40）日本鬼子“扫荡”了三天，把个沙家浜像篦头发似地篦了这么一遍，也没找出他们的人来！（京剧《沙家浜》）

（41）事实上，尽管他深深怀念，但那个少女的模样在他记忆里

无可挽回地褪色，像烟圈一样无法在空气中保持形状。（王朔《我是你爸爸》）

（42）台下的人像水一样流上台来，完成了控诉之后又从另一端流了下去。（余华《往事与刑罚》）

“开遍山野”的不应该是“事迹”，“日本鬼子”对沙家浜做的事是“找人”而不是“篦（头发）”，“少女的模样”只需清晰不褪色，不需“在空气中保持形状”，“人”的行为不可能是“流上台来，流了下去”。

可见，汉语的谓语的意义只是说明，不是必须跟主语之间建立论元性的搭配关系。这种比拟结构导致语义“转向”的句子，其实是不同句法的糅合：

（40'）鬼子像常人篦头发一样找新四军+鬼子把沙家浜彻底找了一遍

四个零句“日本鬼子‘扫荡’了三天”“把个沙家浜”“像篦头发似地篦了这么一遍”“也没找出他们的人来”呈流水状排列，并不强求论元呼应关系。

3.4.2　跟时间性“的”字结构有关的

“的”字结构独立指称，一般指称施事、受事，也可以是与事、工具等，一般不能指代时间：

（43）*李友王宇办喜事的是十一月十三日，与发案日期相距一周。

这个例子出现在王朔小说《枉然不供》的网络电子版中，曾被一些语法论文引为“的”字结构指代时间的例子。我们查证了小说的原始纸质版(《王朔文集》第4卷622页，华艺出版社1992年出版)，原文是“李友王宇办喜事的日期是十一月十三日”。但下面这个例子，似乎“打得最顺畅的”是指“比赛刚开始的两分钟”：

(44)绿衫军打得最顺畅的，恐怕只有比赛刚开始的两分钟了。(2017年4月19日中央电视台《体育新闻》)

再看一个例子：

(45)印象更深的是，没有一天不是满坑满谷坐满了观众的。(吴祖光《五次票戏记》,《中国京剧》1993年第2期)

按照汉语句法规则，“没有一x不是y的”中，x＝y的。这样的话，“满坑满谷坐满了观众的”似乎可以认为是指称时间的例子了。

但我们认为，这两个例子都不宜这样分析。我们的看法是：

(44')绿衫军打得最顺畅的(T)—比赛刚开始的两分钟(C)

(45')每一天(T)—满坑满谷坐满了观众的(C)

“打得最顺畅的”就是个话题，它可以是指称时间，也可以是指称某种状况，“比赛刚开始的两分钟”是对它的说明，不一定与它有等同关系。“满坑满谷坐满了观众的”也只是一个说明，是对“每一天”情况的说明，不一定对应于“没有一天”所传递的时间概念。这个例证说明，辨识“的”字结构的指称，也不一定要拘泥于论元角色的思路。§3.3.2—3.3.3的讨论已经显示，基于论元关系观念的“自指和转指”的区分其实是无效的，吴怀成、沈家煊(2017)也有详细的论证，这里的事实再度说明，基于论元认识的“句法提取”方法，也不是能准确揭示汉语事实的。

3.4.3 跟同位同指组合有关的

一般语法论著给同位同指组合下定义时总有两个不可缺少的要素：相同的语义所指，相同的句法地位（刘探宙，2016）。如果是这样的两个以上的名词组合在一起，我们似乎可以期待这种组合具备一个论元角色的指称特点，但我们发现，即便是这样的组合里，也存在着句法糅合现象，糅合使得同位组合的指称性质不再单一（张伯江，2017）：

（46）倘若你胞兄再将你变卖旁人，再找我第二个杨春哪！嘿嘿，恐怕就无有了！（京剧《四进士》）

（47）哈哈，我幸亏遇见你这一个干父，若遇见几个，我这两条腿也就打烂了！（同上）

仔细推敲这两个例子的指称性质，可以看出其实是糅合形式：

（46'）我杨春（单指）+第二个杨春这样的人（通指）

（47'）干父你（单指）+一个干父你这样的人（通指）

汉语的NP不是以做论元为根本目的的，也就无需时时处处保持着明确的指称身份，像这两个例子这样，在一个NP内部，凝聚了糅合的过程，也是常见的。

3.5 结语

关于汉语主语的非论元性，自从赵元任（1968）做出两点著名的判断（“主语和谓语的关系可以是动作者和动作的关系。但在汉语里，这种句子的比例是不大的，也许比50%大不了多少”“有时候主语和谓语关系松散到了如果放在别的语言里将成为不合语法的程度”）以后，这个特点为世人所认识，国际上因此有了“汉语式话题”的说法，不过大多数学者为了维护论元关系的系统性，还是尽其所能用“外位成分”“话题主语”等概念试图为论元结构所能控制的事实廓清范围。本章用实例说明，在所谓受约束的句法主语位置上，也常有非论元性角色出现，廓清范围的努力因此是无效的。汉语的宾语，除了大家熟知的各种旁语现象以外，还可以有关系更为疏远的“方面”类角色，本章把吕叔湘关于“形容词+方面补词”的观察推及不及物和及物动词，看到更丰富的事实，验证了沈家煊“汉语动词的用法几乎都是不及物的，或者说，及物性极低”的论断。这就等于宣布了廓清汉语动宾关系论元性的努力也是无效的。主语和宾语两方面的事实综合在一起看，在西方语言里强制性地要求论元关系的这些主要的语法位置，汉语尽管有一些事实是暗合论元关系的，但从实质上说，不是强制性的要求。再说定语，从本章展示的事实中可以看出，即便是看似“关系化”形成的“的”字定语，也多有不按论元结构安排的现象，结合领属性定语和同一性定语的事实看，“参照体—目标”才是汉语修饰性句法的根本原则。与此同时我们看到，糅合句法在汉语里随处可见，小至名词短语内部，大至长长短短的各种句式，往往不以论元结构为遵从。本章的结论就是，汉语就其本质来说并不像西方语言那样以论元结构为句法语义最基本的支撑。

（原载《世界汉语教学》2018年第4期）

第四章　从“叫”的个案讨论汉语句法格局的形成方式

4.1　“叫”的不同意义和句式

依照“动词中心说”看汉语的句子，句子里最主要的句法成分主语、宾语等都看成中心动词支配的成分。这个观点的理想是，所有句子的论元结构都是动词决定的，于是所有句子的句法格局也都应该能够从动词的性质推导出来。当不能顺利推导的时候，常见的处理办法有两种：一是解释成句中有暗含的语法关系；二是索性认为动词的语法性质已经变了。以“我叫张老三”这个句子为例，从“叫”字的语义方向看，“我”并不是“叫”这个行为的发出者，两种处理办法就是：或者说句子里暗含着被动关系（即“我被叫作张老三”），或者说“叫”已经变为系词了。

赵元任（1968）明确否定了被动说。他指出“我叫小毛茛”这个句子虽然翻成英文是“I am called Little Buttercup.”，其实不然。因为汉语里那个“叫”如果是及物动词的话，动作的方向应该是外向的（“我叫小毛茛，小毛茛不答应”），相应被动式就是内向的（像英语那样）。赵先生说：“上面那句话的‘叫’虽然翻成英文的被动式，但其实是个分类性的等式，而不是被动性的动作，方向既不向内也不向外，差不多是中性。”

赵先生说的并不全面。按他的说法，及物用法的“叫”只能是“呼喊”义，不能是“称为”义。其实现代汉语里“称为”义的“叫”也有及物用法，但仅限于双及物句：他叫我大姐丨大家都叫他大老李。（吕叔湘主编，1980）

这个双及物用法的“叫”显然不是“呼喊”义，而更近于“我叫张老三”里的“叫”，属“称为”义。但验之以句法，可以看出还是有区别的：

（1）他叫我大姐。　　　　*我叫大姐。
（2）大家都叫他大老李。　　？他叫大老李。
（3）我叫她阿姨。　　　　*她叫阿姨。

这两个意义相关的“叫”是什么关系？着眼于单宾句，类似于系词；着眼于双宾句，则是及物动词。吕叔湘主编（1980）根据这两种语法性质分出了“叫”的两种意思，两种用法：一种义为“名字是”，带名词性单宾语；另一种义为“称呼”，必带双宾语。这种处理方式意味着，该书认为“叫”在单宾和双宾两种不同句式里，词汇意义也是有所不同的。这个看法很有启发性，它强烈地启示着我们寻绎这两种用法之间的异同。

我们注意到，吕叔湘（1942，§5.53）在谈到“谓”字时说：“‘谓’字本是外动词，但有一种特别用法，如‘宫中之门谓之闱，其小者谓之闺，小闺谓之阁。’这些句子省略起词，止词在前成为主语。如果把‘之’字再省去，‘谓’字即有被动意义，也就有了近乎系词的性质。”

吕先生同时指出，“在白话里有时用‘叫做’。”古汉语里“称为”义多用“谓”，“叫”是白话兴起后的代替“谓”的形式。“谓”从及物用法发展到类系词用法，吕先生讲得很清楚了，其中“之”的省略是个关键。“叫”的历史，我们找不到这样的一个省略宾语的例证，于是“叫”的两种用法之间的句法联系，就是个值得推究的问题了。

4.2 “我叫张三”来源于近代汉语的话题句

4.2.1 “称为”义的单宾叫字句并不是同义双宾句的变式

按照“谓”从双及物动词发展为系词的路径，我们很容易设想“叫”可能也有类似的经历。文言里“称为”义主要用“谓”“谓之”，“叫”取代“谓（之）”是近代白话里才出现的。从经验推断，“呼喊”义的动词发展为“称为”义，原始句式中的动作方向应该是从施向受的，即赵元任所说的“外向”的。依这样的推断，是不是双宾的用法更应该看作原型呢？我们简单看看历史材料。

查看宋元以来白话材料，首先可以看到，“外向”的用例的确可以找到例证，如以下几个明代小说里的例子：

（4）那老儿是郑州奉宁军人，姓宋，排行第四，人叫他做宋四公，是小番子闲汉。（《喻世明言·宋四公大闹禁魂张》）

（5）这汉不知怎地，人都叫他做“大字焦吉”。（《警世通言·万秀娘仇报山亭儿》）

（6）这襄阳府城中一个员外，姓万，人叫做万员外，这个员外排行第三，人叫做万三官人。（同上）

（7）那大汉道：“我姓尹，名宗，我家中有八十岁底老母，我寻常孝顺，人都叫做孝义尹宗。”（同上）

以上四个例子，两个是“人叫他做”，两个是“人叫做”，共同之处是，都有施事角色“人”在“叫”字之前的显性存在。

但是，与这种施事在前的“外向”句子相应的被称呼者做主语的句子，看不出来是由前者“发展”而来的，甚或是不晚于双宾用法就出现了。我们在宋代的文献中就已看到“变式”用例：

（8）盖武王，周公康叔同叫作兄。岂应周公对康叔一家人说话，安得叫武王作“寡兄”，以告其弟乎！（《朱子语类·卷第七十九》）

（9）恶如当界土地，满村里不叫做李洪义，一方人只呼做活太岁。(《刘知远诸宫调》)

例（8）的语义结构是“周公和康叔称呼武王为兄”，句法结构则让“武王”做了话题，施事“周公康叔”处于说明部分。例（9）也是一个以被称呼者（当界土地）为话题的句子，所不同的是，这个话题是因为承接了上文，在“叫做”前以零形式出现的；“叫做”前的“满村里”可以看作施事，也可以看作处所状语。

于是我们看到一个清清楚楚的事实：被称呼者出现在“叫(做)”的前面，首先是以话题身份存在的。

以下几个例子显示了这种话题成分逐渐凝结成主语的过程：

（10）这人姓郭，名立，叫做郭排军。(《碾玉观音》)

（11）原来郡王杀番人时，左手使一口刀，叫做“小青”；右手使一口刀，叫做“大青”。这两口刀不知剁了多少番人。(同上)

（12）走去转弯巷口，叫将四个人来，是本地方所由，如今叫做“连手”，又叫做“巡军”：张千、李万、董霸、薛超四人。(《清平山堂话本·简贴和尚》)

（13）父亲叫做蒋世泽，从小走熟广东做客买卖。(《喻世明言·蒋兴哥重会珍珠衫》)

4.2.2 “叫”系词性确立的两个关键点

细究起来，在主语凝结的过程中，“名叫”一类的说法引人注意：

(14)那女孩儿道:“我是曹门里周大郎的女儿,我的小名叫胜仙小娘子,年一十八岁,不曾吃人暗算,你今却来算我!我是不曾嫁的女孩儿。”(《醒世恒言·闹樊楼多情周胜仙》)

(15)家里一个茶博士,姓陶,小名叫做铁僧,自从小时绾着角儿便在万员外家中掉盏子,养得长成二十余岁,是个家生孩儿。(《警世通言·万秀娘仇报山亭儿》)

(16)当日万员外邻舍一个公公,七十余岁,养得一个儿子,小名叫做合哥。(同上)

(17)咱们今夜那里去住呢。咱们往前走。十多里路。有一个店。名叫做瓦店。(《老乞大新释》)

“(小)名叫”的出现,说明话题结构更加固定,“叫”的系词性也已稳定下来,名字成为这一系词的固定论元,即,系词前后各出现一个姓名角色,前边是“名字、小名”等类名,后边是具体的专名。这是第一个关键点。

第二个关键点是第一人称主语的出现。就我们观察到的材料看,“叫(做)”系词用法出现后,很长一段时间不见以第一人称做话题/主语的,到明清小说里才大量出现:

(18)因问小丫头儿:“你叫什么名字?”他回言道:“我叫绣春。小厮便是天福儿。”(《金瓶梅》)

(19)黛玉听了,才知他是贾母屋里的。因又问:“你叫什么?”那丫头道:“我叫傻大姐儿。”(《红楼梦》)

(20)安老爷见问,便说道:“不敢,晚生姓安,名字叫学海。”(《儿女英雄传》)

(21)他又接上话了,说:“没有价,就我一个儿,我叫二头。”(同上)

(22)他说:“我叫海马周三,你我牤牛山曾有一鞭的交情!”(同上)

第一人称话题的出现，说明“叫”的“别人呼做……”的意思已经完全漂白了，是“叫”的系词性稳定下来的又一证明。

4.3　现代汉语里“叫”的二元句与三元句的联系与区别

4.3.1　现代汉语里句式意义的共时分工

以上关于“称呼”义“叫（做）”的历史考察，至少告诉了我们一个事实：“人叫我（做）张三”和“我叫（做）张三”之间并没有发生过被动式的语法过程，这充分验证了赵元任的看法。与此同时，历史材料也清楚地显示出，后者是以汉语话题句为驱动力逐渐发展成熟的。这里我们想进一步指出的是，就现代汉语的事实看，两种句式的语义选择已经呈现出明显的区别：

（23）?人们叫他张三。　　　　他叫张三。
（24）人们叫他张老三。　　　?他叫张老三。
（25）人们叫他老张。　　　　*他叫老张。
（26）人们叫他老三。　　　　*他叫老三。

从对比中看出，“人叫A（做）B”这个格式里，B往往是一种临时性的称呼，准确地说，是一种特殊语域（register）的称呼，如外号、昵称、蔑称等，极少用于正式命名性的表述；相对地，“A叫（做）B”这个格式，总是用于固定的、正式的名称表述。

从近、现代汉语事实来看，可以说“他叫张三”是独立发展出来的说法。发展的条件就是汉语固有的话题结构。结合历史材料和现代汉语情况，我们看到的事实是，以如下四个句子为代表的结构类型都是为汉语话题结构所允许的句式：

（27）村里人叫哥哥张老三。

（28）哥哥，村里人叫他张老三。

（29）哥哥叫张三。

（30）哥哥名字叫张三。

这几种句式虽说都是历史上不同发展阶段在现代汉语里的留存，但在共时系统中已经是各司其职，各有各的表达内容和语域倾向，因此说都是独立发展的。例（27）“村里人”既是话题又是施事，句子是典型的双及物句（张伯江，1999）；例（28）是以双及物结构里的与事“哥哥”做话题的句子；例（30）“哥哥”是主话题，“名字”是次话题，是个双重话题句；例（29）是例（30）的省说形式，“哥哥”是唯一话题，语义上与“叫”没有论元关系。

四种句式里只有第一种属于赵元任说的“外向的”，即从施到受的语义流向；其他都是典型的话题句。为什么汉语里“称呼/命名”义的句式特别偏爱话题句呢？这就涉及一个如何看待汉语句法基本特性的问题。谈及汉语句法的特点，都少不了谈到话题的重要性。尽管如此，还是有相当多的学者把汉语的话题现象看成一种句法过程（syntactic process），称为话题化（topicalization）的结果，跟英语里的被动化等情况类似，都是针对具有清楚论元关系的“常规”句子的句法操作。这种看法跟赵元任（1968）主张的“汉语的主语就是话题”有很大的差异，沈家煊（2014）指出：“汉语的主语就是话题，相当于西方语言里‘主语’的东西在汉语里只是话题的一个‘特例’而已。这就意味着汉语里主语和话题的关系不是分立的关系。”英语里话题和主语的分立关系表现在，主语总是谓语动词的一个论元，而话题往往不是。本章开头指出的“动词中心说”的习惯思维，只要见到不是从施到受的“常规”句法格局就猜想一定是经历了某种语法过程的“变式”，这其实是基于英语那样西方语言的思维。英语的语法过程都是在论元角色之间进行的，话题化并不是针对论元角色的一种操作。汉语的面貌完全不是这样。汉语主语跟话题的关系与英语主语跟话题的关系不一样，汉语的话题既可以是论元角色也可以是非论元角色。因此我们不能像看待英语事实那样，把从施到受的句法格局看成“常规”的，把相对的“变式”看成经过某种语法过程的结果。“叫”的个案考察表明，所谓的“常规”语义方向的句式和所谓的“变式”在历史上几乎是同时出现的。原因就在于，汉语的基本句法格局就是话题句，有没有论元关系的话题句一样正常（张伯江，2013）。“叫”句式从一产生，就同时选择了命名者做话题和被命名者做话题两种格式。

也许有人说“哥哥名字叫张三”中“名字”与“叫”之间的论元关系还是清晰可循的，其实仔细想来，“名字”既不是“叫”的施事者也不是受事者，在“哥哥名字叫张三”里也是个次话题而已。到了“哥哥叫张三”里，“哥哥”与“叫”之间已经看不出什么语义联系了。反思“系词”的说法，其实也只能说是一种比附的说法，“叫”并不是真正的系词，它的语义既不是“等同”也不是“属于”，这就难怪吕叔湘主编（1980）要用“名字是”来解释它。

4.3.2 动词的语义区别还是句式的语义区别？

接下来的问题是，三元句与二元句里的“叫”字，是不是同一个动词？就其“命名”义这个语源来说，肯定是相关的。语法研究的目的既是要找出内在相关性，又要能解释清楚明显分化了的格式和意义的来历。从两种格式里的“叫”字各自体现出的价值来看，像吕叔湘主编（1980）那样分别把二者概括为“称呼”和“名字是”，是非常有见地的。这里，我们想进一步指出的是，构式语法的方法比起“动词和论元”的方法来，有明显的优越性：如果我们从动词“叫”出发，研究它的配价能力，得出的是“叫”字论元结构的不同配位方式；而我们从句式着眼，观察出两种典型的话题结构方式及其不同的句式语义，进而观察句子里动词的语义贡献，可以看出在句式整体意义的差异之下，动词句法语义的个性，如所谓系词性是怎么产生的。这种从大往小看的对句式整体句法语义的认识，远比原子主义的从孤立动词出发去认识其配价能力的做法看到的事实更全面。

顺着这样的观察路径，我们觉得，两个句式还有进一步认识的价值。赵元任（1968）否定了“他叫张三”是来自被动化的语法变化，这个看法是有其深刻的理论背景的。我们知道，赵先生特别强调汉语里主语和谓语的关系不一定是动作者和动作的关系，“主语不一定是动作的作为者”，“谓语中动作的方向，不一定必得从主语到宾语”。他一再提醒人们注意汉语的这个特点，用现在的话说，就是不要轻易把非论元性的关系看成论元性的关系。赵先生强调类系词的“叫”字“方向既不向内也不向外，差不多是中性”，目的就是让人们分清有方向性的“叫”和没有方向性的“叫”并重视后者。与此同时，赵元任（1968）对汉语的谓语分类提出了一个全新的分类法：对比性谓语、肯定性谓语和叙述性谓语。沈家煊（2012b）高度评价这个分类法，认为它打破了传统的依照谓语词类分成叙述、描写、判断的办法，不仅“形式上更有依据”，而且深刻反映了汉语名动包含、谓语指称性包含陈述性的事实。沈先生并把赵先生的三类谓语进一步归并为两类：肯定性谓语和叙述性谓语。赵先生关于谓语类型学说的深刻性还在于，这不是关于谓语构成的一个静态的绝对分类，而是着眼于用法，即，不同的谓语构成形式都有可能以不同的程度实现肯定性和叙述性作用（§2.9）。回到本章讨论的事例，为什么赵先生强调“他叫张三”这样的句子“其实是个分类性的等式，而不是被动性的动作”呢？在我们看来，“[他]叫张三”只能做肯定性的谓语，不能做叙述性的谓语；而“[人们]叫他张老三”既可以做肯定性谓语，也可以在一定程度上实现叙述性。以下的对比显示出了这种差异：

（31）人们叫他张老三。	他叫张三。
（32）人们是叫他张老三。	他是叫张三。
（33）人们叫他张老三叫了三年。	*他叫张三叫了三年。
（34）小王叫了他一声张老三他不高兴了大半天。	*他叫了张三很不高兴。
（35）他被人们叫了张老三以后就更不爱打扮了。	*他被叫了张三以后……

汉语谓语的根本特点在于说明性。叙述也是一种说明，叙述是说明的一个特例；说明的强化便是肯定，所以所有的汉语谓语都可以实现肯定。命名是一种行为，对命名行为的叙述也是对命名者的说明（左列）；而叙述一个人的固有名称本身就是说明（右列）。这样，我们就从句式的角度解释了“叫”两种意义的联系和区别。

4.4 话题结构驱动句式变异

上面通过对“叫”这个个案的观察，讨论了汉语动词在不同句法格局里体现的整体性差异。当我们深刻体会赵元任关于汉语主谓结构不一定是动作者与动作的关系、谓语中动作的方向不一定从主语到宾语以及汉语谓语的类型实现这些重要提示时，就会看到汉语中这样的现象并不少见，更多的实例同样展现了我们上面指出的事实。句式差异带来的句法语义整体特点，有许多是我们以前难以观察到的。

首先我们看到，与“叫”词义相近、论元成分结合能力相同（都是涉及命名者、被命名者、名称三个角色的）的“喊”“称”等动词，也都不同程度地存在着平行用法：

（36）她们也做做州县官，带家眷上任，男子仍然喊作“老爷”，小孩子叫“少爷”。（沈从文《萧萧》）

（37）药店的“同仁”，一律称为“先生”。（汪曾祺《异秉》）

（38）他现在满店的货物都已经称为“国货”，买主们也都是“国货，国货”地说着，就拿走了。（茅盾《林家铺子》）

“老爷”“先生”“国货”虽然不是专名，但是在这样的二元句里，作为“喊作”“称为”的宾语，却淡化了语域色彩，成为一种惯常规律的陈述。根本的原因一如上述，在于说话人选择了“男子”“同仁”“货物”作为话题，至于“喊”“称”等行为的施事者是谁并不重要，“喊作”和“称为”的动作方向性也就不是表达重点，也可以说是有了一定程度的系词性。

除了“称说”义的动词以外，我们注意到还有一些涉及三个参与者的动词，同样有这样拿与事当主语的单宾用法。先看一些实例：

（39）老王分了一套房子。（＜单位分了老王一套房子。）

（40）小赵这回罚了二百。（＜执法队这回罚了小赵二百。）

（41）我又扣了六分。（＜警察又扣了我六分。）

（42）他派了个闲职。（＜老板派了他个闲职。）

（43）村里最近又拨了一笔救灾款。（＜上级最近又拨了村里一笔救灾款。）

（44）小王定了个三级工。（＜厂里定了小王个三级工。）

这些例子里的动词，都是所谓“三价动词”，都有如上这些以与事为主语的双论元用法。有些语法理论里，也有把这些二元句中的动词看作省略了被动标记的被动用法。在我们看来，其中有些例子固然可以加上被动标记（“被罚了”“被扣了”“被派了”），但有些加上反倒不自然，如：

（39′）？老王被分了一套房子。

（43'）?村里最近又被拨了一笔救灾款。

（44'）?小王被定了个三级工。

重要的是，当我们用赵先生关于汉语主谓关系和谓语类型的观念来审视这些例子时，就会看到三元用法与二元用法的深刻差异。

上一节我们讨论“叫”的三元句与二元句时看到的是，二者都倾向于肯定性，三元句比二元句更多些叙述性的能力。这里我们面对的“分”“罚”“扣”“派”等动词，首先看到的，是它们不论在三元句还是二元句里，都可以很自由地带“了”，也就是说，都倾向于叙述性。我们以下就考察一下叙述性的强弱。

有一些句法手段足以显示三元句的动作方向是从主语到宾语的，而二元句不仅不是，也应该不是由被动化的句法操作形成的。例如在以下两个例子里，我们试着在句中添加增强主语施事性的状语“一口气”和“强行”，就可以显示出二元句并不同于被动句，其实是不存在施动意义的：

（41"）警察一口气扣了我六分。

→我被一口气扣了六分。

→*我一口气扣了六分。

（44"）厂里强行定了小王个三级工。

→小王被强行定了个三级工。

→*小王强行定了个三级工。

二元句里由于失去了责任者角色，动词的主要作用就是主语和宾语之间的一种联系，有了赵先生论及“叫”时所说的“方向既不向内也不向外，差不多是中性”那种倾向。整个句子的构式义就是“经历者得到了某责任者施予的损益”。动词的语义可以说发生了转喻：用“分”转喻“经受了责任者以分配的方式做出的行为”；用

“罚”转喻“经受了责任者以处罚的方式做出的行为”；用“扣”转喻“经受了责任者以扣除的方式做出的行为”；等等。这样来看，如果都对谓语做出肯定，二元句肯定的是“经历”，三元句肯定的是行为本身。试对比以下例子，左列是由三元句变换而来，遵从的是由施到受的动作方向，右列则基于原二元句的方向。当我们把两组句子的主要动词都分别用原行为动词和相关的心理动词测试时，清楚看出，原二元句不以叙述为主要表达意图：

（45）a. 单位分的是一套房子。　b. 老王分的是一套房子。
→*单位美的是这套房子。　→老王美的是这套房子。
（46）a. 执法队罚的是二百。　b. 小赵罚的是二百。
→*执法队乐的是这二百。　→小赵愁的是这二百。
（47）a. 警察扣的是六分。　b. 我扣的是六分。
→*警察高兴的是这六分。　→我苦的是这六分。
（48）a. 老板派的是个闲职。　b. 他派的是个闲职。
→*老板得意的是这个闲职。　→他无奈的是这个闲职。
（49）a. 上级拨的是一笔救灾款。　b. 村里拨的是一笔救灾款。
→*上级欣慰的是这笔救灾款。　→村里庆幸的是这笔救灾款。
（50）a. 厂里定的是个三级工。　b. 小王定的是个三级工。
→*厂里遗憾的是这个三级工。　→小王伤心的是这个三级工。

右列句子的句首名词，与其说是从原三元句子里的与事位置提到前边的，不如看作本来就是说话人选作起点的；它的身份更恰当地说应该是经事（experiencer）而不是与事（beneficiary），这种认识也是凭借观察全句得出的，而不是仅凭观察动名之间的论元关系。

一个“叫”字，当它从历史上非论元性质的话题固定在“他叫张三”这样的句子里时，人们愿意给它一个新的身份——系词，这样，“他”和“张三”就都成了系词“叫”的论元了。但是，当我们观察到更多的事实，发现更多的动词可以随着句式选择的不同而产生联系性语法作用时，难道都要说成产生了系词用法吗？这一节的观察启示我们，从动词出发还是从句式出发，不是个一般的选择问题，而是观察到的语法事实是否全面、是否准确的问题。

4.5 结语

本章从“叫”的个案观察入手，进一步观察语义上联系三个参与者的部分动词能够形成以与事为主语的双论元句的现象，试图说明：一、需要深刻认识汉语话题结构的根本性，破除英语式句法过程思维，看到汉语话题结构与多种句法格局的适配性；二、充分认识非论元性话题句在汉语语法中的重要地位，充分重视非论元性话题句的表达能力。

（原载《语文研究》2017年第1期）

第二部分

名词短语

第五章　汉语限定成分的语用属性

5.1　汉语的限定词问题

传统语法把名词短语写成NP（noun phrase），以N为核心，限定词（determiner）很长时期里是被当作名词的定语看待的，也就是说，看得跟修饰名词的形容词性质差不多。英语的限定词包括冠词the和a、each/every、this/that、some/any以及both、all，等等。当代句法理论把限定词看作“限定词短语（determiner phrase，简称DP）”的核心，这种处理办法是基于这样一种句法事实：限定词决定了DP的句法性质，即，它是用来指定、识别或量化后面的名词短语的。

不少学者相信，限定词应该存在于所有语言。那么，汉语里哪些成分属于限定词呢？这些成分是否跟英语一样实现其句法作用呢？

迄今所见汉语句法论著中提及的限定词有：

1）一部分指示词，如“这房子”里的“这”（何元建，2001），“这个人”里的“这”（Huang *et al.*，2008）。

2）作为同位结构中前一成分的人称代词，如“他们学生”里的“他们”（Huang *et al.*，2008）。

3）作为领属结构中领有者的人称代词，如“你太太”里的“你”（何元建，2001）。

以上各家对汉语限定词的看法并不一致，主要的分歧在“这个/那个”和“我的/他们的”里的“个”和“的”属前还是属后的问题。我们在此先做一简单评述。

所谓“个（包括其他量词）”和“的”属前还是属后，实质上就是把［demonstratives+量］看成一个整体，还是看成分立的并且认为“个”是［个+N］这个整体的核心的问题；以及把［pronoun+的］看成一个整体，还是看成分立的并且认为“的”是［的+N］这个整体的核心的问题。

在ClP（以量词为核心的“量+名”短语）和*De*P（以“的”为核心的“的+名”短语）这两个概念提出来以前，汉语语法学界都是倾向于让“量”与“的”首先跟其前边紧邻的成分组合的，即，把“这个”“一个”“我的”看成先行组合再去修饰名词的整体。这样的话，则这几个东西整体都可以看作限定词。但是有了ClP和*De*P概念以后，限定词的范围就变小了。[①]石定栩（2008）讨论了用量词和“的”作为核心的不妥，他指出这违背了一个最重要的原则：“核

① 具体而言，在“量＋名”短语里，量词是核心，限定词的位置在此之外，如（何元建，2001）：

（1）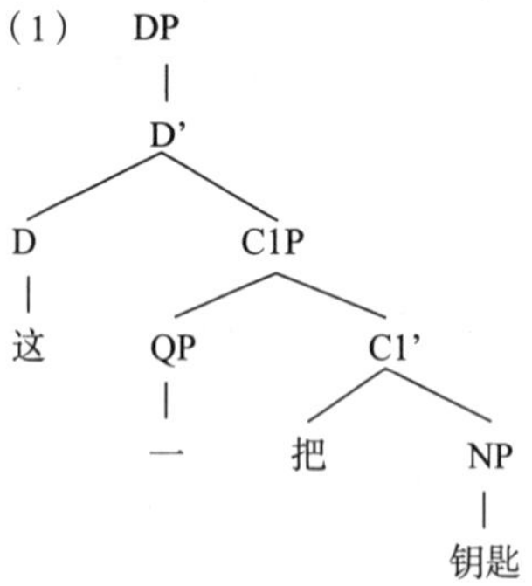

这是“这一把钥匙”的结构，“一把钥匙”则处理为“这”的位置有一个零形式的限定词。

再看“的＋名”短语的问题。以下分别是司富珍（2004）和熊仲儒（2005）的处理方法（据石定栩 2008）：（接下页）

心与补足语一定会组成一个句法单位，可以作为一个整体发挥句法作用，独立充当句子成分。”本章接受这个论断。①

吕叔湘（1944b）指出汉语名词前的“一个”有不定冠词的性质，其省略形式“个”的不定冠词性更强；方梅（2002）和董秀芳（2003）则指出北京口语里“一个”的另一个省略形式“一”更有不定冠词性质。综合这些语言事实，我们可以确定地把非数量用法的“一个”看作一个具有限定词性质的句法单位，它有两个简省形式：

（接上页）

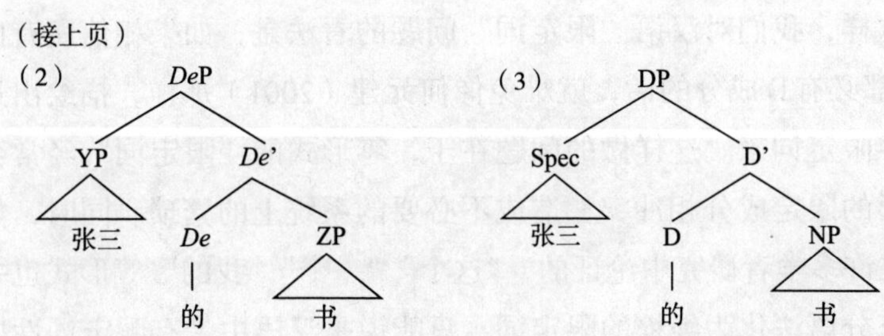

二者都是让“的”跟“书”率先组合，形成以“的”为核心的短语。何元建（2001）的处理方法不同：

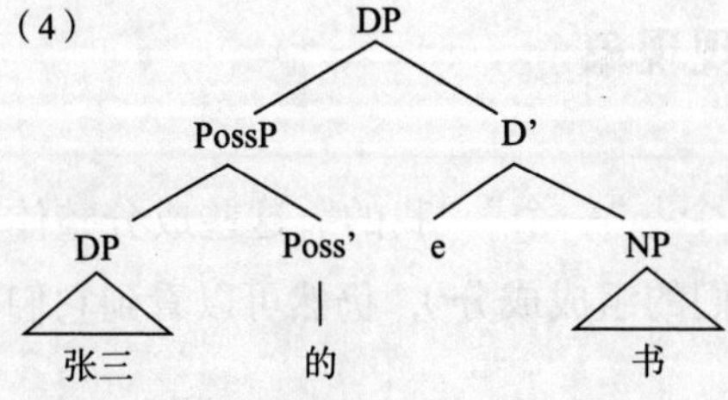

这是把“的”处理为后附于“张三”的领有标记，而给其后“书”的前边另设一个零形式的限定词。

① 用同样的原则衡量上面图中的例（1），可不可以说“把钥匙”作为一个句法单位也可质疑呢？我们认为道理应该是一样的，亦即，汉语“量＋名”是不成单位的。尽管实际语言里存在“赔了把钥匙／给他把钥匙”这样的说法，但是除了直接宾语位置以外，这种“量＋名”形式不见出现于任何其他句法位置；与此同时，现代汉语“数＋量”却是一个清楚的句法单位，不妨看作汉语名词前的一种限定成分。

“个”和“一”。[①]

刘丹青（2002）指出汉语名词短语的指称义可以通过限定性成分来辨识的规律。他写的公式为：

DP（有定、无定、计量、全量等）= D（有定、无定、计量、全量等）+NP

他虽然没有就“个”属前还是属后问题明确表态，但是强烈倾向于把“这个”等成分看成汉语里表示有定意义的限定词，把“一个”等成分看成汉语里表示无定意义的限定词。

这样，我们对汉语“限定词”问题的看法是，如果相信所有的NP前都必有D成分的话，就难免像何元建（2001）那样，描绘出过多的零限定词来。这样做的问题在于，零形式的“限定词”经常会与有形的限定成分相冲突，造成不必要的系统上的繁琐。同时，如同以往许多学者研究中论证的，“这个”“一个”“我的”等形式也并没有充分语法化为纯粹的限定词，只能说是汉语中带有限定词性质的语法单位，我们下文一概称之为“限定性成分”。

5.2 汉语限定性成分的共现现象

问题是，即便我们把“这个”“一个”“我的”这些成分整体上看作限定词（即，不再切开它们的组成成分），仍然可以看到它们在

---

① 如果是这样的话，“这/那+个”该怎么处理呢？生成语法里一般的看法是看作“个”前边省略了数词“一”，即“这个”=“这+（一）+个”，我们觉得，这个方法存在一个理论上的困难：其中的“一”是什么性质的？如果是实在的数量用法，则很难解释为什么要省略；如果是不定冠词用法，则与前边的定指意义的“这”语义冲突。因此，我们不采取“这个”里省略“一”字的看法，而把“这/那”看成和“一”一样的“__+个”格式里的聚合成分。这样，就把“一个”看成近似于不定冠词的限定成分，把“这个/那个”看成近似于定冠词的限定成分。

一个名词短语里共现的现象，这是跟限定词理论相冲突的。我们首先看看相关实例。

5.2.1 人称代词与指示代词的共现现象

Huang *et al.*（2008）就已经指出："有时，指示词和代词可以同时出现在D位置。"如：

（1）我喜欢你们这些乖孩子。

（2）我对他们那些流浪汉没有印象。

这样的例子我们还可以举出很多：

（3）我这人直肠子，有什么说什么，不会说好听的。

（4）徐伯贤拍拍他的肩膀，"我要长期聘请你这位电脑工程师呢。"

（5）大概这所中学办到哪一天，他这个教导主任就会当到哪一天。

（6）信上说他们那帮老头现在特发愁，选来选去就觉得这奖该给您……

我们注意到，这些例子有如下特点：

第一，次序是固定的，即都是人称代词在前，指示代词在后，不能相反：

（1a）*这些你们乖孩子

（2a）*那些他们流浪汉

（4a）*这位你电脑工程师

（5a）*这个他教导主任

（6a）*那帮他们老头

第二，几乎所有例子都是有歧义的，即，都有可能理解成领属结构：

（1b）你们这些乖孩子→你们（养）的这些乖孩子
（2b）他们那些流浪汉→他们（收容）的那些流浪汉
（4b）你这位电脑工程师→你（聘用）的这位电脑工程师
（5b）他这个教导主任→他（任命）的这个教导主任
（6b）他们那帮老头→他们（供养）的那帮老头

5.2.2 领有成分与指示代词的共现现象

汉语的指示代词有指代作用，也有学者认为带有部分的定冠词作用。英语的领属结构是强制性地不能与定冠词和指示代词共现的（Lyons，1986）：

（7）John's book
→*the John's book
→*this John's book

但是汉语里领属结构中出现指示代词的现象却是合法的：

（8）忽然非常怀念他的那只箱子，箱子里那些半新不旧的衣服。
（9）他收拾旅行包的时候，发现他的那副象棋里丢了一颗黑炮。
（10）王某说，他的这支猎枪是1995年在白沟镇买的，用于打猎。
（11）可正是由于他的这个认真劲儿，去年秋天自己家装修时吃了大苦头。

在语序特点上，“领有成分＞指示代词”也基本是确定的，一般不能调换位置。吕叔湘（1985a）明确说：“与领属性的定语同用，这、那无例外的在后。”吴早生（2009）观察到，指示代词先于领有成分的实例虽然也有，但是在他考察的大量语言材料中极其罕见：“汉语的‘一+量’‘这/那+量’所处的位置，绝大部分都是位于领有者之后的非居首位置，占据这一位置的倾向性达到了96%。”

从语义功能方面说，一般认为领属结构里的领有者短语（PossP）是决定整个领属短语的定指性的，其后的名词一般为光杆名词，语用上是个通指的（generic）成分（张敏，1998）。例（8）—（11）中为何要出现“那+量”和“这+量”，似乎有些多余。

5.2.3　领有成分与不定成分的共现现象

同样，英语的领属结构也是强制性地不能与不定冠词和其他无定限定词共现的（Lyons，1986）：

（12）John’s book

→ *a John’s book

→ *some John’s book

汉语领属结构里也可以比较自由地出现不定指的名词成分，例如：

（13）一次下轿来买甘蔗，我的一个朋友对我这样说。

（14）我每年从生产资料公司，通过我的一个老同学买两袋尿素。

（15）李晋元当年可算你的一个挚友吧？

（16）提起自信，他说要感谢他的一位小学老师。

这一类的语序特点亦如上述，也是强烈倾向于“领有成分＞不定成分”语序的，尽管有一些例外（邢福义、沈威，2008），但总量有限（吴早生，2009）。

从语义功能方面说，这些例子里两种句法成分是有矛盾的：定指性的领有成分加在不定指性的名词成分之前，整个领属结构是定指性的还是不定指性的呢？

5.2.4 人称代词与零形定指标记的共现现象

按照一般句法理论，专有名词也带有一个默认的零形式的限定词（何元建，2001），则如下这种专有名词前加人称代词现象也类同于我们上面列举的限定性成分共现现象（黄瓒辉，2003；韩蕾，2003、2009）：

（17）他马垂章今年不会下台。

（18）委员长会怎样看待他杜聿明呢？

（19）她苦苦地等待了三十八年，结果想不到等来了一个骗子，把她陈传青全毁掉了。

（20）只要老幺生了儿子，他赵胜才给一万块的营养费。

（21）搞掉了我张国焘，还有四方面军吗？还有你许世友吗？

5.3 寻求句法解释

Dryer（2007）说，用“限定词”这个术语，就应该意指这些具有限定作用的成分不能共现在名词短语中的相同位置。但是他也指出，限定性成分可以共现的现象在不少语言里是存在的，例如非洲尼罗-撒哈拉语系的Koyra Chiini语有定冠词和指示词共现的现象：

（22）har *woo* *di* yo
man DEM DEF PLUR
‘these/those two men’

再有，尼日尔-刚果语系的Engenni语也有领有语、指示词和定冠词三者共现的情况：

（23）ani　wò　âka　nà
　　wife　2SG.POSS　that　the
　　'that wife of yours'

Dryer（2007）认为，在这样的语言里，很难确认"限定词"。

有些学者坚信汉语里存在限定词，那么怎么解释汉语里限定性成分共现的现象呢？在§5.2.1我们引述了Huang *et al.*（2008）指出的指示词与人称代词共现的现象，他们的解释是："对于这一现象的解释有以下三种可能，一是允许一个DP结构中同时存在两个中心语D（a double-head structure），即指示词和代词都在D位置；二是指示词在D位置，而代词在spec of D；三是代词在D位置，而指示词处在一个比D低的位置。"这样的解释显示了作者两个基本的信念：一、名词短语里至少有一个限定词；二、共现的两个成分都是起着一定的句法作用的。

§5.2.2和§5.2.3的现象可不可以有句法解释呢？我们注意到Lyons（1999）曾经根据领有者句法性质的不同，提出两种语言类型：

限定性领格语言（determiner-genitive language），如英语、爱尔兰语等；

形容性领格语言（adjectival-genitive language），如意大利语、希腊语等。

前者领格成分就是一个限定词，所以结构里不能再有另外的冠词出现；后者领格成分只相当于形容词修饰语，所以领属结构还可以再加上定冠词/不定冠词。刘丹青（2008）认为，汉语属于Lyons所说的形容性领格语言。这样的话，似乎就可以解释汉语里领有成分与定指/不定指标记共现的现象了——因为排除了领有成分的限定词性质。但是Lyons所说的"形容性领格语言"都是把冠词加在领格成分的外层的，由最外层的限定词决定整个领属结构的定指性；而我们举出的例（8）—（11）和例（13）—（16）这样的汉语例子，领有成分处于外层，表示定指性的“这个/一个”反倒居于内层，难以决定整个领属结构的定指性。

这样，如果说汉语的领有成分是形容词性的，那么它所处的并不是形容词的常规位置：

（24）我的那件/一件衣服　　　　?红的那件/一件衣服

（25）?那件/一件我的衣服　　　　那件/一件红的衣服

5.4 限定性成分的语用属性

这一节我们逐一考察上面所列举的四种限定性成分共现现象的句法作用和语用作用。

5.4.1 关于人称代词与指示代词的共现

§5.2.1讨论的例子，一般看作“同位语”，意谓组成部分具有同等句法地位。我们用删去其中之一的办法来测试共现的两个限定性成分哪个是真值语义的负载者：

（1'）*我喜欢你们乖孩子。

（1"）我喜欢这些乖孩子。

（2'）*我对他们流浪汉没有印象。

（2"）我对那些流浪汉没有印象。

（3'）*我人直肠子，有什么说什么，不会说好听的。

（3"）这人直肠子，有什么说什么，不会说好听的。

（4'）*徐伯贤拍拍他的肩膀，“我要长期聘请你电脑工程师呢。”

（4"）徐伯贤拍拍他的肩膀，“我要长期聘请这位电脑工程师呢。”

（5'）*大概这所中学办到哪一天，他教导主任就会当到哪一天。（仅限“他”为同位定语）

（5"）大概这所中学办到哪一天，这个教导主任就会当到哪一天。

（6'）*信上说他们老头现在特发愁，选来选去……（仅限“他们”为同位定语）

（6"）信上说那帮老头现在特发愁，选来选去……

可以清楚地看出，删去指示代词的句子都是不合法的；删去人称代词，句子在语法上都是合法的，语义上也基本符合原意，只是比原来模糊些。

这个测试表明，句子基本句法语义功能的承担者，是“指示代词+名词”部分，人称代词可能起的是语用表达作用。我们注意到，这些句子里“乖孩子”“流浪汉”“老头”都是带有主观情感色彩的词语；例（4）的“电脑工程师”，是说话人对“你”的奉承之词；例（5）的“教导主任”，则是说话人自嘲之语；例（3）的“我这人”字面上虽然看不出“人”有任何主观意义，但是使用这个表达法的时候却无一例外地是用于强调“我”不同于一般人的某种特殊属性（“直肠子”）。也就是说，每个“人称代词+指示代词+名词”出现的句子，都是具有某种主观情感意义的。

5.4.2　关于领有成分与指示代词的共现

§5.2.2举了一些领有成分与指示代词共现的例子，如果说这两个都是限定词的话，我们也可以试着删去其中的一个，删略测试的结果，两种情况句法和语义上似乎都没有问题：

（8'）忽然非常怀念他的箱子，箱子里那些半新不旧的衣服。

（8"）忽然非常怀念那只箱子，箱子里那些半新不旧的衣服。

但是如果我们回头看看更大的语境：

（8‴）他仔细想，很仔细地想。想起来，他有一个家，一份私密空间……他记得，他有一张床，哪儿的床也比不了那张睡惯了的床睡着舒服，这真奇怪！他还想起来，他那床底下有一口箱子，里面装的全是还可以穿的衣服。在那些衣服里，有几件T恤衫，是他喜欢的。一件上印着些美元的图案，歪歪斜斜，互相叠压；一件上印着一位香港女歌星的大头像；还有一件，是美国纽约曼哈顿的鸟瞰照，那上面世界贸易中心的方柱形双塔楼和布鲁克林大桥非常突出……他这个年纪，不该穿这样的文化衫了吗？他没说还要穿呀，可是他衣箱里总装着，跟印有“烦着呢，别理我”字样的“文化衫”叠在一起，那是一种收藏……

他忽然非常怀念他的那只箱子，箱子里那些半新不旧的衣服……他要赶快回家，回到那张床、那口箱子眼前……

当我们把例（8'）和例（8"）分别代入这段篇章中的时候，就发现只有例（8"）是合适的。

限于篇幅，我们就不逐一给出这样的篇章展示了。我们考察的结果，例（9）“那副象棋”比“他的象棋”更合适；例（10）“这支猎枪”比“他的猎枪”更合适；等等。有些例子似乎两种删略结果都是合适的，但那是因为在所处语境里领有者恰好可以做唯一的理解，但严格说来也不排除另外的理解；而仅仅使用指示代词的却可以准确地导向指称解读，例如：

（26）正在顺德市举行的中国第五届花博会传出消息，辽宁鞍山“第一兰”——“玉佛兰”标出999万的天价，成为本届花博会“最贵”的花。……养花人说，当年一株水晶大变异的国兰在香港展览时卖出了1500万元港币的天价，而他的这盆君子兰的变异成果完全可与那株国兰“争奇”。

句中“他的这盆君子兰”代之以“他的君子兰”虽然可以导向正确理解但也不排除其他理解，而“这盆君子兰”则指称更准确。

这样的测试说明，领有成分与指示代词共现的名词短语中，指示代词起着关键的句法—语义作用，领有成分有可能是语用意义的负载者。

5.4.3　关于领有成分与不定成分的共现

§5.2.3 例（13）—（16）所示领有成分与不定成分共现的实例，通过删除其中之一的办法做测试的话，并不出现哪一个不合法的结果；我们把删除法和换位法结合着看，事实就更清楚些：

（13'）一次下轿来买甘蔗，我的朋友对我这样说。
（13"）一次下轿来买甘蔗，一个朋友对我这样说。
（13'''）一次下轿来买甘蔗，一个我的朋友对我这样说。
（14'）我每年从生产资料公司，通过我的老同学买两袋尿素。
（14"）我每年从生产资料公司，通过一个老同学买两袋尿素。
（14'''）我每年从生产资料公司，通过一个我的老同学买两袋尿素。
（15'）李晋元当年可算你的挚友吧？
（15"）李晋元当年可算一个挚友吧？
（15'''）李晋元当年可算一个你的挚友吧？
（16'）提起自信，他说要感谢他的小学老师。
（16"）提起自信，他说要感谢一位小学老师。
（16'''）提起自信，他说要感谢一位他的小学老师。

每句的三个变换式句法上都没有问题，但是删除“一个/位”的显然比保留“一个/位”的语义有所欠缺，如例（14'）倾向性的理解是不止一个老同学，例（16'）则倾向于理解为小学时经历过的所有老师。而每一例的后两种变换式，“一个”准确表达了整个名词短语“单指（individual referent）”的意义，“你的”“我的”“他的”则为这种无定性限定了范围。实例中，“朋友”“同学”“老师”等名词，都是所谓“一价名词”（袁毓林，1994），即，他们确切指称的理解，要依赖于另一个名词。领有者的出现，起着给出“被依赖者”的作用；而例（13"）（14"）（15"）（16"）中领有者不出现，这种依赖性的理解线索虽然存在——可以通过叙述主体获得理解，但是有时已经不太显豁，如例（15"），可以理解为听说双方共同的“挚友”。

因此，我们可以说，领有成分的作用在于，把理解“一个”的范围带到“你/我/他”等指人名词的认识域中。

5.4.4 关于人称代词与零形定指标记的共现

这里如果同样使用上面的测试方法，须要注意的是，我们对该短语里限定成分的分析是“人称代词+Ø”，那么删去其中之一得到的结果应该是：

（17'）他马垂章今年不会下台。

（17"）Ø马垂章今年不会下台。

（18'）委员长会怎样看待他杜聿明呢？

（18"）委员长会怎样看待Ø杜聿明呢？

（19'）她苦苦地等待了三十八年，结果想不到等来了一个骗子，把她陈传青全毁掉了。

（19"）她苦苦地等待了三十八年，结果想不到等来了一个骗子，把Ø陈传青全毁掉了。

（20'）只要老幺生了儿子，他赵胜才给一万块的营养费。

（20"）只要老幺生了儿子，Ø赵胜才给一万块的营养费。

（21'）搞掉了我张国焘，还有四方面军吗？还有你许世友吗？

（21"）搞掉了Ø张国焘，还有四方面军吗？还有Ø许世友吗？

这个测试的结果表明，仅仅删去专有名词前零形式的“限定词”，原句的基本语义和语用意义完全保留；而删去人称代词之后，原句特殊的语用意义消失了。原句的语用意义是什么呢？以往的相关研究中，有“自负、自大、嘲讽、不屑”等种种说法（韩蕾，2009），但都不是从句法特征推导出来的。我们觉得，人称代词置于专有名词之前是寻绎其中语用意义的关键。一般来说，人称代词如果不是用于当面指示的话，总是用于对上文出现过的某一同指名词的回指。但这里人称代词先于同指名词出现，显然不是回指；如果是当面指示的话，则不需要再出现人名。我们注意到，所有的例子并不都是发生在当面对话的环境下，人称代词也就失去了其指示意义。在“专有名词”已经具有既量足又准确的信息内容的情况下，人称代词的使用，只能是一种语用目的——借助现场指称所专用的形式，来增加说话的现场性，其实质是，拉近说话人与专名那个人物的心理距离。

据韩蕾（2009）考察，这种格式里的人称代词“由第一、第二到第三人称依次递减：我/俺（397）、你（127）、他/她（79）”。这个结果说明，“人称代词+专名”这个格式以自称为主。我们看看第二人称和第三人称的情况。

先看第二人称的例子：

（27）西花厅的位置紧挨着中南海西北角围墙内，周恩来一天劳碌了十多个小时，眼看天亮前正要进卧室去休息，也该是造反派们掀起白天上午的第一个高潮，就是叫你周恩来没法睡觉；或许这也是“中央文革”整周公的一种手段吧？（张佐良《周恩来的最后十年》）

（28）是的，她和玉英是像亲姐妹似的了，特别是这次，在她最倒霉的时候，收留她住了这么多日子，她何尝不充满了感激！然而，恰恰是这样一位朋友使她失望，这打击反倒愈发显得沉重了。**你**陈玉英要解释什么？你和张全义的感情？志趣？苦闷？难处？（陈建功、赵大年《皇城根》）

这两例都是专名所指那个人物不在说话现场的情况，作者使用现场指称专用的“你”，拉近叙述者和被叙述者的情感距离。再看第三人称的例子：

（17'''）在听了马厅长的报告之后我深受鼓舞。我的草稿中谈的是今年的工作思路，可马厅长作了重大修改，把时间推上去了，连以后三五年的规划都谈到了，准备盖新的办公楼，准备把后面皮箱厂的地征进来，准备研究出几种能在全国打开市场的中成药，等等。信息是明确的，**他**马垂章今年不会下台。只要他不下台，我就有足够的时间积蓄资历，就有了缓冲的机会。

（18'''）如果现在投奔印度，当初何必坚持北进？再说委员长会怎样看待**他**杜聿明呢？杜长官一发怒，从此再也没有人敢在他面前提一提“印度”两个字。于是无路可走的中国大军只好徒劳地在野人山里转来转去，企图从魔鬼的宫殿里找到一条缝隙钻出去。

（20'''）赵家倒是想男孙想得要命，眼看李小兰肚皮尖尖的拱起，像个生男孩的形状。赵家老大婆就做了臭腐乳让赵胜珠送来了。又做了不少男孩子的衣服。赵胜才也写来信，说最近他请一个相当有名的澳门算命先生为赵家算了命，他本人是财路子路不可两全，财路断了子路，老二老三老四也都是命中无子。但赵家香火不会断，万亩地里总会有一棵苗。这不是应在老幺身上是什么？只要老幺生了儿子，**他**赵胜才给一万块的营养费。悬赏来了。

仔细品味这几个实例，会发现使用“人称代词+专名”的句子都是表示被叙述者本人的态度的话，正如黄瓒辉（2003）正确指出的，“他马垂章今年不会下台”实际上是马垂章通过自己的言行告诉别人“我马垂章今年不会下台”。其余两个例子也是同样情况（“杜聿明说‘委员长会怎样看待我呢’”；“赵胜才说‘只要老幺生了儿子，我给一万块的营养费’”）。

总起来看，“人称代词+专名”里的人称代词不论是第一、第二还是第三人称，在纯粹客观的专有名词之外增加了程度不同的主观色彩，可以统一概括成“说话立场的转移”。

5.4.5　移情解释

上面对四种情况的语用分析可以归纳为表1：[①]

表1

		句法—语义载体	语用义载体
人称代词+定指指示词+名词	（同位）	指示代词	人称代词
人称代词+定指指示词+名词	（领属）	定指名词	人称代词
人称代词+无定指示词+名词	（领属）	无定名词	人称代词
人称代词+专有名词	（同位）	专有名词	人称代词

从中看到三个特点：

第一，我们所能观察到的所有限定性成分共现的例子，都一致性地呈“人称代词+X”式排列，即，人称代词强制性地居前（领属结构中的领有者除了人称代词也可以是其他指人名词，但以人称代词为常，在本章考察的实例中，所见都是人称代词）。

第二，人称代词一律不能读成重音。虽然人称代词后面的X—

① 我们把这四种情况放在一起讨论，看上去好像是仅仅着眼于它们线性序列上的共性，即“人称代词 +X”，似乎忽略了“同位结构”和“领属结构”的差异。事实上，汉语的领属结构也可以看作一种同位结构，朱德熙（1993）已经有所论述；司马翎（2009）则倾向于认为汉语很多包含“限定词”的名词短语都是同位结构。

般也不是重音所在，但也可以因强调而重读，人称代词任何情况下都不能重读；两者都不重读的时候，人称代词的读音一般也轻于X成分。

第三，经上面的逐类测试，发现人称代词都或多或少地承载了句子的语用意义。

那么，人称代词所承载的语用意义，有没有什么共同点呢？我们看到，上述第一种情况，是由人称代词指明说话人主观评价（“乖”）所在的方向；第二种和第三种情况，人称代词的作用是说话人通过人称代词确定指示范围（站在人称代词所指那个人的立场上判断有定无定）；第四种情况，人称代词或是强调个人立场（第一人称），或是用以拉近与被叙述者的距离（第二人称），或是把整句话的意义带入了专有名词那个人物的自我表白（第三人称）。这四种情况，清楚地显示出一个统一的特征，就是人称代词表示了说话人“移情”的方向——说话人把自己认同于该人称代词所代表的那个人的说话/认识立场（Kuno，1987；沈家煊，2001、2009b）。这是语言“主观性”的一种典型表现（Finegan，1995；沈家煊，2009b）。

至此，我们对汉语里何以“限定性成分”可以共现、共现时何以总是人称代词居前做出了初步解释。但是问题似乎还没有结束。我们说各例中的人称代词以“移情”作用承担了语用意义，是不是意味着其后的另外一个限定性成分就纯然起着句法—语义作用了呢？

5.4.6 定指标记和不定指标记的语用属性

超常的组合有超常的意义。我们已经发现本章所描述的现象都有一些特殊的语用意义，这些语用意义有没有可能是人称代词以外的限定性成分承载的呢？提出这个问题原因有二：

其一，我们既已认定人称代词的作用是“移情”，那么其他的语用意义就有可能由另外的语法成分承担。

其二，人称代词在一个DP中居首，一般来讲就已经限定了整个结构的定指性。那么在其后面为什么还会出现与其作用一致的定指标记，或者作用相抵触的不定指标记？我们相信，所谓“定指标记”和“不定指标记”并不纯然表示定指性和不定指性，或许承载着另外的语用意义。

看如下两组例子（引自吴早生，2009）：

第一组

（29）他的一对老鹰眼转了两三次，就看到树下一片未干的血迹，……

（30）他的一颗受着创伤的心，满腔的热情，颠沛的一生，……

（31）仿佛永远把他的鲜红可爱的一颗心挂在胸前，……

第二组

（32）救救我的那位命苦的老父亲。

（33）他那张可爱的小脸上粘了一粒米饭，显得更加可爱了。

（34）他的那张慈祥的脸便马上收了起来，转而变成了一张面带着怒气十足的脸。

这两组例子共同的特点是，“他的眼睛”“他的心”“我的父亲”“他的脸”都是语义上唯一的事物，有了领有语在，就不需要用“一对、一颗、那位、那张”这些表示不定指/定指的语法标记词来指别，但是这样的用法在文学作品中却是比较常见的。这些定指/不定指标记词的作用到底是什么呢？

我们注意到，这些例子里都有一些描写性的定语，准确地说是一些带有说话人强烈情感因素的主观评价性的成分，这种现象我们在以前的其他专题研究中也曾发现（张伯江，2009b，§10）。我们觉得，“一对、一颗、那位、那张”这些语法标记词实际上是描写性定语的需要。

值得注意的一个特点是，所谓定指/不定指的对立，在这样的例子里似乎消失了：

(29') 他的一对/那对老鹰眼转了两三次，就看到树下一片未干的血迹，……

(30') 他的一颗/那颗受着创伤的心，满腔的热情，颠沛的一生，……

(31') 仿佛永远把他的鲜红可爱的一颗/那颗心挂在胸前，……

(33') 他那张/一张可爱的小脸上粘了一粒米饭，显得更加可爱了。

(34') 他的那张/一张慈祥的脸便马上收了起来，转而变成了一张面带着怒气十足的脸。

这也足以说明，“一对、一颗、那位、那张”这些语法标记词在这样的句子里已经丧失了区分定指/不定指的作用，显然是语用意义的承载者了。

大量实际语言材料调查表明，“一个”“这个”有标记描写性定语的强烈倾向，描写性越强，使用“一个”“这个”的强制性也就越增强。这个特点不仅表现在例（29）—（34）这样唯一性事物的情况里，也表现在普通事物被描写性定语修饰的情况中：

(35) 我知道世弥是他的一个怎样的不可分离的生活与工作的伴侣。(巴金《纪念友人世弥》)

(36) 我们从知堂先生可以学得一些道理，日常生活之间我们却学不到他的那个艺术的态度。(冯文炳《知堂先生》)

(37) 当然，李白并没有炼成丹，最终也没有“投迹归此地”，

但历史还是把他的这个真诚愿望留下了。（余秋雨《寂寞天柱山》）

“他的伴侣”“他的态度”和“他的愿望”都是普通的表达，代入原句也完全合格，但是加入的定语“怎样的不可分离的生活与工作的”“艺术的”和“真诚”都是说话人明显的主观评价色彩内容。可以说，这些例子里“一个”“那个”“这个”也是为这些主观评价性定语而存在的。一个明显的证据是，这种定语越长，就越强制性地依赖“一个、那个”等：

（35'）？我知道世弥是他的怎样的不可分离的生活与工作的伴侣。

为什么主观评价性定语前需要有限定性成分呢？我们看到，评价性定语倾向于要求带的“一个”“那个”“这个”，都是汉语里“个体性（individuality）”的标记（大河内康宪，1985）。名词范畴里，与个体性相对的是“非个体性”，一般包括无指性的（nonreferential）和通指性的（generic）事物；形容词范畴里，有“性质”和“状态”的对立，前者是相对客观的属性表示，后者是相对主观的评价性表示（沈家煊，1995、1997）。沈家煊（1997）曾经这样概括形容词、名词和句法功能三者之间的关联模式（见表2）：

表2

无标记组配	无标记组配
恒久性	临时性
定语	谓语
性质形容词	状态形容词
类名	个体名

这种关联性在本章关注的现象中的表现是（见表3）：

表3

无标记组配	无标记组配
主观性	客观性
描写性定语	非描写性定语或无定语
个体性名词	非个体性名词

沈家煊（1995、2004）用“有界”和“无界”把名词范畴中的基本对立与形容词范畴中的基本对立联系起来：名词的个体性与形容词的评价性是天然关联的，都是有界的；名词的非个体性与形容词的客观属性是天然关联的，都是无界的。

本章所考察的语言事实清楚地表明，“一个”“那个”“这个”与其他限定性词语共现现象的本质，是句中定语的描写/评价性对名词个体性的要求。可以说，“一个”“那个”“这个”主要是用以标明主观评价性语义的。

这样，我们就找到了汉语里“他的那张慈祥的脸”“他的一颗受着创伤的心”这样例子里限定性词语共现的原因。进一步说，我们相信，“人称代词+定指/不定指标记”的短语里，后者都有或多或少的主观评价性的意义，如“你们这些乖孩子”中，“乖孩子”就有明显的主观评价意义。再进一步说，由于“一个”“那个”是出于标示主观意义的目的而出现在人称代词后边的，它们本身也就容易成为主观评价语义的载体，在“他的一个N”“他的那个N”等不带任何评价性定语的实例中，就如本章前面分析过的“他的那只箱子”一例一样，凸显了说话人的主观色彩。

5.5 余论：汉语是多限定词共现的语言吗？

在§5.3里我们介绍了Huang *et al.*（2008）提出的汉语限定性成分共现现象的一种解释：“允许一个DP结构中同时存在两个中心语

D”；Dryer（2007）则认为一旦限定性成分共现，便不易确认这种语言里有没有“限定词”；司马翎（2009）相信很多语言里有限定词共现的现象，他引述了Szabolcsi（1994）、Campbell（1996）和 Brugè（2002）的文献，介绍了匈牙利语、法语、西班牙语等语言中的一些事实，并指出它们有如下共同点：

1）需要两个D-类的功能投射；

2）一个最上边，一个离NP很近；

3）指示代词产生在底下的投射的Spec里；

4）两个D-类的投射一起限定整个DP的指称特点。

以本章所讨论的四种汉语的现象而言，我们觉得很难把汉语归到这样的类型里。首先，这些所谓双重限定词的语言里，处在句法层次最高层的D往往是论元标志（如匈牙利语，见Szabolcsi，1994），而汉语名词一个显著的特点就是不需要任何论元标记直接做论元（沈家煊，2009c；胡建华，2010）。其次，汉语的限定性成分共现的时候，以人称代词居首为主要倾向，而Szabolcsi等学者描述的那些语言很少有这样的倾向，而且，人称代词也并非像那些语言居首的限定词（D）一样承担着明确的句法作用，更主要的是起语用上的“移情”作用。最后，限定性成分的共现，并不是汉语的常规现象，汉语的名词性结构，多数情况下不需要“限定词”，或者是“零形式的限定词”，两个以上的偶尔共现，共现时候都有明确的特殊语用意义。

我们的结论是，汉语难以从句法角度确认“限定词”的明确存在，类似于限定词的语法成分，往往是为语用目的而使用的。

汉语几乎没有充分语法化了的形态句法标记。所谓汉语的定指标记和不定指标记问题，Chen（2004）的说法比较公允：“虽然汉语的指示词具有一些通常由定冠词承担的功能，但是其主要和基本功能与the这类不具有指示性的定冠词还有距离；虽然汉语的数词‘一’已经被证明到达了语法化为不定冠词的最后阶段，但是还没有一个能够和它对应的更高语法化的有定标记。不仅如此，汉语的名词性成分并不强制要求标记为有定或者无定。光杆名词和数量短语的可辨识性并不完全取决于它们的句子位置，其可辨识性甚至可以是模糊不定的，从这个意义上说，汉语名词表达的有定与无定的特征并不是唯一和明确的。这些现象表明，如果对定指性取狭义的理解，那么它在汉语中尚未成为一个完全意义上的语法范畴。”我们想进一步指出的是，以往我们较多地用实义成分向形态句法标记演变的眼光看汉语的语法现象，似乎暗示着某种形态成分（如冠词）迟早要发展起来似的。本章的研究表明，实义成分的虚化，在汉语里未必终究发展为形态句法成分，更容易发展为某种语用功能的标记。

（原载《中国语文》2010年第3期）

第六章　现代汉语同位同指组合的性质

本章研究的语法现象，在现在通行的论著里，一般称为“同位结构”。我们称之为“同位同指组合”，首先是为了从形式和语义两个角度来界定它：如果单纯强调两个名词共同出现在相同的句法位置上，则至少无法与并列结构区分清楚；如果单纯强调指称同一事物，那么可能把过多的不同句法性质的组合扯进来。其次，称之为“组合”而不是“结构”，是基于我们对这种句法关系不同于偏正、并列、主谓等一般句法结构的一个独特的观察。

在汉语研究的历史上，黎锦熙（1924，§49—§51）分别讨论了“相加的同位”“总分的同位”和“重指的同位”，观察范围远远大于现在学者们一般认同的同位结构，原因就在他着眼的是意义上的同指；赵元任（1968，§5.2.6）把同位关系分成三种：紧凑同位（close apposition，如：李大夫）、松散同位（loose apposition，如：我的朋友江一）和插入同位（interpolated apposition，如：江一，我的一位朋友，要来见你），显然是着眼于结构的；朱德熙（1982，§10.5.1）则视有同位关系的两个成分组合为“同位性偏正结构”，这其实直接承袭的是马建忠（1898）“诸名先后连置，而所指同者，则所次同，同则必有为之加词者矣”（§3.4.3.1）的处理办法；至朱德熙（1993）则发展为：“同位性偏正结构在现代汉语各类名词性偏正结构里所占的比重极大。除了名词直接修饰名词（NN）和形容词直接修饰名词（AN）之外，几乎全都是同位性的。”这些不同说法所涵盖的语言事实出入非常大，语法学界面对如此大的分歧却相对平静，同位问题的探讨似乎从未成为热点。我们对汉语同位同指组合与其他句法结构的关系做了较为全面的考察，在关于汉语基本语法关系的新思考下，对同位同指组合的性质问题，提出了新的看法。

6.1 同位同指组合与定中式偏正结构

6.1.1 语义同指的确认

同位同指组合与定中式偏正结构的纠葛由来已久。如前所述，早在马建忠（1898，§3.4.3.1）就认为"海春侯大司马曹咎"这样的同指短语里，"'海春侯'勋名，'大司马'官名，加于'曹咎'人名之先"。至今，绝大多数汉语语法书上都把同位结构归入定中式偏正结构里。

朱德熙（1982，§10.5.1）认为汉语里的"同位性偏正结构"包括以下几种类型：

（a）"人"字	广东省	老王同志
（b）我李逵	咱们中文系	人家小王
（c）这本书	两块钱	五斤米
（d）我的眼镜	新来的老师	他写的诗

显而易见，这是纯粹从句法功能角度归类的（"同位性偏正结构的特点是定语可以指代整个偏正结构"，出处同上），朱先生同时也承认其中的某些形式可以表示不同的语义，如"孩子的脾气"定语表示领属，"珂罗版的书"定语表示性质。

我们所讨论的同位同指组合，与定中式偏正结构的不同，可以从以下两个方面来说明。

第一，偏正结构的要义在其“修饰关系”。赵元任（1968，§5.3.5）说：“修饰语对被修饰语的意义，就是‘种’（species）对‘属’（genus）或特别对一般。”这说明修饰语和被修饰语的概念外延是不相同的，后者大于前者，修饰语的作用是为被修饰语限定外延。

而我们着重讨论的同位同指组合，一个最明显的区别于一般偏正结构的特点就是，它的前项和后项在具体句子中实现的外延完全相同。以下例子里，都有两个下标分别标为1和2的名词，每句中的这两个相邻的名词，在句子语境中的指称外延都是一样的，不存在一个为另一个限定外延的情况。

（1）我觉得**老刘**$_1$**这个人**$_2$心眼儿太小，老虎屁股摸不得，一摸就跳，瞧，又飞到半空中去了吧……

（2）你见过**七彩玫瑰**$_1$**这种花**$_2$吗？

（3）你干吗罚他？**他**$_1$**一个卖花盆的**$_2$，又不脏，又没有气味，“污染”，他“污染”什么啦？

（4）西头那些大户人家，都用的是官名，有乳名别人也不敢叫——比方**老村长**$_1$**阎恒元**$_2$乳名叫“小囤”，别人对上人家不只不敢叫“小囤”，就是该说“谷囤”也只得说成“谷仓”，谁还好意思说出“囤”字来？

在以上例子里，“老刘”即“这个人”，“七彩玫瑰”即“这种花”，“他”即“卖花盆的”，“老村长”即“阎恒元”，都不存在后项比前项外延大的问题。

第二，根据朱德熙（1957，§2），名词做定语时，可以用“谁的～？”或“什么东西的～？”来提问，以显示领属关系；用“什么～？”或“什么样的～？”来提问，显示定语表示某种性质。如下面黑体字部分就是涉及定中偏正结构的疑问词测试：

（5）谁的朋友？　　　　　　**老王的**朋友。
（6）什么东西的味儿？　　　**咖啡的**味儿。
（7）什么脾气？　　　　　　**孩子**脾气。
（8）什么样的味儿？　　　　**咖啡**味儿。

双项同位同指组合的前项都不能用这些词来提问。从这一点上也可以看出同位同指组合跟偏正结构在语义上的区别。比较下面两句话：

（9）面对着可爱的女儿，李二和满心慈爱，此时的李二和是慈父李二和，可是一出家门，李二和就迅速转换到工作状态，变成铁面无私、断案如神的**刑警李二和**。

（10）**刑警李二和**今年五月再次破获一起大案要案，荣立二等功。

例（9）和例（10）中同样都有"刑警李二和"，但人们会明显觉得两句中的"刑警李二和"体现的语义和句法关系是不同的。例（9）中的"刑警"与前面"慈父"形成对比焦点，都是"李二和"的修饰性的定语，形容"李二和"这个人不同环境下所展现的不同角色，这个定语实际上是说"慈父那样的"和"刑警那样的"，因此可以用"什么样的李二和"来提问。但例（10）中的"刑警"和"李二和"之间不是修饰性关系，不是说"刑警那样的"，两者更多的是一种平等的互释关系，不能用"什么样的"来取代前项进行提问，下面的问答是不成立的：

（11）*什么样的李二和今年五月再次破获一起大案要案，荣立二等功？
刑警李二和。

这两种不同的句法关系在语音上也有不同的表现，例（9）中的“刑警”要重读，是对比重音的落点，这正是修饰语的特点；而例（10）中的“刑警”则不需要重读，甚至可以轻于“李二和”。

用这种疑问词替换法，可以将很多一般人归入“同位短语”的偏正结构识别出来。

下面这个句子是歧义句，因为黑体字的名名组合既可以做同位关系理解，又可以做定中偏正关系理解：

（12）**李小明** $_1$ **那孩子** $_2$ 今年考上北大中文系了。

a. 谁的孩子？　　李小明的孩子。［偏正］

b. 谁？　　李小明自己。［同位］

我们看偏正关系的解读a，前项“李小明”为后项“孩子”增加了领有者的信息，以此给“孩子”划定外延。而同位关系的解读b，前项“李小明”并未给后项“孩子”增添信息，倒是后项为前项的所指提供了说话者的主观性信息。

如何辨识这种歧义结构的准确意义，一方面，跟语境有关，如例（9）一直是在叙述“李二和”，作为与慈父相对比的刑警身份就只是一种修饰作用了；但例（10）刑警破案是默认情况，“李二和”作为一个较新的信息首次出现，便是对“刑警”的阐释说明。另一方面，也跟听话人的认知状态有关，例（12）听话人如果了解李小明本人是个高考年纪的孩子则理解为同位关系，如果了解李小明是个考生的父亲则理解为偏正关系。

6.1.2 带“的”的结构有没有同指问题

在这个前提下，我们要讨论前人关于“同位性定语”的两种说法。

一是吕叔湘（1976，§4.5.3）的同位定语说。吕先生说：“一般说，de字短语对被修饰的名词所代表的事物加以限制，把它的范围缩小。”吕先生又把限制性的de字短语分为三种：1）领属性的限制：中国人民的志气；2）描写性的限制：竹壳的热水瓶；3）同位性的限制：人民战士的光荣称号。这样分类的形式依据是不同的句子对应式：有字句（中国人民有志气）、“是……的”句（热水瓶是竹壳的）和是字句（人民战士是光荣称号）。

二是朱德熙（1993）所强调的“同位性偏正结构在现代汉语各类名词性偏正结构里所占的比重极大。除了名词直接修饰名词（NN）和形容词直接修饰名词（AN）之外，几乎全都是同位性的”。朱先生看重的是名词性偏正结构里定语部分单说的时候与整个结构的指称相同，“承认‘S的N’里的‘S的’是一个表示转指意义的名词性成分，因此整个格式是同位性偏正结构”。

朱先生判断同位关系的主要依据就是“定语可以指代整个偏正结构”（1982，§10.5.1），单说时与整体具有相同的指称，是不是意味着做定语时指称相同，恰恰是有问题的。杨成凯（1996，§5.6）指出，词语的固有信息量和场合信息量不能轻率地画等号，他说：“（单说的‘a’的信息量跟‘a+b’中的‘a’包含着同样的信息量）这个命题一般地讲是不成立的，需要慎重对待。……我们不能因为‘the rich’单用可以表示富人，就说‘the rich men’中的‘the rich’跟单用的‘the rich’是同一个单位。”

除去杨成凯所指出的问题外，我们还注意到，朱先生只是强调定语部分与整个偏正结构的指称相同，没有谈及定语与中心语指称是否相同的问题。他曾经提到“凡是由名词性成分组成的同位性偏正结构N_1N_2都能变换为形式为‘N_2是N_1’的判断句。‘S的N’正好也有同样的变换式：木头的房子——房子是木头的”（1993，§4）。我们认为，这种“是”字变换式并不能证明中心语与定语的同指关系，因为汉语判断句“是”字前后的成分指称范围往往并不等同（丁声树等，1961，§9.2；张黎、于康，2000）。吕叔湘（1976）所说的定语把中心语范围缩小也从侧面说明汉语普通偏正结构定语和中心语的指称范围并不必然相同。

相对于朱先生侧重形式标准而言，吕叔湘（1976）更看重语义上的指同关系，吕先生承认多数情况里中心语的指称范围大于定语，仅指出“人民战士的光荣称号”和“我的小组长［当了半年了］”这样的例子里“的”相当于“这个”，可以看出吕先生认为这两例里定语与中心语范围相同。值得注意的是，吕先生同时指出“如果换成‘这个’就是另外一种结构了”，这也就意味着，“人民战士这个光荣称号”和“我这个小组长”才是真正的同位同指现象。

吕先生讨论的“人民战士的光荣称号”和“我的小组长［当了半年了］”一类结构，或许不宜看作同位同指，原因就在其中“的”字的存在。“‘的’具有提高参照体指别度的功能，最终提高了目标体的指别度。”（完权，2012）同位同指组合的组成部分，都具有极高的指别度，而且指称等同，不需要靠谁来辨识谁。由是可见，含“的”的名词短语里至少存在一个需要提高指别度的成分，可以说，含“的”的名词短语，都属于吕先生所说的定语把中心语范围缩小的情况。

6.2　同位同指组合与主谓结构

6.2.1　同位关系与主谓关系

同位关系既然不是偏正式修饰关系，其组成成分之间是什么关系呢？我们注意到，马建忠（1898，§3.4.1）曾经把同位关系的意义概括为三种：“一，申言以重所事也。二，重言以解前文也。三，叠言以为惊叹也。”除去第三种（“天乎天乎”）不在我们考虑范围以外，“申言”和“解前文”的说法很好地概括了同位同指组合中后项对前项的语义作用。从其后项对前项总是有语义上的进一步阐释这一点来看，同位同指组合跟主谓结构有一定的可比性。

汉语主语和谓语之间的关系，依赵元任（1968，§2.4）的看法，是“话题”与“说明”的关系，亦即，汉语谓语是提出关于主语的一些新的信息内容，这种说明性的信息提供，其实质是指称性的（沈家煊，2013）。两个指称性的成分相连，后者对前者做进一步的语义阐释，阐释（remark）是说明（comment）的一种，这是汉语主谓结构与同位同指组合的语法意义相通处。汉语话题与说明的关系，实际上是一种宽泛意义上的判断关系。沈家煊（2012b）指出汉语的主谓结构之间都可以加“是”的事实，而汉语同位同指组合的前项与后项之间也总是能加“是”（“也就是”），这是汉语主谓结构与同位同指组合句法形式上的相通处。

同位同指组合可不可以直接看作主谓关系的一种呢？我们讨论一个简单的例子：

（13）今天$_1$星期六$_2$。

这个片段里，首先两个名词项N_1和N_2是同指的，其次后项是对前项语义的进一步阐释，语义上似无歧义。但是从句法角度看，处理成主谓短语还是同位短语还是有所不同的。主谓结构的结构意义在于主语和谓语之间的陈述关系，而同位同指组合的意义只相当于它所指称的那个事物，于是我们看到：

（14a）**今天星期六**让我很兴奋。

（14b）≠**今天**让我很兴奋。

（14c）≠**星期六**让我很兴奋。

（15a）**今天星期六**就该好好休息。

（15b）=**今天**就该好好休息。

（15c）=**星期六**就该好好休息。

尽管汉语主谓结构做主语比较受限，但是例（14a）还是可以明确断定为“今天星期六”作为一个陈述形式做“让我很兴奋”的主语的，也因此（14b）和（14c）让“今天”和“星期六”分别单独做主语并不相当于原句的意思；而例（15）的三个例子则是语义相同的三个句子。例（14）“让我很兴奋”属于文献中说的事件谓语（stage-level predicate），事件谓语可以选择事件性的主语；例（15）“就该好好休息”为属性谓语（individual-level predicate），只能选择属性主语。这种关系如图1所示：

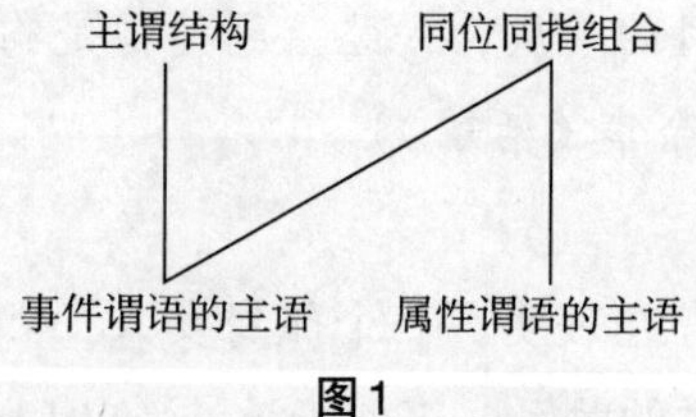

图1

与此同时，主谓结构不能单独出现在体宾动词的宾语位置上。如果要做宾语，只能出现在谓宾动词的宾语位置上。而同位同指组合则可以自如地出现在主语、宾语、定语、兼语等一切名词性成分能够出现的位置上。比较下面几个句子：

（16）听说那人专门挑**我们学生**！（同位同指组合做体宾动词宾语）
（17）李老师很喜欢**我们学生**。（同位同指组合做谓宾动词宾语）
（18）*听说那人专门挑**今天星期六**。（主谓结构不能做体宾动词宾语）
（19）我知道**今天星期六**。（主谓结构做谓宾动词宾语：宾语从句）

这种关系如图2所示：

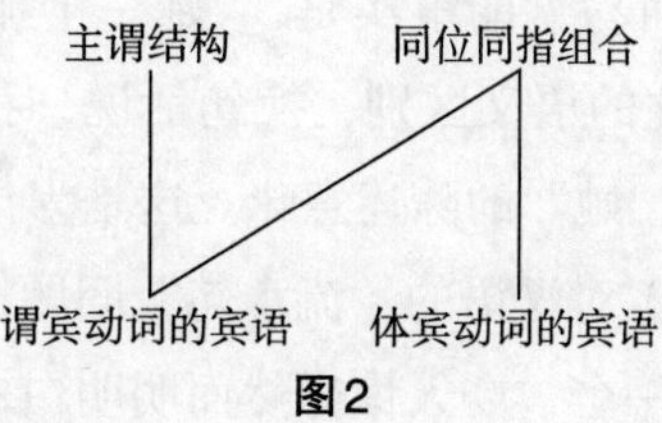

图2

6.2.2 从汉语本质语法关系看同位与主谓

以上是对两项名词性成分的组合属于主谓关系还是同位关系的一个简单辨析。但汉语相邻指称性成分之间的关系还值得做更深的思考。以“她一个孤身女人”为例，孤立地看无法确定是主谓关系还是同位关系，放到不同的语境中会得出不同的判断。如下面一段话：

（20）家珍那天晚上走了十多里夜路回到了我家。**她一个孤身女人**，又怀着七个多月的有庆，一路上到处都是狗吠，下过一场大雨的路又坑坑洼洼。（余华《活着》）

副词“又”的存在表明“一个孤身女人”和“怀着七个多月的有庆”是并列或递进的关系。正如于泳波（2012）提到的，“又”一般只能连接两个谓词性结构。因此在这段话中，将“一个孤身女人”看作名词谓语、“她一个孤身女人”看作名词性成分做谓语的主谓结构是合理的。

但“她一个孤身女人”在很多句子中能实现为同位关系，比如当这个组合做动词宾语和介词宾语时，实现为同位关系。如下面的例子：

（21）小王再混蛋也不至于去欺负**她一个孤身女人**吧！

（22）你怎么能向**她一个孤身女人**晒幸福呢，多刺激人家！

像这样从句法角度辨析出不同性质的名词项组合，或许是个可操作的办法。但显而易见的事实是，“她一个孤身女人”在以上三个例子里并无实质性的语义区别，换句话说，我们都能从中体会出“一个孤身女人”对“她”的陈述意味。这是为什么呢？

沈家煊（2012b）对汉语的“流水句”问题提出了一个全新的看法：“我们由此得出一个‘令人惊异然而明明白白的’结论，汉语的流水句是：$S \rightarrow S'_{NP}+S'_{NP}+S'_{NP}$……组成流水句的每一个句段S'都具有指称性，可以标为S'_{NP}。”并且指出，汉语的流水句里，“我们可以把任何两个前后相继的零句组合为一个整句”，他举的例子是：

（23a）老王呢，生病也该请个假，走不动的话儿子女儿呢？上班忙就请个保姆么，工资低就先借点。（真是）犟脾气一个！

（23b）老王又生病了，请假又走不动，儿子女儿上班忙，请个保姆工资低，先借点呢犟脾气一个！

就是说，相邻的两个S'_{NP}之间都具有陈述关系。这给我们观察汉语多项同位组合以重要的启发。我们注意到，多项同位组合相邻两项之间也都存在着可能的陈述关系：

（24）**人家$_1$局长书记$_2$他们$_3$两位老党员$_4$**一听说这事马上就赶到了现场。

a. 人家啊，局长书记

b. 局长书记，他们

c. 他们呢，两位老党员

当凝结为同位同指组合时，这种主谓关系就变成隐性的了。这就揭示了汉语同位同指组合的形成机制：同位同指组合实际上是说话人先想到并且先说出已知信息NP_1，为了使这一信息更加立体丰满，然后说出跟它相关的一个或几个侧面的信息NP_2、NP_3、NP_4……而这些信息，其实单独说出来都是一个一个的零句，但说话人出于句子结构的需要，以名词性成分的形式将多个零句的意思整合在一起，成为一个有同位关系的组合。这就是在线包装（online package）的过程。

说话人的在线包装，在听话人那里得到什么样的效果，又与听话人当时的认知状态有关，我们在§6.1.1曾经提到这一点，谈的是修饰关系与阐释关系的区别。这里，我们还要进一步指出，听话人的认知状态，其实也影响着阐释性的强弱。如“医院重地，禁止燃放烟花爆竹”这句话，如果听话人知道医院即重地，句子表达“医院这样的重地禁止燃放烟花爆竹”的意思，那么“重地”是作为“医院”的补充和提示，“医院重地”就是同位同指组合，组合整体依然指称一个处所，做句子的主语，整个句子说的是一件事；如果听话人不知道医院是重地，句子表达“医院是重地，重地禁止燃放烟花爆竹”的意思，那么“重地”是焦点新信息，“医院重地”就是主谓结构，是完整陈述的事件，整个句子是由两个分句构成的，指称两个事件。这就是说，对于每个同位同指组合而言，说话人总是以阐释为主要的构造原则的，但是传达到听话人那里之所以有不同的理解倾向，就是因为N_1N_2这样的表面形式表义功能的多能性。

同位同指组合相邻两项的关系虽然是阐释关系，但整个组合的基本句法性质是名词性的，是作为一个整体充任主语、宾语和定语等句法成分的，独立成句的情况少并且有特殊的语用含义。而主谓结构是汉语句子的主要结构模式，主要用于相对独立、完整陈述的事件，主谓结构整体做主语在汉语中十分受限。

6.3　同位同指组合与并列结构

6.3.1　不同的认知过程

以前的汉语“同位结构”研究中，较多地关注它与定中式偏正结构的关系以及与并列结构的关系，较少论及与主谓结构的关系。在我们看来，汉语同位同指组合与定中式偏正结构和并列结构有本质性不同，倒是与主谓结构有紧密的关联。

同位与偏正的区别，除了上文已经指出的偏正结构“定语把中心语范围缩小”即前项为后项划定外延以外，我们还可以从说话人编码模式的不同来认识。张伯江（2014a）指出，“偏正结构里NP_2是说话人预料听话人头脑中已有的一个概念，当说话人用NP_1对它进行限制性操作时，所带来的新的信息内容是NP_1与NP_2之间的关系”。而同位同指组合，是说话人先想到并且先说出NP_1，然后才说跟它相关的另一个侧面的信息NP_2。可以这样理解，同位同指组合的两个名词项提供的信息本来都是关于同一个事物的独立零句，由于它们两者有共同的背景知识部分，因此将两个零句整合在一起，提取共同的背景知识，做句子的其他部分，而关于同一个事物的不同侧面的信息则并立起来变成一个名词性的组合。

6.3.2　不同识解策略的形式辨析

这种识解策略还可以用来说明同位同指组合与并列结构的区别。赵元任（1968，§5.2.1）就是基于“有两个或更多中心的内中心结构，每个中心都有大致跟整个结构相同的功能”而把“同位结构”看作并列结构的一种的。刘街生（2004）曾指出双项同位组构的两项之间存在相当程度的并立性，而并列结构的句法语义基础就是并立性，同时“同位”这个概念就包含着语法地位等同的含义。“并立”“同位”这两点是名词性并列结构和同位同指组合的共同点。我们想要指出的是，对这两种句法关系，需要从它们的形成理据去认识：同位同指组合虽然前后项具有形式上并立的地位，但同时存在着后项对前项进行阐释的要素；并列结构的组成项之间却不存在这种阐释意义。所以，并列关系可以用顿号或者并列连词插入其间，而同位同指组合不能：

（25）**吴汉雄吴老师**冷冷的目光像针一样从细密的网眼中透出。

→***吴汉雄、吴老师**冷冷的目光像针一样从细密的网眼中透出。

→***吴汉雄和吴老师**冷冷的目光像针一样从细密的网眼中透出。

（26）**李老师吴老师**是我们这次比赛的技术指导。

→**李老师、吴老师**是我们这次比赛的技术指导。

→**李老师和吴老师**是我们这次比赛的技术指导。

这一点区别看似简单，却很有效。且看下面这个例子（引自刘街生，2004：13）：

（27）父亲当兵与**他的父亲我的爷爷**有很大的关系。

这个例子中“他的父亲”与“我的爷爷”由于事实上指的是同一个人，很容易被认作同位关系，而用上述方式测试一下：

→父亲当兵与**他的父亲、我的爷爷**有很大的关系。

→?父亲当兵与**他的父亲和我的爷爷**有很大的关系。

并列关系比较明显。着眼于我们强调的同位结构中的阐释关系，也可以看出二者的区别：

（27'）父亲当兵与**他的父亲我的爷爷**有很大的关系。

→父亲当兵与**我的爷爷他的父亲**有很大的关系。

（25'）**吴汉雄吴老师**冷冷的目光像针一样从细密的网眼中透出。

→**吴老师吴汉雄**冷冷的目光像针一样从细密的网眼中透出。

例（27'）中“他的父亲”跟“我的爷爷”调换次序以后整句的基本语义和语用意义都没有明显变化；例（25'）中“吴汉雄吴老师”跟“吴老师吴汉雄”语用意义差异明显：前者是用“吴老师”这种尊称来给“吴汉雄”增添情感意义，后者则是用“吴汉雄”这个具体的姓名为“吴老师”这个称呼增添信息量。

由此可见，两个指称性成分相邻并且句法地位相同时，辨认其间的关系是同位还是并列，“语义同指”并不是必要条件，还需从句法形式和语义关系两个角度细加辨析。

6.4　动静之间

6.4.1　“阐释”重于“并立”

通过以上的讨论我们试图说明，同位同指组合，句法上的“同位”和语义上的“同指”都只是形成这种结构的充分条件，而后项对前项的阐释关系，才是这种组合的必要条件。

作为一种常常充当论元角色的体词性短语，同位同指组合有其与一般体词性短语相同的“静态”特征；而观察到同位同指组合内部存在的阐释关系，这又可以看作一种“动态”特点。这里的“动”和“静”都是比况的说法，我们想要强调的是，同位同指组合里“动”的一面是更为值得关注的。

以往对汉语同位关系的研究，往往认为“并立性”是这种句法关系的关键点（刘街生，2004），这就是过于关注“静”的一面。“并立性”意味着并立的诸项不仅语义指同而且语法地位相同，那么是不是可以推导出“每一项都可以独立地参与到整个同位结构所处的表述中”呢？也就是说，每一项单独形成表述都是等值的。我们看这个例子：

（28）你不能欺骗**人家局长老王他一个老同志**！

（28a）你不能欺骗**人家**。

（28b）你不能欺骗**局长老王**。

（28c）你不能欺骗**他**。

（28d）你不能欺骗**一个老同志**。

分解的例释显示，原句的真值语义既不是“不能欺骗老王”也不是“不能欺骗老同志”，而是“具有‘老同志’这种属性的‘老王’”，“老同志”对“老王”的阐释意义非常显著。再看一个两项同位组合的例子：

（29）我们对**他老会员**都没有任何优惠。

（29a）我们对**他**都没有任何优惠。

（29b）我们对**老会员**都没有任何优惠。

例（29a）（29b）虽然都是原句真值语义中的组成部分，但都不是原句的全部语义。可见同位同指组合的语义不是其组成部分的简单加合。

另有一些情况，分解后的命题甚至不是原句意义的组成部分：

（30）我就喜欢**人家首都北京他们那儿**。

（30a）我就喜欢**人家**。

（30b）我就喜欢**首都北京**。

（30c）我就喜欢**他们**。

（30d）我就喜欢**那儿**。

如果这个例子显示真值语义的词语不是处所词（北京）而是一个人名的话，或许可以说每个分解的表述都是符合真值语义的；但正是因为例（30）这样句子的存在，证明了代词的作用不是简单的称代，而是具有一定的语用价值。张伯江（2010）曾经讨论过同位组合里包含人称代词的一种情况，他指出人称代词的作用“或是强调个人立场（第一人称），或是用以拉近与被叙述者的距离（第二人称），或是把整句话的意义带入了专有名词那个人物的自我表白（第三人称）”，这个概括同样适用于本章所观察的同位同指组合中的代词。也就是说，代词与实体名词之间在同位同指组合里建立了语用意义的阐释关系。

以上观察中得出一个清楚的结论：汉语的同位同指组合中，各个组成项之间的语法关系，既不是等立，又不是修饰，而是阐释关系，亦即一种陈述关系。例（28）—（30）足以说明，同位同指组合所参与的命题里，各个组成项分解后的命题并不是原句命题意义的替代物甚至不能准确传达原句意义，原句"你不能欺骗……""我们对……都没有任何优惠"和"我就喜欢……"所陈述的都不是任何一个名词本身，而是整个的阐释性的组合。

6.4.2 "在线生成"是实质

基于前面与偏正结构、并列结构和主谓结构的对比观察，我们得出汉语同位同指组合与前两者有很大不同、与后者有些共性的看法。但同位同指组合毕竟不是主谓结构，因为它整体的体词性非常明确，最主要的句法功能就是实现论元角色。这就是我们称之为"动静之间"的缘由。

作为一种外部功能地道的体词性短语，而其内部结构又不同于汉语语法系统里既有的体词性结构，该怎么认识这个现象？朱德熙（1985）在强调"汉语的句子的构造原则跟词组的构造原则是一致的"的时候还说道："不过句子跟词组终究是两回事，不能混为一谈。"这事实上已经注意到汉语使用中的特殊句法现象了。朱先生考虑到的特殊现象有哪些呢？他说："要是有的句子不能还原为词组的话，那就是说光描写词组的结构还不能穷尽全部句子，有的句子只能从句子的平面上去描写。""肯定有一部分句子是无法还原为词组的。最明显的是所谓'易位句'，例如：他走了，就。/放假了吗，你们？/他骑走了，把车。"事实上，句子层面的"在线组合"现象远比朱先生估计的"组成部分仍然是符合词组的构造原则的"要复杂。完权（2014）详细讨论了复合词的在线组合现象，指出许多在线组合的“复合词”现象的实质是“语言使用者打包在短期记忆中的所知所想，在听说的过程中构成，可以却未必和长期记忆中的认知图式（schema）相联系”，本章讨论的情况即是如此。如前文§6.2.2所述，汉语同位同指组合是说话人先想到并且先说出已知信息NP_1，为了使这一信息更加立体丰满，然后说出跟它相关的一个或几个侧面的信息NP_2、NP_3、NP_4……的在线包装过程。

这里我们就观察一下，在线包装产生了哪些语言事实。有些从句子中切分出来的结构体，在抽象的词组层面是不能说的。比如吕叔湘（1942，§6.3）就指出：“我们不能说‘动物马’或‘马动物’或加‘之’字成‘动物之马’或‘马之动物’。”在实际句子中，我们却不难发现这些类型的实例：

（31）在大自然中，**动物马**属于草食性家畜，原产于中亚草原，4000多年前就被人类驯化，15世纪后，才被殖民者带到美洲和澳洲。（科教片中的配词）

（32）大家都知道，**花卉夜来香**是不能在居室内种植的。

（33）在今天的节目中，我们来介绍一种一年级的孩子的必备品：**文具铅笔**。

（34）动物保护者联名请愿，要求停止对**猫狗动物**的屠杀。

（35）王老师希望家长不能对孩子们写字的要求太高，她说：“写个汉字对**你大人**不是什么难事，但对一个四五岁的孩子来说就比较困难了。”

（36）一旦有学生对**你教师**产生了不好的印象，他就会不喜欢上你的课，久而久之，就会对这门课失去兴趣。

（37）这道题你不会做很正常，连**爸爸大博士**都想了半天才会呢。

（38）这是出版社的责任，跟**他刘震云作者**是没有关系的！

（39）昨天下午，**两个小学生婷婷和倩倩**急中生智，救了一车人。

（40）你带着**五种动物老虎、大象、猴子、孔雀和狗**，到你没有去过的原始森林探险，如果你遇到危险你会先舍弃谁？

（41）**作者他人**呢？

以上这些同位同指组合的例子，大量存在于现代汉语的书面语和口语表达中，类型远超出吕先生所举的“动物马”“马动物”说法，却都是汉语静态名词短语所不允许的结构形式。这是我们所说汉语同位同指组合“在线组合性”的最好证明。

值得注意的是，本章§6.1.1曾经指出同位项外延相同是同位同指组合的最主要特点之一，在例（31）—（41）这些例子里，似乎存在不少外延大小不一样的情况，需要做出解释。先看例（31）—（33），似乎都是前项外延大于后项，但是我们体会一下这几个句子的真实意义，就会看出这样的事实：

（31'）**动物马**属于草食性家畜＝我说的这种动物也就是马属于草食性家畜

（32'）**花卉夜来香**是不能在居室内种植的＝我说的这种花卉也就是夜来香是不能在居室内种植的

再看（34）—（38）诸例，“猫狗动物”“你大人”“你教师”“爸爸大博士”和“刘震云作者”中，似乎都是后项外延大于前项，但与偏正结构一个明显的区别是，前项并不是用来给后项限定外延的：

（34'）猫狗动物＝猫狗这两种动物 ≠ 动物中猫和狗

（35'）你大人＝你这位大人 ≠ 大人中你这一位

（36'）你教师＝你这个教师 ≠ 教师中你这一位

（37'）爸爸大博士＝爸爸这个大博士 ≠ 博士中的爸爸

（38'）刘震云作者＝刘震云这位作者 ≠ 作者中刘震云这一位

仔细体会句意，这几个名词项的外延在具体句子里事实上还是等同的。至于例（39）—（41）“两个小学生婷婷和倩倩”“五种动物老虎、大象、猴子、孔雀和狗”以及“作者他人”几例，前后项外延等同是十分显明的。

以上这些例子，我们说是在线组合形成的，并不意味着它们是不稳定的临时形式。乍一看这些例子，总会有点“临时性”的感觉，这种感觉往往是来自我们拿偏正结构或联合结构那样的模式作为衡量标准的习惯性思维。如果我们理解了在线生成是汉语同位同指组合的实质，也就可以说，这些例子没什么特殊，正是汉语同位同指组合的典型实例。

6.5　结语

在传统的语法体系里，“同位结构”的地位似乎并不重要，下属于偏正结构、下属于并列结构的归类方式看上去显得有些随意，事实上是学者们面对同位现象的事实犹疑不定的反映。究其原因，一是在于对汉语名词性短语构成方式过于拘泥的保守认识，二是对在线生成的结构形式重视不够，除此之外，我们认为最重要的一点是，对汉语语法关系的实质探究深度不够。本章是在沈家煊（2012b）对赵元任“零句说”和“主谓关系即话题说明”学说的深刻阐释启发下形成的看法，我们认识到，汉语体词性的零句相互组合，形成汉语最基本的语法关系——话题与说明的关系，这种关系对汉语语法的影响是深刻的，渗透在许多方面。同位同指组合，过去较多地被习惯性地归入定中结构，而我们受零句说明性的启发，观察到同位项之间的阐释性关系，并且观察到同位组合的在线生成性。这个实例说明，汉语语法特点的发现，有赖于新的视角和新的思考。

（原载《中国语文》2014年第3期，与刘探宙合作）

第七章　同位现象的戏剧化解释

语言的主观性问题，是近年来语言学上的研究热点，汉语被认为是主观表达非常强的一种语言。新近的一些研究明确指出："主观性表达在汉语中具有十分凸显的地位，汉语中大部分语法形式的建立都与表达主观性相关。"（董秀芳，2016）主观性（subjectivity）是指语言的这样一种特性，即在话语中多多少少总是含有说话人"自我"的表现成分。也就是说，说话人在说出一段话的同时表明自己对这段话的立场、态度和感情，从而在话语中留下自我的印记。主观化（subjectivisation）则是指语言为表现这种主观性而采用相应的结构形式或经历相应的演变过程。（沈家煊，2001）最近十几年来，学者们对汉语的主观性和主观化问题进行了多角度的研究，关注的事实主要是在汉语句式和虚词等方面，同时对历史演变中的主观化机制也做了不少探讨。越来越多的事实启示我们：汉语里主观性和主观化表现是如此地丰富，不仅遍布各级各类语言单位，且形成和运作的原因和机制也是多种多样的。本章从一个微观的考察入手，讨论戏剧化的语言对生活语言乃至汉语基本句法结构的影响。我们认为，汉语的主观性不是个孤立的现象，它实际上是汉民族文化特征的一个具象化的表现，也就是说，汉语在世界语言之林中显示的主观特性，正是中国传统文化中各种形式间共性的体现。这一研究可以帮助我们寻绎语言结构与其他文化现象相互影响的痕迹，用语言学的证据印证文化表象背后共通性的存在，为进一步揭示文化特征提供一个新的视角。

7.1 从中国京剧的出戏和入戏说起

京剧在十九世纪和二十世纪是中国最有影响的戏剧形式，京剧艺术深入人心，深入了人们的日常生活。京剧的艺术语言也深深影响了人们的语言习惯。

中国京剧的艺术价值该如何认识，近百年来文化界有过截然不同的各种评价。“五四”时期说的较多的京剧落后观现在没什么市场了，目前比较有共识的看法是：京剧以其“非现实性”区别于世界上其他戏剧表演体系，有代表性的学说，就是二十世纪六十年代初黄佐临把中国戏曲表演体系跟西方以斯坦尼斯拉夫斯基和布莱希特为代表的戏剧追求做了系统性对比。（黄佐临，1981）应该说，由此而重视中国戏曲表演特点，是理论自信上一个重要的提升。但遗憾的是，这种比较研究仍然基本是以西方戏剧理论为参照体系的，仍然笃信戏剧必须尽可能地还原生活真实，只不过西方戏剧常用细节真实的舞台设置还原真实，而中国戏曲不依赖布景道具纯靠形体表演来展示剧情与情感。抱着这样的理念，理论家们就过多地把注意力放在寻找京剧表演中那些最能逼近剧中人的情感真实和思想真实的表现手段，对戏曲传统中一些明显与“真实”脱节的艺术手段有意无意地避而不谈。我们认为这仍然不是发现中国京剧本质特征的正确途径，这样的比较研究仍然不免落入从另一个侧面去印证西方戏剧理论的窠臼。京剧在中国人的文化生活中娱乐性多于教化性，交互性多于观赏性，“还原戏剧真实”并不是根本追求，这不应该成为我们羞于提起的事实。叶秀山的有关论述是不多见的，他慧眼独具地谈到京剧演员既在戏内又在戏外的特点，他说：“演员不突出‘自我’，对于理解、把握‘他人’的思想感情与‘他人’沟通，即体验要演的‘角色’，也就比较顺畅一些，并且也可以更为顺利地与台下的观众交流，因为大家都不是那神秘的封闭的‘自我’，本来就是‘你’中有‘我’，‘我’中有‘你’……中国戏剧通过‘演员’把‘角色’‘观众’沟通起来。”（叶秀山，1994：21）叶先生的观点是切中要害的，揭示了传统京剧在艺术表现上既“入戏”又“出戏”的本质特点。入戏是世界上所有戏剧共同的艺术追求，出戏则是中国传统戏曲的特点。值得注意的是，出戏是靠一定的语言形式来显示的，同时又深深影响了京剧的语体特点，对生活语言的语法结构也产生了潜移默化的影响。这里我们就从京剧语言最典型的出戏语言表达法入手考察，然后讨论隐性的出戏表达法，进而讨论它对普通语法结构的影响。

“自报家门”是最明显的逸出剧情之外的语言，一般是在一个人物首次出场时，不进入剧情，而是面对台下的观众说一番话，内容主要是介绍自己的姓名、身份以及当前所处的情境等情况。如京剧《四进士》里宋士杰的第一次出场，自报家门是这样的：

（1）**老汉宋士杰**，在前任道台衙门当过一名刑房书吏，只因我办事傲上，大人将我的刑房革退，就在这西门以外，开了一座店房，无非是避嫌而已。今日闲暇无事，不免到街市上走走啊！（《四进士》）①

为什么我们说这样的语言是出戏的呢？这从人称上就可以看出来。首先，“老汉宋士杰”这就是一个自我介绍的判断句，因为除了自我介绍时人们一般不会用自己的名字称自己；其次，自称“老汉”显然是面对观众说的，因为他的装束和扮相就是一个老汉的样子，

① 本章语料来源主要包括《四进士》，根据《马连良演出剧本选》（吴晓铃、马崇仁编，北京：中国文联出版社，2001年）整理；《红娘》，根据《荀慧生演出剧本选集》（上海文艺出版社编，上海：上海文艺出版社，1962年）整理；《李七长亭》，根据《李七长亭》1956年录音整理；《白帝城》，根据《白帝城》1960年录音整理等。

说“老汉宋士杰”相当于说“你们看到的这个老汉他的名字叫宋士杰”，是第三人称角度的称呼方式。拿下面这个例子做个对比就看得更清楚了：

（2）**小人宋士杰**，在西门以外开了一座店房，无非是度日而已。那年小人去往河南上蔡县公干，偶遇杨素贞她父……（《四进士》）

这是剧中人宋士杰跪在公堂上回答官员审问时的一段话。自称“小人”是作为剧中草民身份相对于官员而言的，说“小人宋士杰”相当于说“我是跪在您面前的一个小人，我的名字叫宋士杰”，是第一人称角度的称呼方式。所以我们说，例（1）的“老汉宋士杰”是出戏的表达法，例（2）的“小人宋士杰”是入戏的表达法。

值得注意的是，例（1）里很快就切换到第一人称：“只因我办事傲上……街市上走走啊！”虽然转换到了第一人称，但仍然是出戏的，因为他这里并不是与剧中其他角色在对话，仍然是在与观众对话。不过，这一过渡，足以说明，观演双方，对人称的切换，甚至对出入戏的切换都是非常习惯的。

再看所谓的“打背躬”。打背躬指的是在剧情进行过程中演员暂时脱离剧中情境而转过身来面对台下观众说话的情形。例如：

（3）杨素贞：客官哪！我公爹在世之时，留下金镯一对，命我夫妻各戴一只，言道：夫死妻不嫁，妻死夫不娶。如今我那丈夫被田氏害死，望求客官将此镯收下，放我回去，好与我那屈死的丈夫报仇雪恨哪……

杨春：唉！听**她**说的实在可怜，我放**她**回去，也就是了。待我对**她**说明。这一娘行，银子我也不要了，放你回去了。（《四进士》）

这是剧中人杨素贞和杨春的一轮对话，基本是按生活语言对话的第一、第二人称进行的，但是其中有两句“听她说的实在可怜，我放她回去，也就是了”“待我对她说明”却用的是第三人称，这就是临时跳出剧情对观众说的话，就是戏曲界称为“打背躬”的形式。

打背躬可以说是一种内心独白，但与西方戏剧传统中的内心独白有所不同。话剧的内心独白一般是表现人物的自言自语，是自己对自己说话；而打背躬虽然内容是自己的思考，但形式上却是与观众交流的，表演时的表情和眼神都明确指向观众。因此我们说，西方戏剧传统的内心独白是入戏的，而京剧的打背躬是具有出戏性质的。出戏的标志之一就是切换为第三人称。

为什么中国戏曲有着如此自由的以人称切换为代表形式的出入戏切换？我们认为这与中国戏曲的说唱传统有关——戏曲不过是早期说讲形式的角色固定化的结果。一个人说评书的时候就是演员跟观众完全的直接交流，两个人说相声基本是两人封闭的对话系统，但时而也会跳出系统来与观众对话，如传统相声《报菜名》（马志明、黄族民合说）中甲乙两人说到请客吃饭时：

（4）甲：我说你这小子可太难伺候了！打刚才这不吃那不吃，你要吃什么你？

乙：合着**他**倒给我扣上了！是我不吃啊还是你不请啊？

在“你”“我”的对话中有一句第三人称的“合着他倒给我扣上了！”，这就是角色乙面对观众说的一句话。

到了戏剧形式成熟后，剧中角色固定在故事情节里，却仍然保留了这种偶尔跳出剧情与观众直接交流的打背躬方式。

中国的戏剧演出参与者——演员与观众——对这种入戏和出戏自由切换的方式接受起来是非常地自然，以至于戏内戏外的语言甚至可以是交融在一起的：

（5）万氏：你不知道，这道台衙门，上下人等勒索成性。再者说你是远方来的女子，你这状子递不上去，岂不是废物了吗？（状纸递给杨素贞）

杨素贞：听妈妈之言，我这满腹含冤，就不能申诉了哇……（哭）

万氏：别哭，别哭！哎哟！**她**这一哭呀，真怪可怜的。可惜我跟**她**不沾亲，我要跟**她**沾这么一点儿亲哪！这场官司我就替**她**打啦！

杨素贞：如此干娘请上，受干女儿一拜。（跪拜）

万氏：哟！起来，起来！哎呀！好孩子！真机灵！你坐下，都有干娘我呢！（《四进士》）

这段对话里万氏的“哎哟！她这一哭呀，真怪可怜的。可惜我跟她不沾亲，我要跟她沾这么一点儿亲哪！这场官司我就替她打啦！”是典型的背躬语言，但有趣的是，紧接着剧中人杨素贞说出了“如此干娘请上，受干女儿一拜”。这表明杨素贞竟然是听到了万氏的“内心独白”的！

再看另一个例子：

（6）李七：我**正要**打那王良，**见**他的妻子将他搂抱在怀。是俺昨晚三更时分偶得一梦，见一和尚追赶一只白虎，空中降下了一只锦凤，将那白虎搂抱在怀。后来又闪出一位白发公公，叫道声：李七呀！李七！你不将王良攀扯在内，日后自有孝衣天官搭救于你。是俺言道：这孝衣天官是谁？那白发公公言道：明日午时三刻在你面前口称“男女授受不亲”，那就是孝衣天官。看，这天已正午了，这孝衣天官他，他，他是谁呢？哎呀！他，他是谁呢？

解差：哎！七爷，七爷！八成这孝衣天官是我吧？（《李七长亭》）

例中犯人李七的话到底是“内心独白”还是与观众的对话？乍一看会以为是自言自语，但我们观察其语言特征，就可以看出是在对观众说话。这特征就是“我正要……见……”，我们此前做过论证，这是说讲语体的典型特征。（张伯江，2012：14）因此准确的解释应该是：剧中人李七跳出剧情，向观众讲说他此时的联想，而剧中人解差也成了听者的一员，直接插嘴问话：“哎！七爷，七爷！八成这孝衣天官是我吧？”这两个例子生动地显示了“中国戏剧通过‘演员’把‘角色’‘观众’沟通起来”（叶秀山，1994：21）的特点，说明出戏与入戏不是截然分别的两种手段，其实是融为一体的。

7.2　从京剧人称表达的语法特征看出戏和入戏的融合

对话中某些句子的出戏现象并不能满足我们的研究兴趣。这一节，我们进入一种习以为常的语法现象的细微观察，那就是京剧中同位短语的使用。京剧中这种用同位方式组合而成的短语用得特别多，不管是话白还是唱词里。相比于小说、散文等一般文学语体，京剧里同位短语出现频率高得多，且集中于几种类型里。

7.2.1　人称代词与专有名词的组合

首先讨论由第一、第二人称代词与其他指人名词组合的情况：

（7）哼！**我杨春**有心事在怀，若无心事在怀，定不与你干休！（《四进士》）

（8）**宋士杰你**好厉害的衣襟呀！（同上）

（9）杨素贞，你今天也打官司，明天也打官司，打到**太太我**的手心儿里来啦！（同上）

（10）状子上面写的叩告人宋士杰，宋士杰不来告状，**你杨春**拦

轿喊冤，岂不是谎状？（同上）

（11）**大人你**好厉害的板子呀！（同上）

（12）**我宋士杰**打的也是抱不平。（同上）

（13）法本：寺中僧众听了：张相公有书信一封下到蒲关，搬请白马将军。谁愿前去，前来答话。

惠明：**咱惠明**来也！（《红娘》）

（14）崔夫人：我将你送到官衙问罪。

红娘：**我红娘**有什么罪哪？（同上）

（15）张珙：老夫人有言在先：有人计退贼兵，必将小姐许配。如今贼兵既退，老夫人悔却前言，不讲信义，难道说戏弄**我张君瑞**不成？（同上）

这些同位组合，如果仅留其中的第一、第二人称代词项，去掉与它组合的另一名词项，都是正常的对话语言（如“我有心事在怀”“你好厉害的衣襟呀”“打到我的手心儿里来啦”“你拦轿喊冤”“你好厉害的板子呀”“我打的也是抱不平”“咱来也”“我有什么罪哪”“难道说戏弄我不成”）；如果去掉其中的第一、第二人称代词项，仅保留与它组合的另一名词项，则句子都失去了对话中自称和称呼对方的意义（如“杨春有心事在怀”“宋士杰好厉害的衣襟呀”“打到太太的手心儿里来啦”“杨春拦轿喊冤”“大人好厉害的板子呀”“宋士杰打的也是抱不平”“惠明来也”“红娘有什么罪哪”“难道说戏弄张君瑞不成”）。这个现象，明确地告诉我们一个事实：这些同位组合里的两个词项事实上代表着两个表达角度，一个是剧中人的自称和面称，另一个是演员对角色的他称，他称的听话对象是观众。

由此我们揭示了一个重要事实：京剧既入戏又出戏的特征并不一定要以句子为单位实现，而是可以内化在短语里边的。这一点其实并不足奇，因为汉语的短语就是紧缩的句子，许多语法性质都是纵贯句子和短语层面的。

7.2.2　同位组合中的关系阐释

当我们有了这样的眼光，我们对京剧中其他类型的同位短语也就有了新的认识。刘探宙正确地指出，汉语同位同指组合的基本语义是后项对前项的阐释关系。（刘探宙，2016：24—47）这样看，京剧里每一个同位组合都是一种阐释，是演员向观众做阐释。由于演剧是口头艺术，人物关系交代一次未必能给观众留下深刻印象，所以多借助同位短语的阐释功能，就可以让观众多一些机会记住人物关系。这是京剧中同位组合用得多的另一个原因，以下这些第三人称的例子就是以阐释关系为功能的：

（16）哎！我这还有包耗子药，先把**二弟姚廷美**给毒死，再花俩钱儿买通**杨素贞的哥哥杨青**，把杨素贞给卖了。把**她儿子保童**往外这么一轰，那个老的就得急死。这份家产不就都归了我们了吗？我就是这个主意。(《四进士》)

（17）大奶奶，您赶紧找**您兄弟田伦**，求他写一封求情的书信，咱们好打上风官司呀！（同上）

（18）这田伦是哪一个呢？我想起来了，我干女儿言道：**她嫂嫂田氏**有一兄弟叫田伦。（同上）

这种阐释显然也是说给观众的，可以说是既在戏中又在戏外。演员有必要随时向观众提示剧中人物的身份和人物关系，入戏和出戏的效果可以说在这里是浑然一体的。

这种阐释不仅可以是必要的关系性交代，也可以是说话人的主观评价：

（19）宋士杰：按院大人有告条在外，有人拦轿喊冤，先打四十大板，然后递状。想我偌大年纪，焉能经得起，我看**杨春这个娃娃**生得倒也精壮，不免将这四十板子我照应了他吧。(《四进士》)

（20）毛朋：想你我弟兄得中二甲进士，可恨**严嵩老贼**与你我弟兄作对。多蒙**海瑞恩师**上殿保奏，才得帘外为官。(同上)

（21）刘备：唉，实指望与二弟、三弟报仇，杀得东吴堪堪大败，不想中了**陆逊小儿**用火之计，烧孤连营七百余里。因此兵败白帝城，身染重病。(《白帝城》)

"这个娃娃"是年老体弱的宋士杰对年轻体壮的杨春的评价，认为他的体格足以经受挨打四十大板；"老贼"和"恩师"是剧中人毛朋对两位朝臣的评价，一贬一褒；"小儿"是战败的刘备对东吴将领陆逊的评价，表达他对陆的憎恨。

至此我们就找到了京剧语言中如此偏爱同位短语的原因，它是京剧这种艺术形式入戏出戏自然融合这种艺术特点的必然结果。

7.2.3 糅合形式

京剧语言里同位短语不仅用得多，而且有一些创新形式：

（22）倘若你胞兄再将你变卖旁人，再找**我第二个杨春**哪！嘿嘿，恐怕就无有了！（《四进士》）

（23）哈哈，我幸亏遇见**你这一个干父**，若遇见几个，我这两条腿也就打烂了！（同上）

例（22）"我第二个杨春"是"a.第二个我这样的人"与"b.第二个杨春这样的人"的糅合形式，而a和b这样的通指性的形式，是说明性语言，不是典型的口语形式，显然在具体的戏剧情节中不如"我第二个杨春"这样的单指形式更为简洁、生动。例（23）"你这一个干父"则是"一个像干父你这样的人"的简洁说法，同样是用单指形式取代通指形式。由此可见，同位组合短语这种短语形式，在戏剧对话中，有着特殊的表现力。

7.2.4　反思单项名词

有两种现象，似乎有悖于我们前面的观察。一种是，说话人以单项亲属名词自称，如：

（24）崔夫人：哼！不听母言，便是不孝。难道我家世代官宦，能招那白衣秀才么？

崔莺莺：非是**女儿**不孝，违抗母命。只是孝服在身，这亲事暂且不提。看天色已晚，**女儿**还要往花园焚香，愿母亲福寿绵长。（《红娘》）

（25）田母：儿呀，不在婆家，回家做甚？

田氏：母亲有所不知，只因杨素贞在信阳州将**女儿**告下来了。是**女儿**回来，叫我兄弟修书一封，前去说情，我好打个上风官司，他不肯写。妈，您跟他说说得了。（《四进士》）

（26）田母：儿啊，与你姐姐写封书信吧。

田伦：**孩儿**实在难以从命。

田母：儿啊，你再若不写，为娘我跪下了。

田伦：哎呀，折煞**孩儿**了。母亲，**孩儿**书信写便写，还需三百两银子押书。（同上）

这些例子里的“女儿”“孩儿”完整形式应该是“女儿我”“孩儿我”，否则指称不明。应该说，这种用法是很受限制的，王力认为，“当咱们说话的时候，若要对于听话人特别表示敬意，就不自称为‘我’，也不称对话人为‘你’或‘你们’……凡该用人称代词的地方，最好是用一种身份的名称来替代。”（王力，1943—1944：201）我们认为，这种现象最值得注意的特点是，主要用于关系明确的二人对话中，而且往往是接应上文对方的称呼，如例（24）上文有“不听母言，便是不孝”，例（25）（26）都有“儿呀/儿啊”等呼语。这种紧密的接应语保证了单项的“孩儿”等词不会造成误会。可以说，这是一种代词项为零形式的凸显阐释内容表达法，王先生所说的“敬意”就来自这里。

另一种情况，大多出现在唱词里，如：

（27）**杨素贞**在柳林将言告禀，尊先生与客官细听分明。(《四进士》)
（28）**宋士杰**当堂上了刑，好似鱼儿把钩吞。（同上）
（29）看小姐做出来许多破绽，对**红娘**偏用着巧语花言。(《红娘》)
（30）**田氏女**上车轮心神不定，回家去见兄弟修书求情。(《四进士》)
（31）**崔氏女**在深闺一声长叹，理容妆开玉镜瘦损朱颜。(《红娘》)
（32）**八台官**在一旁暗自思忖。(《四进士》)
（33）骂一声小杨春瞎了眼睛，把**按院**当作了算命先生。（同上）

这些例子里都有把人名、他称词、官职等第三人称代词用作自称的现象。如果说成“杨素贞我”“宋士杰我”“红娘我”“田氏女我”“崔氏女我”“八台官我”“按院我”等，指称才更明确，为什么没有出现第一人称代词呢？我们想到的原因，一是唱词节律的限制，添加一个“我”字可能不好安排唱腔；二是歌唱比起对白来，跟剧情的紧密程度更疏远些，以上几个例子，大多属于比“背躬”独立性还要强的、演员面对观众（而不是面对剧中另外角色）演唱的情况。从这后一个特征看，可以说完全是出戏的情况了。其实，不管是用“女儿”自称还是用“杨素贞”自称，都可以说是“你中有我，我中有你”，观众眼中不分你我，都是“她”，或者说，是演员和观众在一起关注“她”的故事。

7.3　戏剧化语言研究的理论意义

以上我们聚焦于京剧语言中的同位短语，观察出戏与入戏相融这一戏剧特点在语言结构中的凝结，看到的是开放式的戏剧理念与自由化的名词组合之间深度的吻合。这一观察带来多方面的理论思考，既为汉语语法研究中的语体解释提供了新的例证，又为语言的主观化研究开拓了文化视角，更为民族文化标识性概念的理论建设提供了扎实的依据。

7.3.1　语体研究的新视角

语言学界对汉语同位组合的研究不少，但关注其语体倾向的不多。一般来说，含有第一人称代词、第二人称代词的同位短语多出现在对话中，不含第一人称代词、第二人称代词的多用在叙述性语体里。但“对话”“叙述”这样的语体类别显然是不够用的，无助于对语法现象做出精准的解释。我们认为，语体类型实质上是与语法特征相伴相生的，“有什么样的特征视角就有什么样的语体实例”（张伯江，2012）。这里，我们提出“戏剧化的语言”这一语体视角，用以解释汉语的同位同指组合。

“戏剧化的语言”这一概念借自井茁（Zhuo Jing-Schmidt，2005）的著作，他在研究汉语把字句的时候提出，汉语的把字句具有高度戏剧化（high dramaticity）的特点。他所说的“戏剧化”，主要包括两个方面：一是认知方面的显著性（cognitive salience），二是感情和主观方面的表现性（emotive expressiveness and subjectivity）。他在比较了把字句和与之相关的非把字句的功能后提出，现代汉语把字句的核心功能是对所表达的事件加以戏剧化。[①]井著用“戏剧化”这

---

① 参看井茁（2005），书中还讨论到，“大宝把苹果吃了三个，只剩一个给我”和“大宝吃了三个苹果，我吃了一个”相比，把字句具有明显的主观性和视点交融特点（第114页）。

一概念对把字句的语法解释是非常妥帖的，同时也引发我们多方面的思考，正如陶红印在评述中讨论到的：是不是只有“把”字结构才能表达戏剧化？有没有其他手段来表达戏剧化？（陶红印，2008）本章认为，戏剧化是个非常有用的重要概念，它可以帮助我们观察我们文化中戏剧化因素在语法结构上的投射。

我们认为，汉语的戏剧化表现，不光在句式上，也在短语里；不光符合一般意义上的戏剧化特征，还有民族性特征。本章上面观察到的指称立场的表现形式，既符合井著所论人类文化中戏剧化语言的普遍特征，又精准体现了中国文化中民族戏曲的形式特点。

汉语同位短语的实质特点是什么？我们认为，是典型的戏剧化的表达。

我们知道，同位短语历来游离在汉语基本句法结构的边缘，学者们在把它归入联合结构还是偏正结构的选择上举棋不定，在讨论汉语基本句法结构的典型例证时都不会提及。与此同时，早有学者指出，同位现象的存在，是起着修辞上的作用的，①近年来，对指人名词同位组合的研究更多地强调了其语用属性（如黄瓒辉，2003；韩蕾，2007）。刘探宙的著作是迄今所见从形式和意义两个角度给出的最新的全面说明，她指出两个关键点：一是在线组合，二是阐释关系。（刘探宙，2016：47）前者解释了同位组合句法上的非基础性，后者解释了其基本语义关系，两者结合起来，可以很好地解释各种语用意义的来历。而且，刘著正确地指出，这是汉语的同位组合与西方语言不同的特点。

我们看看“戏剧性”为什么是这个现象最好的解释角度。先看在线组合，这本身就很有戏剧性，人们说话一般都是在说出之前组

---

① 如王力在《中国现代语法》曾指出代词复指有“加重语势”的作用（1943—1944年，第304页）。

织好结构的，在线组合往往是迫于某种现场的压力。什么压力呢？我们说，一般说话之前组织句子主要是顾及信息的压力，如听话人对信息的熟知程度、一次可以接受多大的信息量等，而在线组合顾及的主要是说话现场的情境压力，即一些现场的压力迫使说话人匆忙补充一些信息。我们常说“事情发生了戏剧性的变化”指的就是情境的变化，这种变化造成的给说话人的压力，便促成了在线组合的语法现象。其次，我们看两项之间的阐释关系。人称代词与专有名词的组合是汉语同位同指组合的原型，第一、第二人称代词与专名的组合，其实就是两种视角的组合，而不同视角的交融，正是“戏剧性”最典型的特征。井茁曾经详细讨论了汉语里使用把字句的一个必要条件就是说话人视点的交融。（井茁，2005：116—122）而本章§7.2的讨论已经展示了视点交融在戏剧中的表现，那么生活语言为什么要借用戏剧中专用的这种视点交融的手段呢？原因就在于生活谈话中也有戏剧性表达的需要。以往的同位指人短语研究中，学者们刻画出诸如“不屑、不满、怀疑情绪”等多种多样的语用意义，就是很好的说明。

一个重要的问题是，为什么说是生活语言借用了戏剧语言，而不是相反，生活语言带进了戏剧语言呢？

首先，作为一种临时性的在线组合，有强烈的语境依赖性，不具备超越一时一地现场语境的普适性，也就不那么容易固化为汉语里一种常用的句法形式。而戏剧表演为这种视点转换和融合提供了充足的条件，中国戏曲又是一种非常程式化的戏剧形式，习惯了的表达法，很容易就固化为程式。在线组合源于生活，在戏剧中固定下来，以固有的形式反过来影响生活语言。

其次，京剧对现代汉语的影响有多大？作为一种艺术形式，是不是足以影响现代汉语的语法习惯？我们的回答是肯定的。可以说，自十八世纪后期京剧在北京形成直至二十世纪中叶的近二百年间，京剧一直是中国最有影响力的口头艺术形式。[①]它的语言形式深刻影响了人们的生活语言，是自然而然的，它不仅给现代汉语普通话贡献了“跑龙套”“打出手”“唱大轴”等词汇，也提炼出了“有板有眼”“人走茶凉”“一个唱红脸一个唱白脸”等成语，更带来了人称代词与专有名词组合这种典型的“入戏+出戏”的语法表达形式。

于是，本章最主要的观点就是，现代汉语普通话里人称代词与专有名词组合的同位表达法是来自近、现代京剧艺术的影响。

诚然，汉语同位组合古已有之（刘街生，2004：243—248；刘探宙，2016：48—54），上古汉语的例证大多集中于官职名与人名的组合，到了中古，出现了“你平王”“秋胡汝”这样的形式，[②]而这两例的出处——敦煌变文——正是现代讲唱文学的源头。因此，我们说这种表达法来自讲唱文学传统是无误的。这种传统在近二百年最有影响的艺术形式里固化为程式，进一步影响了现当代的生活语言，其间的脉络是清楚的。当生活中发生了戏剧化的冲突时，人们会让主观色彩浓郁的同位短语冲口而出；当生活中复现一些程式化行为如谢师、道贺等场合，戏剧式的语言和行为方式也就成套地使用在生活中了。[③]

---

① 王芷章《中国京剧编年史》（北京：中国戏剧出版社，2003年，第30页）记载，乾隆六十年（1795年）前后，三庆徽部“为京都第一”，“每当演戏，肩摩膝促，笑语沸腾”。苏移《京剧二百年概观》（北京：北京燕山出版社，1989年，第55—59页）说，同光年间，仅北京常年固定在城市内演出的戏班“就有五十多家”，同治后北京戏园，“有四十多处”。不仅北京，即便在上海，同治年间，三庆班首赴上海演出，“沪人初见，趋之若狂”。有人写《竹枝词》：“自有京班百不如，昆徽杂剧概删除。门前招贴人争看，十本新排五彩舆。”（上海市文史研究馆编《京剧在上海》，上海：上海三联书店，2009年，第17页）

② 《伍子胥变文》：“却回报你平王道：即日兴兵报父仇。”《秋胡变文》：“正见慈母独坐空堂，不知儿来，遂叹言曰：‘秋胡汝当游学，元期三周，可（何）为去今九载？为当命化零落？为当身化黄泉？命从风化，为当逐乐不归？’”均见王重民等编《敦煌变文集》，北京：人民文学出版社，1957年。

③ 比如人们在写贺卡的时候往往用名字自称、用身份词称对方（“值此辞旧迎新之际，志强给老师拜年了”），而不会径直使用“我”“你”相称。

这项研究在语体研究中的意义在于，揭示了语言系统之外的艺术门类对语言系统的影响。我们曾经强调过，语体本身的特征彰显了使用条件，也就成为对语言事实最好的解释。（张伯江，2012）这一次我们从中国戏剧的艺术特征角度，重点考察指人同位组合的特征，进而观察它进入生活语言后的表现，用“戏剧性”这一概念使普通语言现象得到更为精准的解释。

7.3.2 主观化研究的新维度

我们用戏剧艺术解释语言现象的来历，还有一个重要的意义，那就是，主观性的表达理念和主观化手法的使用，其实是贯穿于中国多种传统艺术门类里的。就拿绘画来说，中国画的画家并非不懂更符合客观真实的焦点透视关系，但他们在理念上却主动抛弃了这一点，宋代沈括在评价同时代画家李成追求客观真实的画法时说：“李成画山上亭馆及楼塔之类，皆仰画飞檐。其说以谓‘自下望上，如人平地望塔檐间，见其榱桷。’此论非也。大都山水之法，盖以大观小，如人观假山耳。若同真山之法，以下望上，只合见一重山，岂可重重悉见，兼不应见其溪谷间事。”（沈括，1987：546—547）这说明，创作者是有意识地用主观视角去驾驭整个画面的。现代学者把中国画的传统总结为：“中国画的观察认识方法，受传统哲学思想的影响，主张以大观小、小中见大，往往在流动中从多方面进行观察……中国画的观察方法，还充分体现了中国人民特有的审美习惯，善于缘物寄情，对于山水花鸟等本来无情之物的观察体味带有浓重的感情色彩，努力捕捉对象与人类审美感情及精神生活有联系的特征。”① 而中国传统戏曲的主观性也已成为学者们的共识，王元化说：“在西方戏剧观中，演员或观众的自我溶解在角色里，审美

① 《中国大百科全书》（第二版，第29卷“中国画”），北京：中国大百科全书出版社，2009年，第26页。

主客或心与物双方，不是相反相成，互补互动，有你也有我，而是呈现了有我则无你，有你则无我的非此即彼的逻辑性……这与京剧或中国传统戏剧观中两者并存，亦此亦彼，对立而统一，你中可以有我，我中亦可以有你的原则是不同的。”（王元化，1999：12—13）钱穆说：“中国京剧亦如作画般，亦要抽离不逼真，至少在这点上，中国京剧已是获得了中国艺术共同精神主要之所在。”（钱穆，1999：88）汉语“戏”字本来的意思就是含有浓厚的主观评述意义的（正所谓“言语戏剧，华饰文辞”[①]），从古至今一直用“戏”这个字指称戏曲、戏剧艺术形式，表明了中国人对这种艺术形式的理解——总是伴有表演者的主观评价在其中的。谈到汉语的主观性，沈家煊说：“跟英语等语言相比汉语是主观性较强的一种语言。”（沈家煊，2009b）董秀芳则认为“主观性突出的特点是影响汉语全局的一个重要特点”。（董秀芳，2016）综合这些前辈时贤的说法，可以看出，中国文化的主观性特征是贯穿在不同表现形式中的，而本章的研究则试图说明，这些表现形式之间，又是相互渗透、相互影响的。

以上同构性的揭示，使我们看到的更深一层的事实是：主观和客观，在西方文化中是两相对立的分立的概念，非此即彼；而中国文化中固然也存在主观和客观的区别，但二者之间是包含关系，主观包含客观。就是说，客观区别于主观这不是最重要的，重要的是，中国文化里的客观表达总是同时表达着主观意义。这与沈家煊对中国哲学的总结是相吻合的，他说：“[西方哲学和中国哲学]两种范畴观的差别可以用‘对立’和‘对待’这一对名称来概括。‘甲乙分立’，甲和乙是‘对立’关系；‘甲乙包含’，甲和乙是‘对待’关系。说‘甲乙包含’，强调乙也是甲；说‘甲乙对待’，强调甲不都是乙。中国哲学和中国语文，‘对待’关系是常态关系、正常关系，

① 《礼记正义·卷二》，[清]阮元校刻《十三经注疏》（全二册），北京：中华书局，1980年，第1244页。

不是非常态或过渡态，它是世界一切的出发点。……但是在西方学者看来，这样说的‘对待’关系毕竟缺乏明确的定义，这是中国传统哲学的欠缺之处。我们把‘对待’关系明确化，确定为一种‘甲乙包含’关系，意在弥补上述缺陷。”（沈家煊，2016：415）主观与客观，就是这样的一种“对待关系”，客观是“体”，主观是“用”，主观与客观的关系，在中国文化里正好就体现了一贯的“用体包含”关系。至此，我们就找到了民族艺术形式同构背后的民族哲学思想基础。

7.3.3　强化文化自信，探索标识性概念

我们的研究也引发出对传统文化研究的进一步思考。一个时期以来，不同文化艺术门类的研究者往往局限于本门类内部来刻画特征，这些特征在特定行业内部获得较多共鸣，而所揭示的特征有没有跨门类的共通之处，一般研究者很少有这种意识。拿戏曲研究来说，学者们常说的“写意性”“抽象性”几乎是行业内的共识，而其他行业的研究者却难免质疑于这些概念准确的内涵与外延，尤其是，戏曲的“写意性”与国画中的同名概念是否相通？戏曲的“抽象性”与哲学上的同名概念是否相通？我们觉得，孤立地成立于个别门类的特征揭示，在宏观的文化研究中终究意义有限，我们应该有意识地寻找具有跨门类共性的特征，这样的特征才是对于文化研究具有深刻认识价值的所在。“主观性”就是我们看到的贯穿于中国语言、绘画、戏剧等不同文化艺术形式中的一个深层次的特征，它显示了中国文化表现者强烈的情感付出和交互意愿，这应该是中国文化人文性的重要构成因素。

这种跨门类共通特征的揭示，有助于在民族文化研究中力避外来视角，在论及自身文化个性时更加自信。以戏曲研究来说，以往的理论研究总是侧重于讲京剧的表现手法如何表现力强，如何更能进入角色，不敢大大方方讲我们“出戏”的一面，主观性强的一面。早在二十世纪初新文化运动关于旧剧艺术价值的讨论中，张厚载就

曾谨慎地提出，背躬是旧戏最能表示意思和感情的地方（张厚载，1918：248）；吴祖光在戏曲革新问题的讨论中也曾提出京戏中自报家门的方法“是很高明的”（吴祖光，1954）。但这些洞见既没有形成广泛的共识，也没有得到系统的理论支撑，几乎湮没在对戏曲的现实主义表现力的赞颂之中了。近年来，也不断有有识之士主张尊重戏曲自身特点的艺术研究，如穆海亮提出：“若要提升戏曲批评的审美品格与文化功能，不仅依赖批评生态的整体优化，也要摒弃工具主义，超越文学定势，尊重戏曲美学，坚守戏曲本体，开展真正‘戏曲化’的戏曲批评。‘戏曲化’的戏曲批评，应该以深厚的戏曲史论学养为根基，以较强的戏曲鉴赏能力为储备，以对戏曲创作及舞台规律的稔熟把握为保障，是在坚持戏曲美学原则的前提下，融艺术品鉴和理论提升于一体的审美判断。戏曲批评应该‘戏曲化’，也能够‘戏曲化’。”（穆海亮，2017）毋庸讳言，如果不能这样正视中国艺术形式自身的优长，而总是站在西方理论视点上看我们民族的东西，看到的就总是各种“缺陷”。

强化文化自信，给学术研究者提出的重要任务之一就是要加强对中华优秀传统文化的挖掘和阐发，而挖掘和阐发的根本目的就是习近平《在哲学社会科学工作座谈会上的讲话》中所说的：“要善于提炼标识性概念，打造易于为国际社会所理解和接受的新概念、新范畴、新表述。”（习近平，2016）我们认为，所谓标识性概念，应该是深刻反映传统文化内在特征的，同时体现了现代学术价值的重要概念。提出和设立这样的概念，其目的，一是揭示贯穿于不同门类文化载体之间的共同特征，二是寻绎不同门类形式之间影响与渗透的规律。本章从一个具体现象入手，观察中国传统艺术形式中主观性特征与民族语言主观性之间的联系，进而指出艺术语体对生活语言的影响。在这个过程中一以贯之的，就是“主观性”这一民族文化特征。

（原载《中国社会科学评价》2017年第3期）

第八章　双音化的名词性效应

沈家煊（2007、2009a）提出汉语名词和动词的“包含模式”，继而提出新的“动单名双”说，标志着解决汉语名动关系困境的工作基本完成。在这个理论背景之下，如何理解名词与动词的融通，吴长安（2012）做了可贵的探索。吴文同样认识到单双音节问题在汉语名动关系方面的重要性，并且他在观察汉语的名动关系时区分了“单音词时期”和“双音词时期”的做法，是有重要理论意义的。吴文涉及的汉语事实反映出一些值得思考的问题，本章就此提出讨论。

8.1　现代汉语里大量存在的“动名同形”双音词

现代汉语里存在一些双音节的“动名同形”现象，吴文套用语法学界“自指和转指”的说法区分了两类现象。他所说的“自指”就是“指称动作行为自身”，所说的“转指”就是“随时拿一个谓词来转指相关度很近或很远的事物”。这并不是朱德熙（1983）从句法角度给“自指”和“转指”下的定义，所以我们觉得吴文这里的“自指”和“转指”都是一种比附性的说法。

吴文对“双音词时期转指的名词化”有两个基本判断：“第一种情况是产生了一批构成性的新词”（如“左腿的**伤**”“老太太的**病**”“一个**编辑**”），“新词的产生是动词的构成性无标记转指造成的”；“第二种情况是双音化时期转指的主体，在原动词的基础上加词缀形成一个名词”（如“V+子”“V+儿”“V+头”“V+手”“V+人”“V+巴”）。这一断言值得讨论，我们看到的事实不能说明第二种情况是主体，而第一种情况只是一小部分。下面摆摆我们观察到的事实。

现代汉语双音节名词里由双音节动词经“转指”形成的实例并不少见。以下分三类举例。[①]

第一类，指人名词。以下所列出的，都是《现代汉语词典》（第5版，下同）分别了两个义项并分别标注为动词和名词的，名词的语义都可以用“V+的人”获得。例如：

暗探　帮办　帮工　帮闲　帮凶　帮佣　傍角儿　保安
保镖　保管　臂助　编导　编辑　编剧　编审　编修　编译
不才　不佞　不孝　裁判　采购　参谋　参议　残废　斥候
初犯　刍荛　传达　搭档　代办　当差　当道　导播　导购
导演　导游　垫背　调度　逗哏　督办　翻译　俘虏　跟包
共犯　供奉　雇工　管教　管事　护从　护法　护卫　怙恃
扈从　稽查　记录　继嗣　监督　监工　监考　监理　监制
交通（指交通员）　校对　教练　教授　教习　结伙　经纪
经理　警卫　纠察　救护　看护　看守　理事　领班　领唱
领导　领队　领港　领航　领江　领舞　领奏　内应　拍档
叛逆　陪练　配角　捧哏　评审　前导　亲信　伤亡　侍卫
收发　受业　随从　特护　提调　替工　听差　通译　同班
同辈　同窗　同道　同行　同伙　同门　同盟　同谋　同年
同事　同学　统领　万岁　网管　无告　先导　先驱　先行
相好　相识　相与　相知　襄礼　襄理　向导　协理　新交
学徒　隐逸　再犯　赞礼　掌航　侦探　知己　指挥　主笔

① 这三类实例的考察，是同事项开喜与我共同完成的。

主编　主管　主考　主谋　主拍　主演　主宰　助理　住持　专差　总管　总理

第二类，指物名词。以下列出的也都是《现代汉语词典》分别了两个义项并分别标注为动词和名词的，名词的语义都可以用“V+者/物”或“V+的东西”获得。例如：

摆渡　包裹　包装　报导　报道　报告　报话　备考（供参考的）背阴　笔记　笔录　笔谈　蔽障　便溺　表示　补白　补差　补贴　补助　布告　步履　残余　藏掖　沉淀　陈设　称呼　成就　乘方　吃水　吃重　仇恨　酬劳　出产　出手　初犯　处分　储备　储积　储蓄　穿戴　传承　传说　传闻　传真　创作　刺绣　丛集　存蓄　存照　错失　打扮　打算　大写　代步　待遇　当前　当时　当先　导向　典当　电传　雕刻　雕漆　雕饰　雕塑　短打　对门　风传　封赏　讣告　负担　负荷　覆盖　概算　干打垒　告白　公告　构想　拐弯　馆藏　荷载　花销　怀抱　幻想　汇编　贿赂　混纺　积淀　积累　积欠　积蓄　集合（数学概念）辑佚　记录（的材料）记载　纪年　纪念　纪实　纪事　夹带　假定　检查　剪报　剪辑　剪影　剪纸　简称　简介　简写　见证　间隔　建议　建筑　讲究　节录　节略　节余　结存　结晶　结尾　结余　借贷（借贷的一方）借口　禁忌　距离　决定　决断　觉悟　绝户　开始　开头　开销　开支　考古（考古学）拷贝　犒劳　亏耗　亏空　亏蚀　蜡染（指~制品）来回　例外　了局　料理（菜肴）零花　零用　留题　论断　梦想　铭记（指铭文）摹刻　摩擦　陪衬　陪送　配备　盆栽　批示　批注　披挂　评价　评论　铺垫（指卧具）企图　启示　起笔　起始　起头　请求　秋收（指收成）刹车（指制动器）煞笔　煞车（指制动器）

煞尾 伤耗 赏赐 赏赉 收场 收入 收尾 手记 手书
疏漏 述评 说明 抬头 提成 提要 添箱 条陈 通知
投入 凸起 突起 推论 外卖 尾欠 涡旋 武装 下欠
夏收（指收成） 小便 小写 写真 修辞（～学） 选读 选辑
训诂（～学） 训示 压轴 掩蔽 掩护 谣传 遗存 盈余
阅历 扎染 遭遇 摘要 障碍 照会 遮挡 遮阳 珍藏
证明（证明之物） 支出 注解 注释 著作 专访 妆饰
装备 装裹 装潢 装饰（物品） 组合 组织

以上两类合计近400例，实际使用中或许不止这个数字。比如《现代汉语词典》里“伴游”已标为动词兼名词，但“伴唱”“伴奏”“伴舞”“伴读”都只标动词，未标名词；“编修”“编译”已标为兼属名词，“编程”“编创”未标名词；“采购”已标为兼属名词，“采编”未标名词；“帮工”已标为兼属名词，“帮厨”未标名词；“同门”已标为兼属名词，“同宗”未标名词；“主编”“主管”已标为兼属名词，“主持”“主刀”“主创”“主攻”“主使”未标名词。这些未标名词的，实际使用中都有很常见的名词用法。

第三类，是可以用“定语动词+中心名词”得到名词意义的。例如：

包车 包饭 包房 包费 包伙 包机 包席 褒称 报价
报料 悲歌 笔误 鄙称 编次 编号 编码 贬称 贬官
变态 标点 标价 拨款 补液 布景 彩绘 藏书 插话
插架 抄道 超收 超支 晨炊 成人 成书 痴想 侈谈
赤膊 赤脚 赤足 敕令 重码 抽纱 出账 初版 处方
传言 创议 存货 存款 存粮 撮要 挫伤 答卷 贷款
倒账 盗版 得分 电函 雕花 顶风 订货 定案 定额
定稿 定价 定局 定量 定时 定位 定员 定址 断言

对策　对话　恶战　发面　发文　发言　发音　罚金　罚款
反光　返程　返利　放疗　飞车　废话　分界　封口　浮想
负债　复电　复函　复信　鼓包　哈气　号令　耗材　合称
合力　合影　合照　和诗　胡说　胡言　化名　画图　画像
换文　回电　回话　回礼　回味　回响　回信　汇款　积怨
急电　集会　集句　寄语　加餐　兼差　兼职　降水　借款
进账　近战　敬称　捐款　决策　绝路　开局　考绩　空谈
空想　口臭　口误　旷古　来电　来稿　来函　来信　裂缝
裂口　裂璺　留言　留影　流毒　录像　录音　录影　落款
萌芽　迷途　密报　密告　密会　密令　密约　蜜饯　免票
描红　蔑称　逆风　逆流　浓妆　沤肥　赔款　配餐　配方
喷漆　拼图　品第　评分　起价　弃婴　谦称　签证　欠款
欠债　欠账　戗面　切片　趣谈　缺位　融资　奢望　奢想
示例　试点　释义　顺风　私语　塑封　塑像　题词　题名
题签　题字　贴水　贴息　通报　通称　通电　通告　通令
通讯　统称　投影　投资　托词　挖方　妄想　妄言　妄语
微笑　伪作　卧果儿　误传　误解　习作　戏称　戏言　限价
限量　限令　限期　新任　信汇　续约　絮语　选编　选刊
选题　选项　选址　押款　扬尘　冶容　野餐　移民　议价
译音　译著　阴谋　引例　硬结　用语　渔利　预感　预告
预见　预言　誉称　约期　造型　赠票　谵语　张本　征文
指令　终盘　重赏　住家　驻军　转年　追记　赘言　自述
综述　总称　尊称　作文

这也属于吴文从语义角度划定的“转指”范围，因为这一类也都是“拿一个谓词来转指相关度很近或很远的事物”。这类计有274例。

8.2 如何认识语义“转指”现象

吴文两次谈及“转指”性质的动源名词。第一次是在§2.2.1，讨论“转指的两种情况”时，说“第一种情况是产生了一批构成性的新词，新词还是单音节的，可以说是双音化时代的单音手段”（就在这处明明说“单音手段”的论述中举了双音词“编辑”的例子）；第二次是在§2.4，又一次谈及“转指构词”，“一是单音动词直接转出了对应的名词，像上面举的‘锁、扣、伤、病’等等，二是先产生了双音动词再构成性转成表转指的名词，像‘编辑、教授、警卫、校对’等等”。总的来看，吴文认为双音化时代动词“转指”为相关论元的行为，主要用的是“子、儿、头”等标记手段，用作者的话说是“主体”，而本章上面举例的那些只是“一小部分”。据我们的粗略统计，本章上面举例的《现代汉语词典》中三类不加标记的“转指”名词合计约670个，而《现代汉语词典》中单音动语素加“~子”尾双音词共114个，单音动语素加“~头”尾双音词共18个，单音动语素加“~儿”尾构成的词共61个，三者合计不足200个（事实上单音词加“儿”尾并不增加一个音节，不宜计入），即便再加上吴文所说的“手”尾词、“人”尾词和“巴”尾词，至多也就是三分之一，完全不是前者为“一小部分”，后者为“主体”的形势。

然而，“编辑、教授、警卫、校对”这种“转指”类型名词在现代汉语里的存在是无法回避的事实，我们该如何认识呢？

姚振武（1994、1996）对朱德熙的“自指和转指”理论提出质疑，认为朱先生所说“凡是真正的名词化都有实在的形式标记”这句话是印欧语的概念，不符合汉语的实际。我们认为姚文这里对朱先生的指责不尽适当。我们理解，朱先生所说的“自指”和“转指”是共时平面的句法操作，也就是说，在一个共时系统里，可以观察到成规则的动词“编”与名词“编者”之间这样的相互变化关系，这时就可以谈名词"编者"是动词"编"的转指形式；看不到这样清楚的共时变化关系的（如动词"编辑"与名词"编辑"）就不存在**句法上**的"转指"问题。按朱德熙（1991）的观点，可以推知，动词"编辑"与名词"编辑"是语义和句法功能都不相同的两个独立的词，共时系统中不关心二者之间的句法关系。用超出朱先生句法定义之外的语言事实来指责朱先生事实概括不全面是不合适的。但是，姚文毕竟注意到一个重要的语法事实，那就是，很多双音节动词在现代汉语共时系统中也常常可以观察到不断产生"转指"意义的同形名词现象，如动词"编辑"与同形名词"编辑"（义为"编辑者"），虽然不是句法上成规则的联系，但是至少在词汇意义方面与朱先生说的"转指"有相似之处。朱先生之所以不认为这也算是句法转指，我们猜想，一是因为这本是一种历时现象，二是因为这本是一种语用现象（比如"作曲"在多少语用条件下会被认为可以指"作曲者"？），不是一种可操作的句法通则。

这种名动同形而语义上属于"转指"关系的成对的词例，每个汉语使用者都能意识到二者之间的关系。因此姚振武（1994、1996）和吴长安（2012）都认为现代汉语里明确存在这么一种由动词"转指"而成的同形名词。所不同的，姚文认为这种现象很多见，吴文认为很少。我们上一节例举的事实，说明这样经语义"转指"形成的双音名词在现代汉语里并不少见。为什么现代汉语里这种现象会大量存在？前面我们分类举例的时候，曾经用"名词的语义都可以用'V+的人''V+者/物'或'V+的东西'获得"来表述，那么是不是可以认为"编辑""包装"这样的词可以用"含有一个零形式的'一者'"来解释呢？未必。我们坚持认为这种指称现象不仅是一种历时现象，而且是一种语用现象，如果我们把观察视野放宽一点，看看产生这种现象的语用环境，或许能对这种语义"转指"获得更深的理解。我们注意到的是，这种语义"转指"其实不仅发生在动词身上，甚至还发生在名词身上。我们看到的是这样的现象：

故事片《金陵十三钗》

原著：严歌苓；导演：张艺谋；编剧：严歌苓、刘恒；摄影：赵小丁；美术：种田阳平；**服装**：张叔平；视觉特效：乔斯·威廉姆斯、彭柯；录音：陶经；布景：赤冢佳仁

话剧《窝头会馆》

编剧：刘恒；导演：林兆华；舞美：曾力；**灯光**：易立明；主要演员：何冰、濮存昕、杨立新、宋丹丹、徐帆等

歌曲《菊花台》

演唱：周杰伦；作曲：周杰伦；作词：方文山；编曲：钟兴民；**吉他**：蔡科俊；混音工程：杨大纬

这里，既有“编剧”“导演”“作曲”这样的以动词转指“编剧者”“导演者”“作曲者”的现象，也有“服装”“灯光”“吉他”这样以名词转指“负责服装的人”“操作灯光的人”“弹吉他的人”的现象。看到这样的事实，我们就不能简单地用“动词相关的语义角色的提取”来理解所谓的“转指”现象了。其实沈家煊（1999a）早已明确论证过，转指的本质就是转喻。基于一定的认知框架和足够的显著度的转喻在哪里成立，转指就有可能在哪里发生。我们经常看到的成规则的动词转指现象，不过是语用现象中语法化最彻底的一批而已。

语义“转指”可以不依赖于“~者”“~子”“~儿”“~头”等语素而独立存在，成为汉语名词里很有特色的一个大类，根本原因还是在于，汉语双音词表示指称的天然优势。而“记者、作者、使者、读者、著者、患者、编者”等等，倒真的只是“一小部分”了。[①]据吴鹏（2010）的考察，现代汉语新产生的固定构词成分至

① “—者”也不是动词性语素的专用，现代汉语里也有“前者”“后者”“笔者”等例子。

多可以算作"准词缀"，都还保留着实在的意义，并且以具体的语素义对词汇意义做出贡献，远未虚化为意义更抽象的词缀成分，如"能见度""知名度""抢购风""宴请风""理解力""说服力""寻根热""反思热"。还有一个不容忽视的观察是，"准词缀"较多地是在三音节（或三音节以上）的词语里出现，这正说明准词缀不是构成双音词的必要因素。

汉语陈述形式的转指化从古至今也没有走上靠词缀来实现的道路，这和汉语动词从古至今一直可以直接构成指称语这个全局性的特征是相协调的。

8.3　动词"转指"为名词过程中的重新分析及根本解释

如果说"编辑""包装"这样的词可以用"含有一个零形式的'—者'"来解释的话，那么这个说法遇到第三类则完全讲不通了。第三类不同于前面两类的特点在于，前两类名词的语义都可以用"V+者/物"或"V+的人/东西"获得，换句话说，从那些词古今演变的方式看确是如此。但是这一类就不一样了，从现代汉语看，其内部构成是"定+中"式的，如：

包饭＝包+饭（《现代汉语词典》：按月支付固定费用的饭食）
拨款＝拨+款（《现代汉语词典》：政府或上级拨给的款项）
定位＝定+位（《现代汉语词典》：经测量后确定的位置）
阴谋＝阴+谋（《现代汉语词典》：暗中做坏事的计谋）

但是，从历史上看，这种"定中"意义的出现是相当晚近的事。准确地说，是汉语词汇进入以双音词为主时期以后的事。现代汉语大多数的双音词，往往都是在单音词时代先以两个单音词组合成词组，这个词组固定下来进入现代汉语，其内部构成与词组时期是一样的，如“以为”“同意”“依旧”“深入”等等。（参看董秀芳，2011）“包饭”等词的特殊性在于，它们大多是以动词身份进入现代汉语，“转指”的名词意义往往是后起的。我们挑一些有代表性的词，看看它们在早期词典中的注释，再与最新词典的描写对比一下就看出来了。

【包饭】

《国语辞典》（1937）：包办饭食。

《远东汉英大辞典》（1977）：to eat meals regularly on a monthly payment basis; to board.

《现代汉语词典》（2005）：①动双方约定，一方按月付饭钱，另一方供给饭食。②名按月支付固定费用的饭食。

【拨款】

《国语辞典》（1937）：支发或调取款项。

《远东汉英大辞典》（1977）：to issue appropriate funds; an appropriation.

《现代汉语词典》（1960）：发给款项。

《现代汉语词典》（2005）：①动（政府或上级）拨给款项。②名政府或上级拨给的款项。

【发言】

《现代汉语词典》（1960）：公开发表意见（多指在会议上）。

《现代汉语词典》（2005）：①动发表意见（多指在会议上）。②名发表的意见（多指在会议上）。

【胡说】

《现代汉语词典》（1960）：说话没有理由或不符合事实。

《现代汉语词典》（2005）：①动瞎说。②名没有根据的或没有道理的话。

【留影】

《现代汉语词典》（1960）：指游览时以当前景物为背景，把自己留在相片里以留纪念。

《现代汉语词典》(2005)：①动指以当前景物为背景，照相以留纪念。②名为留做纪念而照的相。

【误解】

《现代汉语词典》(1960)：理解得不正确。

《现代汉语词典》(2005)：①动理解得不正确。②名不正确的理解。

【阴谋】

《现代汉语词典》(1960)：暗中策划作坏事。

《现代汉语词典》(2005)：①动暗中策划（做坏事）。②名暗中做坏事的计谋。

【预见】

《现代汉语词典》(1960)：根据事物的发展规律预先见到将来。

《现代汉语词典》(2005)：①动根据事物的发展规律预先料到将来。②名能预先料到将来的见识。

【预言】

《现代汉语词典》(1960)：预先说出（将来要发生的事情）。

《现代汉语词典》(2005)：①动预先说出（将来要发生的事情）。②名预先说出的关于将来要发生什么事情的话。

从以上的举例可以看出，有相当多这样的情况，就是先有一个双音节的动词存在，在现代汉语的使用中又生出一个同形的名词来，这个新出现的名词与原有的同形动词并不必然具有某种联系。如：名词“留影”并不是“留影”这一行为所关涉的论元角色“拍照人/被拍照人”或者拍照的场所、原因等；名词“预见”并不是会预料的人（施事）或者被预料到的事情（受事）；名词“拨款”也不是拨款人或拨款行为所涉及的受惠者。可见，用句法上的转指和语用上的转喻并不能完全解释相关现象。

姚振武（1996）注意到了“包饭”“拨款”等词例，用“动宾结构→定中结构”来解释名词的形成：“［名词］的中心语是作定语的动词性语素所表示的动作的对象，整个结构必然同时又是一个动宾结构，而且……它必然是这个动宾结构所表示的动作的结果。”我们看到的事实，定中结构的新生名词，并不都是来自动宾结构，如“胡说”“误解”“阴谋”等，这样，所谓“对象”“结果”说，都概括不了了。

这里有一个“重新分析”的过程。董秀芳（2011）曾经讨论过某些动词性短语变成双音词过程中的重新分析现象，如“表情”，“是一个动宾短语，义为‘表达情感，表示情意’或‘表明情况’。后来，‘表情’变为一个名词，指‘表现在面部或姿态上的情感’”；“对策”，“是一个动宾结构，‘对’义为‘回答’，‘策’指‘策问’，即皇帝举行选拔人才的考试时事先写在简策或书面上的问题。后来‘对策’成为一个名词，义为‘对付的策略或办法’”。这里的例子都是“动宾→定中”的，姚振武（1996）所说的大多是经历了类似的过程。应该承认，这种类型是多数。与此同时，也有“胡说”“误解”“阴谋”这样的“状动→定名”式的重新分析，它是整体先变为名词，人们再把该双音词的第二个音节重新分析为名词性中心语的。这些重新分析现象可以简述如下：

【表情】表达情感 → 表露的情感
动宾短语 → 定中式复合词

【对策】回答策问 → 对付的策略
动宾短语 → 定中式复合词

【误解】错误地理解$_V$ → 错误的理解$_N$
状中短语 → 定中式复合词

【阴谋】暗中策划 → 暗中谋划的计谋
状中短语 → 定中式复合词

从右侧格式概括可以看出，不同的来历在现代汉语里造成了相同的构词方式。陆俭明（1988）认为名词性的“来信”等词是古汉语动词直接做定语现象在现代汉语里的遗留，至多是现代汉语里属于文言语体的内容。这种看法小视了现代汉语双音词中“定名”构词方式的吸引力。姚振武（1996）认可这些“重新分析”是现代汉语的一般现象，不过其“结果”说也仅是从部分语言事实得出的一种说明，未能概括更大面积的事实。我们认为，最好的解释，还是“名动包含说”和新的“动单名双”说。沈家煊（2012a）指出，汉语动词都具有名词性，名词性的强弱靠单双音节来区分，单音节的动词叫“动强名词”，双音节动词叫“动弱名词”。吴长安（2012）对“动弱名词”指称动作行为的作用做了详细的讨论，即其所谓“自指”现象。本章的讨论则是着眼于吴文所谓的“转指”现象。从以上的事实可以看出，汉语双音动词“转指”为相关事物、变成地道的指物名词时，种种语法表现，也是受制于“名动包含”和“动单名双”这两个本质特点的：由于汉语名词不依赖于形态标记造词，那么双音节“动弱名词（‘编辑’‘指挥’等）”转变为真正的名词时，也就不需要改变“双音节”这个形式了；又由于双音节的“动弱名词”容易被识解为真正的名词，于是汉语使用者在实际应用中无意识地对“包饭”“贷款”“阴谋”这些词做了重新分析，把它们视为以名词性语素为核心的“定+名”结构的双音名词。其实，这种“无意识”也是有汉语语法系统里自身的理据的，柯航（2007）曾经论证：汉语定中式复合词与状中式、动宾式内部的松紧度不同，定中紧于状中，偏正紧于动宾。词性转化这个视角，让我们对“名动包含”和“动单名双”这两个特点的深刻性有了更丰富的认识。沈家煊（2011b）指出“汉语里双音化，作用在名词动词身上都是‘充实’或‘减虚增实’，即减弱动性增强名性”。吴长安（2012）重点讨论的“自指”现象（单音动词加上一个语素变成指事的双音词）和单音动词加上词缀的“转指”现象，是这种“充实”最表面化的体现。本章重点讨论的“转指”中的重新分析现象，从另一个角度显示出现代汉语双音词自身强烈的名词属性，它具有一种对非名词的双音实词的吸引力，导致一大部分双音动词在转变词性的同时也改变成了典型的双音名词的结构——定中结构。这就是双音化的名词性效应。

8.4 余论：汉语使用者是不是“不关注词类差异”？

“名动包含”说带来的一个问题是：汉语名词和动词之间的区别是清楚的还是模糊的？吴长安（2012）在论述其“名动交融模式”时反复强调，汉语使用者缺乏词类意识。文中多次说到“汉语表达中不关注词的类与类之间差异的情况是古已有之”，“古人对词性的改变是无意识的”，“造词的类的无意识导致使用上也无意识”，“汉语词类的发展至今仍在‘表事物、表动作、表状态的深刻差异’和‘不关注词的类别差异’二者相互矛盾中缓慢进行着”，等等。

古人真的缺乏词类意识吗？要探究这个问题的答案，最可靠的途径是看古人有没有词类方面的论述呢，还是看古人实际的语言使用？后者的说服力毋庸置疑。吴文认为，以《马氏文通》为标志的汉语语法学的诞生，带来了语法学者的词类观，并没有改变汉语使用者缺乏词类意识的事实。我们的看法是，尽管《马氏文通》之前我们几乎看不到汉语使用者关于词类的系统性论述，但是汉语使用中的词类意识却一直是清醒的，尤其是名词和动词的区别。

古代的散文不太着意于语言手段的运用，韵文里尤其是诗歌里则非常讲究语言使用的技巧，除了语音特征以外，词性特征也是在诗歌创作中很受重视的因素。诗文中凡是讲究对仗的场合，不仅要求相对仗的词符合平仄等语音上的要求，而且要求词性的一致。而词性的关注，最重要的就是名词和动词的区别。王力（1958）说：“关于对仗的规矩……只须名词和名词相对，动词和动词相对，形容词和形容词相对，副词和副词相对，就行了。其实，在诗句里，只有名动两种词为主要的成分，尤其是名词必须和名词相对；形容词有时可以与动词同类（尤其是不及物动词），相为对仗。”张中行（1992）也说：“……语言的意义相对也是这样，没有走实字对虚字以及名词对动词等的路，而是要求实对实，虚对虚，名对名，动对动。”

王力举了李嘉佑的七律《同皇甫冉登重玄阁》为例，讨论了其中的颔联“孤云独鸟川光暮，万井千山海色秋”和颈联“清梵林中人转静，夕阳城上角偏愁”的对仗情况。王先生说：

> 颔联“孤”“独”“万”“千”，数目；“云”“鸟”“井”“山”，名词；“川光”与“海色”，名词仂语；“暮”与“秋”，名词当形容词用。颈联“清梵”与“夕阳”，名词仂语，“林中”与“城上”，名词仂语；“人”与“角”，名词；“转”与“偏”，副词；“静”，形容词，“愁”，不及物动词。

王先生这一段说明文字，不仅向我们例示了名词与名词相对、动词与动词相对、副词与副词相对的情况，而且例示了形容词与不及物动词相对，以及名词活用为形容词用法的相对。

在解释杜甫《客至》“盘飧市远无兼味，樽酒家贫只旧醅”时，王先生特意讲解了“无”与“只”的相对，他说“无”是动词，“只”虽然原本不是动词，但是“此处作‘只有’解”。[①]这个讲解阐

① 王力在同一书同一章的另一处认为徐玑“长日多飞絮，游人爱绿荫”中“‘多’字形容词和‘爱’字是不工的对仗”。其实，这里也是诗人把“多”当作动词“多有”使用，与王先生前边对“只”的分析是一样的。另外，沈家煊向笔者提出，对偶诗句也有名对动的，如“霜前月下谁家种$_V$，槛外篱边何处秋$_N$。蜡屐$_N$远来情得得，冷吟$_V$不尽兴悠悠”。如果依王先生的观点，可能会认为其中“秋”是名词动用，“冷吟”是动词名用。不过我们可以换一种思路来认识古诗文对仗中的词性问题：与其说是词性相对，不如说是语法关系相对，“谁家种”与“何处秋”是主谓结构相对，“蜡屐远来”与“冷吟不尽”也是主谓结构相对。

释了一个深刻的道理，那就是，杜甫这些人对于“与‘无’相对必须是动词”这一点的意识非常清醒，所以才有了把“只”临时用作动词的做法。

对仗中对实词词性的严格要求是韵文写作中的常识，无须赘述。我们简单引述几个例子，是为了说明，古人在语言使用中，既非词性无意识，亦非“词性的改变无意识”。

以诗词这样的韵文为例，并不是局限于特殊文体的讨论，而是因为，古人的“词类意识”在散文诸文体文献中留给我们的线索不如韵文里这样明确，也就是说，古人有“词类意识”是个普遍的事实，并非只有韵文写作时才有。

于是我们看到两方面的清楚的事实：一方面是古汉语中看上去并没有形态意义上的名词与动词的系统性区分，另一方面是古人在使用中表现出清醒的词性意识。怎么解释这个现象呢？我们认为这正好是诠释了沈家煊（2007、2009a）所反复论述的：“汉语名词/动词的构成就是指称语/陈述语（语用范畴），所以不存在‘句法上’是什么范畴的问题。”“印欧语里具体的语用范畴已经演变为抽象的句法范畴，汉语里具体的语用范畴还没有演变为抽象的句法范畴。”从古汉语文献中看不到名词与动词的有形的区别，[①]这是句法上尚未范畴化的表现；而使用中（如对仗）所表现出的“名—动”对立，正是语用范畴“指称—陈述”的清楚对立。吴文看到了前一方面的事实，却忽略了后一方面的事实，把句法层面上的名—动无区别延伸到了表达层面的“无意识”。跨语言的研究表明，缺乏名—动形态区别的语言有，缺乏指称和陈述这种语用对立的语言还从没见有报道。

过分强调汉语使用者对名动区分的无意识，实际上是模糊了汉

① 事实上汉语历史上曾有形态有形表现的探讨，见梅祖麟（1980）关于“四声别义”的系列研究。

语仍然重视指称与陈述深刻区别的表达特点。“词类包含模式”所概括的事实，一方面是“名动不分”，因为动词都是名词，另一方面名词和动词还是两个可以区别的集合，因为名词不都是动词。中国人有名动区分的意识，但不是印欧语那种名动分立的意识。古汉语以单音词为主的时期也有名动的区别，古人借以构造句法结构；现代汉语则是循着汉语特有的“动单名双”方式，清楚地显示着动名区分，并且，这一根本特点，带来了一系列语法后果，吴文对“自指”现象的分析和本章正文对“转指”现象的讨论都是证明。

（原载《中国语文》2012年第4期）

第九章　释“指·量短语”的两种意义兼论定冠词问题

9.1　“类同定指”现象

9.1.1　从两种称代意义说起

吕叔湘（1985a）在讨论“这、那”的时候曾经提出“转成称代”和“直接称代”这样两个概念：

> 这、那之后原来有个名词，再说到它的时候把它省了，这、那的作用就从指示转为称代，这是“转成称代”。这、那直接指点当前的或者说的人和听的人都知道何所指的事物，并未省说一个名词，这是“直接称代”。让我们用一个例子来说明。《红楼梦》二十九回，贾母看见金麒麟，记不起在哪儿看见过。
>
> 宝钗笑道：“史大妹妹有一个，比这个小些。”贾母道：“原来是云儿有这个。”
>
> 这里连用两个这个，而意思不同：宝钗说的这个是“这一个（金麒麟）”，贾母说的这个是“（金麒麟）这个东西”。第一个这个是转成称代，第二个是直接称代。（《近代汉语指代词》§5.4.1，原文字下加着重点的格式替换为下划线）

值得注意的是吕先生对现象的解说。在实例中，转成称代的解说是“这一个（金麒麟）”，直接称代的解说是“（金麒麟）这个东西”，也就是说，前者指称的是现场的唯一确定的事物，后者则是非现场的同类事物。赵元任（1968：61）也有相同的看法，他说：“这是我的报，你看吗？”“如果‘看’字后面加个‘它’，意思完全不同，等于说‘你要看这种东西吗？’。”

按吕先生的说法，转成称代后面省了一个名词，直接称代后面没有省略。那么，如果我们在“这个”后面补上名词，就只应对应于第一种语义，即现场指称义。但是我们发现，汉语的“这+量+名”格式仍然存在吕先生在讨论称代问题时所指出的两种语义的区别。请看以下例子：

（1）甲：你看的这本杂志叫什么名字？好看吗？

乙：叫《翻阅日历》。这本杂志我盯着买了两年了，最近停刊了。

问话人所说“这本杂志”是眼前唯一的确定事物，答话人所说的“这本杂志”只是确定的一种杂志，其外延则不限于眼前的这一册，甚至不限于这一期。问话人所用的意义相当于吕先生讨论称代时所说的“这一个（金麒麟）”（＝这一本杂志），答话人所用的意义相当于吕先生所说的“（金麒麟）这个东西”（＝《翻阅日历》这种杂志）。①

---

① 在实际语料中，“这本杂志”几乎清一色是后一种意义，例如：

（1）这本杂志，与你一起求索成长。（《潇湘晨报》2010 年 11 月 2 日）

（2）《我为什么喜爱这本杂志》：我认为，《IT 时代周刊》的成功之处还在于它关注对重点人物的解析。在 IT 这一广阔的平台，科学技术的革新，商业模式的进化，只是表象，人才是时代脉搏跳动的源泉。这本杂志看到了公司的力量，它们不断地强调团队核心、领军人物的作用，并将其付诸笔端、以飨读者。（《IT 时代周刊·网络版》2010 年 10 月 25 日）

（3）《今天》就是一本小众精英杂志，它也不仅仅是一本杂志，也是一群人。这本杂志拒绝完成某种所谓转型，尤其是与消费时代的妥协或者步调一致，我们不会这样。这个杂志很重要一点，在政治、意识形态、文学上都是独立的，面对商业机制和规则、模式时，它故意抵抗。（《东方早报》2011 年 5 月 16 日）

吕叔湘（1985a）说："这、那后面有名词的时候，它的作用是指示；这、那后面没有名词的时候，它的作用是称代（当然也兼指示）。"（§5.3.1）上面讨论的事实表明，"这、那"不论用作纯粹的指示，还是用作称代兼指示，都有两种意义：一种是指示当前所讨论的唯一的事物，另一种则指确定的同类事物。

本章把"指示词+量词（+名词）"这样的短语统称为"指·量短语"。

9.1.2 表示"类同"的"指·量短语"

本章重点研究"这+量+名"不指称当前所讨论唯一事物的现象。

吴早生（2010）专门讨论过这种现象，他称之为"类同定指"："这里的指示标记词'这/那'不是仅仅用来指示当前情景听话者可以见到或话语中说过的某个实体，而是表示与这些见到或听到的实体相关的某类实体，甚至是为了让听话者再由这一类实体联想到谓语动词'有'所支配的某个/些具体实体。虽然这里的有定标记不表示确切所指，但是又与确切所指的某个实体相关，是由它联想而来的，因而，我们称它为'类同定指'。"以下是他所给出典型语境中的用法：

（2）甲：我这有一本叫做《吃在常州》的小册子。

乙：我也有那本册子，优惠了3000块钱的。（不确定所指）

（3）甲：你看，我买的这本画报怎么样？

乙：我也有这本科学画报，内容挺丰富的。（不确定所指）

例（2）中乙所说的"那本册子"显然不是甲所说的"小册子"，例（3）中乙所说的"这本科学画报"也不是甲所说的"这本画报"，即，甲、乙所说的并不是同一件东西。吴著重点从句式限制的角度探讨了"类同定指"语义的实现条件，考察了"卖"义动词和"买"

义动词的对立、时体助词对两种语义理解的影响等。

进一步的观察可以发现，即便是吴著认为只能理解为“类同定指”的“标记‘也’的‘有’字领属结构”，内部情况也不一致。以下我们分别从句法成分和语用意义等角度做一些考察。

9.2 “类同定指”的句法和语义观察

9.2.1 从量词的角度看

“类同定指”现象是不是可能在相同的语境下普遍地存在于领属结构中呢？这里，我们以“这+量+名+我也有”作为典型句例，来看看“类同定指”意义受到哪些限制。

首先，“量”成分的不同，带来理解的不同：

（4）这**本**书我也有。　　（5）*这**瓶**水我也有。
（6）这**座**像我也有。　　（7）*这**块**肉我也有。
（8）这**只**碗我也有。　　（9）*这**堆**土我也有。

左边这一组句子里的“量”，属于Li & Thompson（1981）所说的“类别词”（classifier），右边这一组句子里的“量”，则属于“量度词”（measure word）。这组测试似乎显示出，“量度词”比“类别词”受限制。

但类别词和量度词并不能根本区别开能不能有“类同定指”意义，“套”和“组”都属于Li & Thompson（1981）所说的“量度词”，却都可以有“类同定指”用法，例如：

（10）这**套**家具我也有。
（11）这**组**餐具我也有。

9.2.2 从名词的角度看

同样的类别词，所结合的名词不同，也会导致不同理解：

（12）这条**裙子**我也有。（13）*这条**金鱼**我也有。
（14）这口**钟**我也有。（15）*这口**猪**我也有。
（16）这串**珠子**我也有。（17）*这串**葡萄**我也有。

这组测试似乎表明，能说与否与生命度有关：右边的被领者名词在生命度等级上高于左边的。但是，下面的例子则不好说是生命度在起作用：

（18）这只**表**我也有。（19）*这只**猪耳朵**我也有。
（20）这支**枪**我也有。（21）*这支**鹿茸**我也有。
（22）这根**带子**我也有。（23）*这根**头发**我也有。

可见，用组成成分句法性质的差异，难以分化理解的差异。

9.2.3 从真值语义的角度看

“这+量+名+我也有”这个说法，如果死抠其字面意义，可以说是违背了Grice会话原则的“方式准则”（说话要避免晦涩的表达和歧义的表达）：听话人会认为这句话所指的“这+量+名”就是眼前的“这一个”，而说话人却指向了不在现场的“那一个”。换句话说，拿真值语义来衡量，则我们关注的现象根本就是错误的说法：因为具有现场唯一性的事物，就不可能有另外的副本。也就是说，无歧义的表达应该是：

（24）我也有一本跟你这本一样的书。

或：

（25）这个内容的书我也有一本。

这就是“这瓶水我也有”和“这条金鱼我也有”不能说的原因。

吴早生（2010）讨论了类同定指与类指的关系：“类同定指与类指/通指相比，1）不同的是，类指本身不一定与语境中的定指事物相联系，而类同定指一定与语境中的定指事物相联系；2）相同的是，类同定指的所指至少是需要通过类指及类指的属性这一环节来联系所指。”如果说，我们讨论的“类同定指”现象，强调的是“类意义”，那么我们再看以下测试：

（4）这本书我也有＝这书我也有一本≠这种书我也有

（8）这只碗我也有＝这碗我也有一只≠这种碗我也有

可见，这种句子并不仅限于表达“类意义”，其中的“个体性”意义仍是不容忽视的。而我们知道，类（generic）意义与个体（individual）意义的对立是语义中的一种基本对立。

9.2.4　认知语义角度的观察

有时，从真值语义角度看是有矛盾的表达，往往可以从认知语义角度解释。我们也曾试图用认知语义学的“转喻”概念予以解释（吴早生，2010），比如，用“参照体—目标”这一认知框架，把“语境共知事物（这本书）”看作参照点，把“实际所指的事物（我的另一本同样的书）”看作目标体，这就是一个从前者辨识后者的认知过程。或者，我们还可以说，这里，是用“这本书”转喻“这本书的内容”，就像说“壶开了”的时候是用水壶转喻壶里的水一样。

这样的解释都不是很理想。一方面，我们说“这本书我也有”

的时候，所要指称的并不仅仅是“书”的内容，试想桌上是某个版本的《红楼梦》，而说话人家中所有的是与之版本差异很大的《红楼梦》，大概是不会说这句话的，可见说“这本书我也有”的时候至少还包括版本这样的信息；那么说“这只碗我也有”的时候，还要包括形制、色彩、功用等多种具体信息，都不仅仅是抽象的内容。另一方面，“转喻说”的致命不足在于，不能给出这种方式的限制条件，也就是说，平行的现象是不是都能实现这样的转喻呢？显然，“这条金鱼我也有”之不能说，暴露了转喻说的缺陷：如果可以为“这本书我也有”建立某种转喻模式，那么为什么“这条金鱼我也有”不能依照同样的模式转喻呢？

9.3 指示词和定冠词的分工

“这本书我也有”用英语说，比较明确的表达法应该是这样一些：

（26a）I have a copy of it (this book) too.

（26b）I have this/that book too.

（26c）I have the book too.

英语里指示词*this/that*与定冠词*the*有明确分工，前者有直指（deixis）功能，后者没有。也就是说，用指示词的场合，所指事物一定具有现场唯一性，当“这本书”是现场唯一的，既然属于说话者甲，就不可能再同时属于说话者乙。所以，例（26b）会有歧解；例（26a）明确说是另外一册，意思最明确；例（26c）比较自然的原因则在于，*the book*所指的确定性，不一定是现场唯一的事物，可以是听说双方心里共同认可的具有相同内容的两册书。

Chen（2004）指出：“与英语的指示词相比，汉语的指示词用作有定标记所受的限制更少。在某些语境中，英语常常只能使用定冠词，不能使用指示词，而汉语中则可以使用指示词。”他讨论了四种情况：

A. 回指：

（27）有一个猎人……养着一只狗。这只狗很懂事。

B. 共享普遍知识：

（28）这天气真怪，十二月了，可一点不冷。

C. 框架内联想：

（29）他买了一辆旧车，那轮胎都磨平了。

D. 伴随限制性关系小句的自含式定指：

（30）上个月来看你的那个人，我今天又见到他了。

这四种情况都可以说是具有唯一确定性的。本章讨论的现象则与此不同，如例（2）（3）所示，说话人乙用“指+量+名”结构所指称的事物，并不是说话人甲前面提到的**同一件**事物，而只是相同内容的，更概括地说，是相同类型的事物。在这种情况下，英语那样有指示词和定冠词相区别的语言，不能用指示词，而汉语可以用指示词表示事物之间相类同的同一性，是否也是汉语指示词过多地承担了定冠词作用的后果呢？看一个英语的例子：

（31）Live in Wuhan China. I'm going to the Asia games to see Team China play. One day I will be coaching the team!

I hope to one day coach the Chinese National Team. They have enough young point guards to get the job done. They just need a little help.

这是前美国职业篮球运动员斯蒂芬·马布里2011年9月21日发的两条微博，表示他希望有朝一日能做中国国家队的主教练。其中提及中国队的时候，用的是the team，而不是用this team。如果说this team是指眼前这支国家队，the team则指示“国家队”这个概念而已，显然马布里希望的是有朝一日他能执教中国国家队，而不是眼前这一支队伍，队伍的成员一定是有所不同的。

汉语缺乏定冠词这一手段，有的时候表达上有些捉襟见肘。以下这个例子，是2012年1月16日18：00《体育新闻》对中国网球选手李娜即将与佩尔瓦克交手的报道：

（32）与这位左撇子选手第一次交锋，李娜还是有一定经验的，远的不说，就是几天前的悉尼网球赛上，李娜就曾先后击败过萨瓦洛娃、科维托娃等左手持拍的高手。

读到“与这位左撇子选手第一次交锋，李娜还是有一定经验的”时，如果不是“第一次”的话，会误以为李娜曾经与佩尔瓦克有过交手的经历；读到后来才知道，这所谓的“经验”来自李娜曾经与另外两名同样以左手持拍的选手交过手。这是“这位左撇子选手”这个短语中指示词给理解带来的严重干扰。

9.4 滑向定冠词的语义条件

以上讨论，凸显出的一个事实就是，“这+个体量词”的字面意义与实际上不指称唯一确定事物的矛盾。这个事实可以自然得出一个推论，那就是“这+量”中必有语义虚化发生。而两个语素里，量词有多个成员，不同成员整体性虚化不大可能，则“这”虚化的可能性最大。而近指指示词最常见的语法化方向便是定冠词。

可以说，这些句子里的“指示词+量词”部分，已经具有了滑向定冠词的语义条件。

为什么这么说呢？这与我们对定冠词的本质看法有关。语言学界普遍相信，定冠词从指示词发展而来，定冠词与指示词的重大分野在于，后者具有现场直指的功能，前者没有。沈家煊（2008b）指出：“存在三个并行的世界：物理世界，心理世界，语言世界。语言世界不是直接对应于物理世界，而是有一个心理世界作为中介。”“指示”是物理世界的事情，“指示词”和“定冠词”则是语言世界的形式，我们认为，当说话人心理上认为可以进行确定指称的时候，他就在语言中使用指示词或定冠词；而具体选用哪个，有定冠词的语言里，说话人是根据是否具有现场直指性来区分的。

语言里与三个世界相应地有“言”“知”“行”三域。指示词的用法是行域里的用法，而定冠词，在我们看来，则基本是言域里的事情。为什么这么说，我们看到，定冠词虽然标示确定的事物，但可以仅是“所说的确定”未必是“现实的确定”。

早期哲学家倾向于把定冠词的性质看成是具有现实唯一性的，因此，客观上具有唯一性的名词在语法上就是排斥定冠词的。Vendler（1967）指出一些有趣的现象：

（33）the Joe in our house

（34）the Margaret you see

像Joe和Margaret这样的专有名词，再加上定冠词显得有些怪异，英语里却是可以接受的，Vendler指出，这样的说法，其实是更大的语境中截取下来的：

（33'）The Joe in our house is not the one you are talking about.

（34'）The Margaret you see is a guest，the Margaret I mentioned is my sister.

用“三域”的观点看，Vendler给出的语境恰好都是言域的。虽然他关注的并不是这个，但我们却从这样的例证中看到一个事实：

定冠词总是或多或少地含有“所说的”之义。

Greenberg（1978）指出定冠词由指示词演变而来，他认为这个演变的关键点是“回指”——当一个单纯直指成分用来确认前面的话语中已经提到过的事物时，就有了定冠词用法。这是“历史先后”（沈家煊，2008a）。如果从“逻辑先后”的角度看，我们可以说，定冠词的用法，开始于从行域指示到言域指示的变化。

从罗素开始，语言哲学家就对定冠词的意义做过深入探讨，Vendler（1967）指出：“名词前的定冠词总是标志着该名词附有一个限定性的从句，即便不出现也是可以找回的。”这也是一种“逻辑先后”意义上的讨论。

限定性从句是说话人对中心语名词的说明，这种说明自然是言域里的现象。因此，定冠词的意义就可以简单表述为“所说的”。既然是“所说的”，而不是直指的，那么这个所说的名词就有可能对应于现实世界里不止一个的实体了。因此我们说，当“指+量”指向言域的时候，就具有滑向定冠词的语义条件了。

尽管从语义上说，“这”在这里具有了滑向定冠词的条件，但是，“这”真的会独立发展成定冠词吗？

9.5 汉语有没有发展出定冠词?

9.5.1 迄今关于汉语定冠词问题的看法

汉语是不是正在发展出定冠词，一直是学者们感兴趣的话题。值得注意的研究有：吕叔湘（1944b、1985a），Tao（1999），Huang（1999），方梅（2002），陈平（2004）等。几家的共同认识是，汉语里并没有发展出真正的冠词，不管是不定冠词还是定冠词；但他们都注意到了汉语里一些倾向于冠词性质的语法化现象，讨论到的语法成分，有指示词“这、那”，有数词“一”及其数量组合“一个”

乃至省略形式“(一)个”。总的来看，各家的倾向是：在“定冠词”问题上，吕叔湘（1985a，§5.3.3）和Huang（1999）认为“那”比“这”更多地具有定冠词性质，Tao（1999）和方梅（2002）认为“这”比“那”在向定冠词语法化方向上走得更远。他们的不同认识可以简略地归纳为表1：

表1

定冠词倾向	
这	那
Tao、方	吕、Huang

英语的定冠词the来源于远指指示词that，不定冠词a来源于数词one，如果简单地比附这个，似乎汉语“那/这”和“一”分别演化为定冠词和不定冠词是合理的。但是汉语事实昭示我们的却不完全是这样：一方面，汉语“这/那”直接附加于名词的时候，最为和谐的是类指意义（陈玉洁，2010，§5.2.1）；另一方面，表示单指意义的时候，量词几乎是不可或缺的。

9.5.2 量词的关键作用

陈平（2004）认为，汉语没有定冠词，定冠词的功能常常是靠指示词实现的。值得追究的是，究竟是什么成分主要承担了定冠词的作用？

我们注意到，本章讨论的那些例子，把其中的量词换成“个”，感觉句子更自然：

(4') 这个书我也有。

(6') 这个像我也有。

(8') 这个碗我也有。

(10') 这个家具我也有。

（11'）这个餐具我也有。

（12'）这个裙子我也有。

（14'）这个钟我也有。

（20'）这个枪我也有。

而前面指出不能说的仍然不能说：

（5'）*这个水我也有。

（7'）*这个肉我也有。

（9'）*这个土我也有。

（13'）*这个金鱼我也有。

（17'）*这个葡萄我也有。

（19'）*这个猪耳朵我也有。

我们想指出的是，量词换成“个”，“类同定指”意义更凸显。

这是不是说明，汉语量词“个”较多地承担了定冠词的作用呢？这让我们联想起一些相关的语法事实来。汉语方言的许多语法事实显示，在类似于冠词的用法中，量词的身份至为重要，刘丹青（2006）说：“在许多南方方言中，……完全排斥指示词直接加在名词上的用法，而必须要在中间加量词。……属于冠词而非指示词的功能，在粤语、吴语中常靠量词完成，即前面不带指示词和数词的‘量词+NP’构成有定名词短语，……这些方言的量词整体具有类似冠词的功能。”刘探宙（2009）也报道了北方方言里的平行现象。本章所讨论的“类同定指”现象里，再次显示出，与英语定冠词用法相应的语法成分中，量词是个关键。

9.5.3 量词体现名词的个体性

为什么汉语里“冠词表达”离不了量词呢？我们想，这与汉语量词在“个体性（individuation）”方面的重要负载有关。按李亚非（2011）的说法，英语名词是天然具有个体意义的，而汉语名词只有原生态的词根。他依此解释了英语名词可以直接计量，而汉语名词必须从句法中提取量词之后才可计量的现象。这个观点可以引申到本章讨论的现象中，可以解释现场直指与非现场定指的分工问题。我们知道，定冠词要求它所限定的整个名词短语有更高的个体性（Hopper and Thompson, 1980），因此可以说个体性是定指的基础。英语名词本身具有个体性，前面加上指示词或定冠词，可以明确凸显现场直指或话语定指的意义；照这样看，汉语的“原生态的”名词，第一步需要加上量词才能实现个体性，然后才能有第二步，区分是现场直指还是语言中的定指。

所以说，汉语的指示词不可能离开量词而发展为定冠词，“指+量”是个相互依存的整体。“指+量”作为一个整体，既可以前加于名词，构成“指+量+名”短语，也可以单独成为一个指称性短语。单独存在的时候，“指+量”有现场唯一指称和非现场类同指称的区别（即吕先生所说“转成称代”和“直接称代”的区别）；前加于名词的时候，“指+量+名”也有现场唯一指称和非现场类同指称的区别。

9.6　结语

本章的结论就是，在汉语还没有发展出明确的“定冠词”之前，类似于其他语言的“定冠词”语法需求，汉语用以表达的手段里，“量词（类别词）”成分是不可缺少的。量词承担了“定冠词”所需要的最重要的“个体性”意义。

具体到“这本书我也有”而言，其间的语义矛盾，就在于字面上的物理空间指示意义与说话人实际上的言语空间类同定指意义的错位。究其根本，还是由于汉语没有专职的定冠词，在这种需要定冠词（言语空间定指）的场合，交际双方在共同的背景知识——“这+量”可以表示具有相同内容、形制的另外的个体——之下，达成了跨越真值语义矛盾的准确理解。“金鱼”“葡萄”“猪耳朵”等名词，是由于人们对完全相同的同类个体是否存在不能认同；“水”“肉”“土”等名词，则是由于难以个体化，因此这些名词在“这+量+名+我也有”格式中，得不到类同定指的理解。

（原载《现代中国语研究》〔日本〕2012年第14期，与吴早生合作）

第三部分

句法结构

第十章　汉语句法结构的观察角度

汉语句子结构的本质特征是什么？传统语法有一种把句子结构对应于逻辑命题结构的倾向，主语（subject）和谓语（predicate）这两个名称就是从命题逻辑那里搬用来的；现代语言学更倾向于用谓词逻辑的眼光看句子结构，把句子里的语法关系概括为谓词（predicator）与论元（argument）的关系为主干。汉语语法学界也经历了这个过程，目前尤以注重句子里论元关系的看法为主流。赵元任（1968，§2.4）则早已指出汉语句子里的语法关系不是简单地对应于西方逻辑结构的事实，沈家煊（2012b）概括为"零句说"（零句是根本，不是只有主谓齐全的句子才是正常的句子）、"主语话题说"（主语和谓语的关系是话题和说明的关系）和"谓语类型说"（整句中主语和谓语可能的结构形式多种多样、没有限制）。沈家煊认为，这三点可以自然地推导出"名动包含说"。汉语名词包含动词（沈家煊，2007），这是关于汉语基本语法范畴特点的重要发现。

赵元任、沈家煊的学说看到了汉语的本质事实。为什么他们会得出这样的结论呢？这与观察语法事实的角度有关。吕叔湘（1979）专门有一节题为"结构分类和功能分类"。原文说："一种语言单位的分类有'向下看'和'向上看'两个角度。'向下看'的意思是看这个单位是怎样由下级单位组成的，例如把词分成简单词，复合词，又把复合词分成并列式，主从式等等。这叫做按结构分类。'向上看'则相反，是看这个单位在上级单位里担任什么角色。……这叫做按功能分类，也就是一般所说的分词类。词和短语是中间单位，都可以有两种分类法。语素是最低一级的单位，只能按功能分类。句子一般说是最高一级的单位，只能按结构分类。”（§35）吕先生讲的是一般原则，不同语言的情况应该有不同的分析手续。本章试图说明，汉语的句法结构只有采取“向下看”的视角，才会得出符合汉语实际的语法观察。

10.1　汉语的主谓关系是什么？

10.1.1　从句子内的基本关系推导出基本词类

如果从下往上推导主谓关系，势必遵从S→Np+Vp规则，先确定名词和动词，可谁都知道汉语的名词和动词无法脱离句法功能独立论证，除非像传统语法一样先验地用“观念性质”确定词类（“词类是观念性质在语法中区分的品类。若干的词组合起来成为一个短语，若干的词或短语连系起来成为一个句子”，见黎锦熙，1924），而我们知道，用所谓“观念性质”无法确定语法意义上的词类，也就不能指望从词类推导出主谓关系了。

在多数印欧语里，利用S→Np+Vp规则，从上往下和从下往上得出的结果大致没有不同，但是汉语里从上往下看，得出的结果就大不相同了。赵元任（1948）是最早明确地从上往下看的。从句子这个最大的单位“向下看”组成句子的成分，看到汉语的谓语不仅可以是动词还可以是体词和主谓谓语，主语不仅是体词也可以是动词主语或其他成分。再继续“向下看”，看到并列结构、向心结构、动宾结构和连动式。这是一个具有历史意义的观察，不仅看到了迥异于印欧语的谓词做主语和体词做谓语现象，还看到了主谓结构做谓语现象，并初步概括出了汉语基本句法结构。到了赵元任（1968），他更为透彻地观察到：汉语的句子结构，其实就是由一个

“话题”和一个“说明”这两部分构成，话题和说明作为最主要的两个句法成分，既不在词性上强制性地对应于名词性和动词性，也不在语义关系上要求对应于动作者和动作，谓语中动作的方向也不一定必得从主语到宾语。

沈家煊（2012b）据此提出：“既然汉语里主语和谓语的类型‘多种多样’和‘没有限制’，都可以是名词性词语和动词性词语，都可以独立成句而且是正常的句子，那么名词和动词的区分是否真的那么重要？”他意识到，汉语的动词性词语都具有指称性，其实可以从赵元任的“零句说”推导出来：因为汉语的主语和谓语都是零句，零句都有指称性，所以谓语有指称性。这是典型的“向下看”的思路——从句子的结构推导出词类的特点。

具体地说，我们从句子的结构看到汉语以“话题—说明”为实质的主谓关系，有一类以做主语为主要功能的词，姑称之为体词，另一类主要做谓语的，姑称之为谓词。于是很容易看到汉语里一个最重要的语法事实：谓词做主语跟体词一样不受限制。与此同时，体词做谓语的现象虽然有，但是受限于一些实现条件（沈家煊，1999b：259—262）。这一发现可以图示如下（见图 1）：

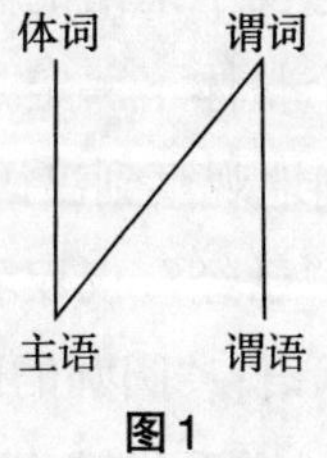

图1

这就基本完成了汉语“谓词也是体词”的推导过程。如果我们说汉语的体词就相当于其他语言的名词，谓词就相当于其他语言的动词，那么结论就是沈家煊（2007）提出的著名观点——“名动包含”。

主谓结构是一个语言里最基本的句法结构，名词和动词是一个语言里最基本的语法范畴，汉语迥异于印欧语言的主谓不依赖论元关系、名词包含动词这样的特点，都是“向下看”方法导致的逻辑结果。

为什么不能“向上看”，也就是说，从词类推导句法关系在汉语里是行不通的呢？按照传统语法“两心相照，非心向心”的原则，“我弟弟已经准备好一切用品”一句里，名词核心“弟弟”和动词核心“准备”首先作为“两心”被确认下来，其他成分都以不同的关系修饰这两个核心词。这样分析的结果，“已经”是“准备”的状语，而不是短语“准备好一切用品”的状语。也就是说，谓语部分的基本结构分析成“已经准备好+一切用品”而不是“已经+准备好一切用品”。再如，“我们俩都瞪着眼瞅着他”里“都”被分析成修饰“瞪”的，而不是“瞪着眼瞅着他”。（华萍，1981）这些事实说明，从词类推导句法关系，会得出错误的语法结构。这就暴露了汉语里从词类推导句法关系的做法在理论和方法上的天然缺陷。相反，从句子结构推导词类，不仅可行，而且可以发现汉语“名动包含”这样的本质性特点。

“向上看”之所以难免得出错误的语法结构，且错误大多发生在谓语部分的分析上，很重要的原因就在于，它先验地把汉语名词和动词看成两个分立的语法范畴，在谓语部分以动词为核心，让其他成分简单地附丽其上，忽视了谓语的整体性。而汉语谓语的最大特点就是它的整体性，这个整体不一定是以一个核心动词为句法中心的。层次分析法能够准确地观察到汉语谓语的整体性：“我弟弟已经准备好一切用品”不把“已经”仅仅看成“准备”的状语，而是整个谓语部分里的第一层状语；“圆圆的画了一个圈”也不把“圆圆的”看成“圈”的定语，同样看成整个谓语部分里的第一层状语。这就是谓语的整体观，状语性质的判定是着眼于整个谓语部分，而不是着眼于某个“中心词”，这是摆脱印欧语“动词中心说”的关键一步。沈家煊（2012b、2013）则进一步指出，谓语整体性的实质是它的指称性：一则汉语主语部分和谓语部分都可以由判断动词“是”联结，二则汉语谓语也是一个身兼说明和话题两重身份的零句。正确的谓语观才能推导出正确的词类格局，“‘名动包含说’表面上是说动词具有名词性，其实质是说谓语具有指称性”。（沈家煊，2013）

10.1.2　谓语和述语

在“名动包含”模式里，动词的指称/陈述双重身份该如何认识？这里谈谈我们对汉语主谓结构性质的看法。如上所述，沈家煊（2012b）已经得出汉语谓语指称性的结论，但我们同时注意到，周韧（2012）把沈家煊（2007）所说的汉语“所谓的句法范畴很大程度上就是由语用范畴构成的”进一步推导为“在汉语中，名词的特征是‘[+N, −V]’，而动词的特征是‘[+N, +V]’”，并且根据“名词在主宾语位置上，动词在谓语位置上是可以实现其组合变化的，同时，动词在主宾语位置上也能实现其组合变化”来阐释他对“名动包含”理论的理解。根据周韧的讨论，是不是可能推导出如下这样的写法呢？

主谓结构：“NP+VP”

这与沈家煊（2012b）的写法“$S \rightarrow S'_{NP}+S'_{NP}+S'_{NP}$……”多少有些不和谐。如果说汉语的句子结构就是“零句+零句”，汉语的主语和谓语就是“话题+说明”，而汉语的零句都是指称性的，则汉语的主谓结构就都应该写作“NP_1+NP_2”了。在这里，我们对周韧（2012）提出的“能够充当谓语，并且在这个位置上实现其固有的组合配置，就应该视为具有‘[+V]’特征”这句话做进一步的阐述。

动词“充当谓语”其实是个需要进一步辨清的事情。动词并不都是直接作为谓语与主语发生句法联系的，及物动词直接联系的句法成分是宾语和补语，[①]不及物动词与及物带宾的动词结构一样，做

① 汉语宾语和补语的共性，参看沈家煊（2010b）。

谓语，与主语发生句法关系。这就是丁声树（1953）在“动宾结构”和“主谓结构”中分别采取“动词”和“谓语”两套术语，朱德熙（1982，§8.1）在“述宾结构”和“主谓结构”中分别采取“述语”和“谓语”两套术语的原因。周韧（2012）所说的“动词可以实现其组合变化”的，应该是在述宾结构的述语位置上，而主谓结构里的谓语，或为不及物动词，或为及物动词带宾语，或为形容词，都不再具有［+V］的典型特征，而更多体现的是指称性了。这样的话，汉语里几种主要句法结构就是这样表示：

主谓结构：“NP_1+NP_2”
述宾结构/述补结构：“VP+NP”

这又带来新的问题：述宾结构/述补结构写作“VP+NP”的话，其中心语是VP，而述宾结构/述补结构在句子里做谓语的时候又实现为NP，这是不是又违背了“中心扩展规约”了呢？我们这样理解这个问题。汉语的动词具有指称性，根本的原因在于“指称一个活动”的认知方式在起作用。述宾结构和述补结构指称活动的能力显然要强于不带补足成分的单个动词，因此周韧（2012）所看重的“动词可以实现其组合变化”的能力是包含在整体具有指称性的动词短语内部的。以动词为核心的句法结构都可以作如是观。这种关系可以图示如下（见图2）：

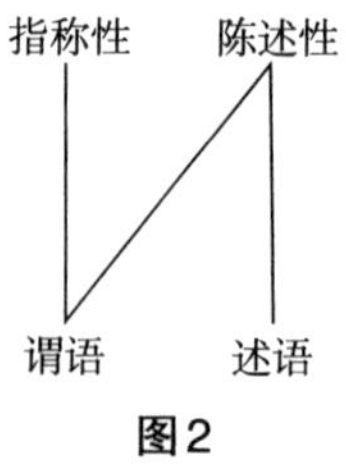

图2

谓语成分的主要作用为什么是指称性的，沈家煊（2012b）的论证主要是依据两点，一是“我们可以把任何两个前后相继的零句组合为一个整句”，二是“每一个零句都能充当整句的主语”，也就是说，任何谓语，都既是说明，又是话题。周韧所谓动词的“组合变化能力”，如及物性表现、时间性表现等，这些能力是不是在任何语言里都是句子构成的最重要因素是个值得讨论的问题。在相当多的语言里，句子里最重要的句法关系是论元关系，谓语最重要的语法表现是在时体方面，赵元任（1968，§2.4）说，“主语和谓语的关系可以是动作者和动作的关系。但在汉语里，这种句子的比例是不大的”，“谓语中动作的方向，不一定必得从主语到宾语”。赵先生的论述深刻地揭示了一个事实，那就是汉语句子的组织不以论元关系和时间的表现为首要原则，这也很好地解释了我们这里的讨论：述宾/述补结构里的述语重在表达论元关系和时间概念，而句子层面的谓语更多地是处在“话题—说明”关系里。

汉语基本句法结构的形式特征也正好印证了谓语和述语的不同性质。关于述宾结构的形式特征，笔者所见最为行之有效的有区别性的测试标准是所谓“准分裂句变形（pseudo-cleft sentence transformation）”，即述宾结构中间绝大多数可以加“的是”。这个测试手段首先由邓守信（1975，§6.1）应用于汉语，杨成凯（1987）把它推而广之，认为“凡是动词跟其后成分之间可以插入‘的是’予以强调的结构，都可以看作典型的动宾结构”。这个句法测试的实质正是揭示了述语和宾语之间的及物性论元关系。

主谓结构的形式特征，朱德熙（1982，§7.2）提出反复问句测试法：“主谓结构往往可以转换成反复问句的形式。例如‘你去’可以转换为‘你去不去’，‘他抽烟’可以转换为‘他抽不抽烟’，‘他们在上课’可以转换为‘他们是不是在上课’。”这个测试的实质是判断性的测试。朱先生这一重要的发现，揭示的事实，正是汉语谓语都具有指称性这个共性，即沈家煊（2012b）所说“谓语除了有陈述性还有指称性，总是可以充当动词‘是’的宾语”。

由此，也可以看出汉语述语与谓语在语用上的功用差异：述语凸显的是动词构成及物性关系的侧面，因此述宾结构适宜用来标志宾语的焦点性质；谓语凸显的是动词构成一个陈述的侧面，因此主谓结构适宜在命题层面上表示谓语部分的新信息性质。

10.2 汉语的偏正结构是什么？

一开头我们说，赵元任（1948）是最早明确地从上往下看的，从句子这个最大的单位“向下看”先看到汉语特色的主语和谓语，再往句子里边看，看到几种句法结构。述宾结构已在上一节讨论过，这一节我们讨论除去主谓和述宾外，最重要的偏正结构。如何看汉语的偏正结构，朱德熙（1984）就曾批评过，根据修饰语的词性以及根据中心语的词性来确定定语和状语的做法“会导致出不合理的结果”。我们将进一步指出，汉语的偏正结构也应该从汉语的事实“向下看”，而不应简单把汉语套进西方语言分析模式里。

10.2.1 从定语问题说起

本章讨论的定语，仅限于名、动、形三类实词做定语的情况，不包括指示词、数量词、代词等类别。汉语定语与中心语之间句法关系的实质是什么？有两种不同的处理策略。一种看作认知语义上的“参照体—目标”关系，即，以指称明确的、信息度高、可及度高的定语成分，来辨识中心语成分。基于这样的理解，汉语定语和中心语之间的语法关系就是直接组合的前者修饰后者的关系（沈家煊、王冬梅，2000；完权，2012）。另一种看法，倾向于把定语成分一律看作关系小句，直接修饰名词的名词也看作隐含了相关的谓词（袁毓林，1995）。前一种办法，就是“向下看”得出的：看定中结构最主要的两个大的组成部分之间的关系；后一种着眼于论元关系，其实还是“向上看”的思路：把中心语与定语之间的关系假设为论元名词与支配它的谓词之间的关系，于是，把实词性定语都看成是谓词性短语本身或谓词省略后留下的论元名词。两种处理办法都试图让名词定语、动词定语和形容词定语获得统一的解释。

两种看法反映了两种对立的汉语句法结构观。后一种看法把汉语的句法结构看得与英语等大多数印欧语一样，是基于动词及其论元结构的；①前一种则是着眼于汉语的特点，即，汉语的句法关系，体现在语用关系上。

问题的实质在于实词性定语究竟呈现的是指称性还是陈述性。朱德熙（1982，§8.11）提出用“什么”指代和用“怎么样”指代两种手段来测试指称与陈述的方法。汉语的实词性修饰语都是可以用“什么”替代而不宜用“怎么样”替代的：

（1）什么桌子？ *怎么样桌子？
——木头桌子。[名词定语]
——新型桌子。[形容词定语]
——加长桌子。[动词定语]

（2）什么心理？ *怎么样心理？
——弱者心理。[名词定语]
——微妙心理。[形容词定语]
——逃避心理。[动词定语]

有的相关讨论中以“你打算买怎么样的书架？”“你喜欢怎

① 即便是英语，一般也不认为所有的定语都可以看作来自关系从句。有相当多的学者认为形容词可以有交集性的（intersective）和非交集性的（non-intersective）之分（Partee，2010）。所谓交集性的形容词，指的是该形容词语义上的那个集合，与中心语名词语义的集合形成一个交集，这个交集的语义就是“A+N”短语的语义；所谓非交集性的形容词，指的是former，major，alleged等直接与NP连接，不能做谓语的，通常描述事物的属性，又称为定语型形容词。一般认为前者是来自关系小句，而后者不是。汉语的情况，也有这个角度的观察，如谢红梅（2011）。因此，把汉语实词性定语都看成关系化的结果是有困难的。

么样的宾馆？”为例试图说明“怎么样”可以替代“铁皮（的书架）”“山上（的宾馆）”，而且是替代了“铁皮（做）”“山上（盖着）”这样的隐含了的谓词（袁毓林，1995）。首先，我们的语感不认可这个测试，“你打算买怎么样的书架？”这句话所问的，应该是“挡住一面墙的书架”或“沉得抬不走的书架”这种直接针对“书架”陈述的情况，而不会是针对“铁皮的书架”；其次，“怎么样的”也不等同于“怎么样”，有了“的”字就有了指称性；再次，即便是“挡住一面墙的书架”也可以用“什么书架”提问。这三方面的事实，正好是沈家煊（2012a）根据朱先生理论所画出的示意图（见图3）：

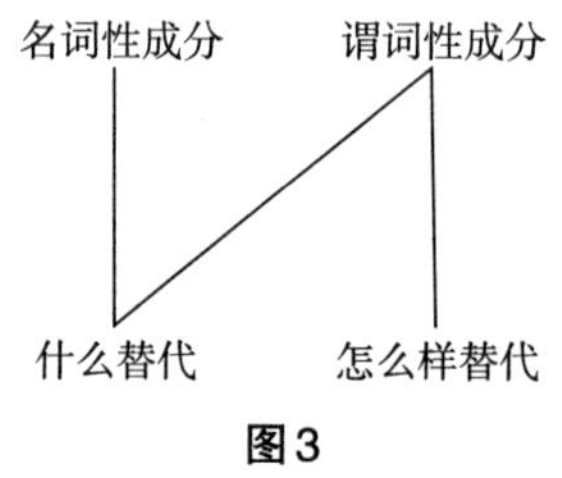

图3

这个图示意味着，名词、动词、形容词三类实词都可以用“什么”替代，而名词不能用“怎么样”替代。

名词定语一定要说成是隐含了谓词，并且用关系小句来解释，显然牵强。勉强给名词定语补出“隐含的”谓词性成分不仅不一定合乎句子本意，而且，更多的情况是，同一个“NP_1+NP_2”结构，不同的人会给出不同的补法，如“铁皮书架”可以是“铁皮做的书架”，也可以是“裹铁皮的书架”“镶铁皮的书架”。形容词定语是否都能用关系从句来解释，Larson（2009）对此做了讨论，一律还原成谓语也是不无麻烦。

动词性成分做定语是否就一定可以解释成关系化呢？一般认为，动词性短语做定语，其中心语是从关系小句中提取的一个论元成分，但是汉语里动词短语做定语的情况却不尽如此。看下面这个例子：

（3）那时候演戏，开场的戏灯光开得不太亮，以后是上一个好角儿加一道光，再上一个好角儿再加一道光，到梅大师上的时候，灯光“啪”的一下就全亮了。所以小时候就是想做一个好演员，做灯光开得最亮的演员，做一个唱大轴的领衔主演，有前途的演员。（叶少兰《岁月》）

“灯光开得最亮的演员”无法还原为“演员灯光开得最亮”或“灯光开得演员最亮”，这就明确告诉我们它不是来自论元提取。汉语的关系化是否都是来自论元提取曾经受到一些学者的质疑，如陈平（1996）就意识到汉语里话题结构的关系化是个重要的事实，刘丹青（2009）注意到汉语的某些定语并不能全用论元关系概括，而要用话题结构的关系化来解释。[①]陈平（1996）讨论了汉语三种话题结构的关系化问题，他的结论是：

事例话题（老李我们已经请出来了）可以关系化（我们已经请出来的老李）；

框架话题（上次郊游孩子们都累极了）可以关系化（孩子们累极了的郊游）；

范围话题（物价纽约最贵）不可关系化（*纽约最贵的物价）。

---

① 刘丹青（2009）看到这样的事实：

父亲死了的孩子　　<　孩子，父亲死了

房屋被烧毁了的居民　　<　居民，房屋被烧毁了

我写了提纲的论文　　<　论文，我写了提纲

刘丹青说：“关系从句是一种深嵌于名词短语内部的小句，只能是一种句法现象，一般的话语 / 语用操作是影响不到它的。……而在汉语中，话题性影响到关系从句，……汉语的话题结构是一种句法结构，话题是一种句法成分，在关系化等句法操作中扮演着重要角色。”刘文的举例多少还可以找到一点句法身份，如“孩子、居民、论文”都还可以看作“父亲、房屋、提纲”的领有者，而“灯光开得最亮的演员”里，“演员”与“灯光”之间却难说存在什么直接的句法语义联系。这样的实例不在少数，如：“销量最好的歌手”“停车最难的超市”等。

“灯光开得最亮的演员”如果也是话题结构关系化的结果，原始句就应该是这样的：

（4）那个演员，灯光开得最亮。

从话题成分本身看，“那个演员”是个定指的实体，符合陈文所给的“事例话题”定义，但句法上“演员”跟小句谓语没有论元关系。事实上，我们可以在例（3）里找到一个属于“框架话题”的句子“开场的戏灯光开得不太亮”，但是随着极其自然的几个句子的延展，就出现了“灯光开得最亮的演员”这个在我们语感上同样非常自然的句子。我们可以相信这个句子就是从例（4）变化来的。那么，这个事实至少告诉我们三件事：第一，汉语的话题结构不仅限于陈平（1996）所归纳的三种；第二，汉语的“定语从句”与其说是从论元结构变换而来，不如说是从话题结构变换而来；第三，沈家煊（2012b）根据赵元任（1968）论证得出汉语的话题与说明都是体词性的，那么“灯光开得最亮”也是体词性定语了。

另一方面的事实是，名词、动词、形容词做定语时如果是使用“标示性标志”（陆丙甫语，见完权，2012）以凸显定语身份，用的是同一个标志——“的”，这也是三大类实词在定语位置上性质同一的重要证据。Larson（2009）认为汉语的名词、动词、形容词做定语时都用同一个句法标志“的”，说明它们同是“名词性短语（super-nominal）”的现象。

（5）定$_{名}$+的+中$_{名}$：木头的桌子　弱者的心理
（6）定$_{形}$+的+中$_{名}$：新型的桌子　微妙的心理
（7）定$_{动}$+的+中$_{名}$：防震的桌子　逃避的心理

这是形式上的证明。语义方面，从上述“参照体—目标”关系能不能全面说明汉语的偏正结构呢？需要讨论的是所谓定语限定性的（restrictive）用法与描写性的（descriptive）用法问题。许多学者相信汉语的定语有限定性的与描写性的之分，限定性的偏于指称性，描写性的偏于陈述性，我们既然要论证汉语定语都是指称性的，就要仔细观察一下所谓“描写性定语”究竟是不是事实。

汉语语法论著中最早论述定语的限定性与描写性的，是吕叔湘，[①]他说“我把新买的那枝钢笔丢了”是限制性的，“我把那枝新买的钢笔丢了”是描写性的，并已指出“限制性”就是“择别性”；赵元任（1968，§5.3.6.2）也很强调这两个概念。各家对限制性和描写性理解的异同可以参看石定栩（2011，§9.0）的讨论。

说定语对中心语有限定性，名词做定语应该是最好理解的，而形容词的限定性也早经论证（朱德熙，1956），值得注意的是，吕叔湘和赵元任在论及这两个概念时，举的都是动词性成分的例子（“新买的”“戴眼镜的”），这说明，汉语实词性定语的限定性，是横贯名词、动词、形容词三大词类的。陆丙甫（1988）用“外延性”或“区别性”来解读限制性，与吕叔湘（1953，§5.3.5）所说“择别性”是一致的。那么，定语的限制性在“参照体—目标”关系中作为参照体角色是正相吻合的。

剩下的问题是如何解释描写性定语。“火红的凤凰花”，因为凤凰花都是红色的，定语“火红的”就可以认为是以描写作用为主。描写性定语有没有限定作用？完权（2012）事实上已经解决了这个问题，他用Langacker“一个实体越是内在描述另一实体的特征，就越有可能被用作参照体”的说法解释了描写性和指别性的统一。石

---

① 早在写于二十世纪四十年代的《近代汉语指代词》§5.3.5中吕叔湘就曾指出：“这、那在定语之后，那个定语就显得有决定作用；这、那在前，那个定语就显得只有描写的作用。”只是此书直至1985年才正式出版；最早见于出版物的这一提法是刊载于《中国语文》1953年2月号的《语法讲话》（八）“修饰语”一章（吕叔湘执笔）：“指示代词的位置可以区别修饰语的作用：在它前头的，限制（择别）的作用多于描写；在它后头的，描写的作用多于限制。”

定栩（2011，§9.7）也讨论了描写性定语的限制性，干脆说“汉语的所有定语都是限制性的”。限制和描写到底是什么关系？吕叔湘（1978）的一个说法对这个问题的理解有重要的启发意义。他说：“还往往有这种情形：‘形+名’和‘名+形’的意思不相应，例如‘重要外语’和‘外语重要’。……是因为前一个‘外语’不是全称，后一个‘外语’是全称。”石定栩（2011，§9.2）提出的对描写性的看法——“描写性的根本特征在于只对相关成分进行说明，而不改变其所表达事物的范围”——正是吕先生这个看法的阐释。

综合吕、石两家的看法，可以得出这样的认识：

定中结构里的中心语没有确定的外延，它的外延由前面的定语所限定。

主谓结构里的主语是一个外延确定的集合，谓语对它的陈述并不缩小它的范围。

这种关系可以图示如下（见图4）：

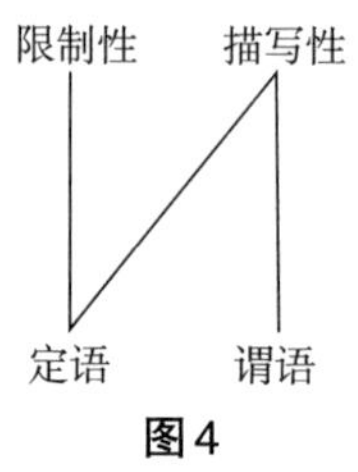

图4

这样，无论是限制性语义还是描写性语义的定中结构，都可以用“参照体—目标”关系来解释。

10.2.2 定语和状语的关系

本章讨论的状语，也是仅限于名词、动词、形容词三类实词做状语的情况，不包括副词等类别。为人们所忽视的是，赵元任（1968）在论及限定性和描写性时，还讲了定语和状语的平行性，赵先生说：“副词修饰语也是一样，例如：（a）‘来回的这样看’是描写性，可是（b）‘这样来回的看’就是限制性。”赵先生还说，状语的情况跟定语一样，都可以用重音凸显限制性。

这使我们想起了吕叔湘（1984d）提出的著名的“片面追求升学率”例子：

（8）1984年8月11日的《中国教育报》上登出一封读者来信，揭发一位教育局长的令人啼笑皆非的妙语，摘引如下：“中央教育部反对的是片面追求升学率，而三年制的高中班一定要追求升学率，否则，我们办三年制高中就没有意义了。片面追求升学率不对，而全面追求升学率是对的。”这应该说是一种诡辩，可是“诡”在什么地方呢？

按赵元任的观点看，在这个例子里，那局长使用的“片面”是限制性的，教育部所说的“片面”是描写性的。

与此相同的还有“违规”。王灿龙（2012）指出，以下例子里的“违规”都是歧义的：

（9）旅客入境时不准携带水果，**违规**携带的一律予以没收、销毁。

（10）海关官员提醒游客切莫**违规**携带货币及物品进出境，以免招致不必要的损失。

（11）（有律师）办案不讲原则和道德，为当事人设计伪证，**违规**收受当事人的钱物等。

王灿龙说：“就‘违规’这个词的语法特征来看，它用于修饰、限制动词时，有两种解读：一是动词所表动作本身‘违规’，即存在不许实施该动作的决定；二是动词所表动作是允许的，但是在操作规程上有要求，如不合要求，则属‘违规’。”他认为例（9）属于第一种情况，例（10）（11）属于第二种情况，即存在不违规“携带货币”“收受钱物”的情况。

这里我们看到了定语和状语的平行性：

三大类实词——名词、动词、形容词——都有可以做定语和可以做状语的用例，且都有可以做限制性解读和可以做描写性解读的情况（见表1）：

表1

	描写性定语	限制性定语	描写性状语	限制性状语
形容词	火红的凤凰花	火红的旗帜	片面讲速度	片面介绍情况
动词	讨论的议题	讨论的时段	违规携带枪支	违规携带外币
名词	钢铁的防盗门	钢铁的桥梁	恶意篡改程序	恶意卸载软件

以上举例并不能完全排除歧义的情况，每个例子所在表格中的位置，只能说是大多那样理解其意义而已。事实上，在修饰语位置上，或许很难绝对排除歧义理解。这就是修饰语位置上限制性意义的普遍性，这一点，定语和状语是一样的。①另一方面，状语的描写性意义也可以像定语的一样，通过主谓结构显现出来：

（12）这种讲速度［的做法］是片面的。

（13）这种携带枪支［的做法］是违规的。

（14）这种篡改程序［的做法］是恶意的。

这组例子使我们看到了几组谓词短语指称性的一面。这让我们联想起朱德熙（1984）在讨论定语和状语的区分时，议及以“名动词”为中心语的偏正结构，如“［我们反对］乱七八糟的表演”，可能是名词性结构，也可能是谓词性结构。沈家煊（2012b）指出汉语

① 修饰语的典型作用是限制性，限制性弱的时候就容易偏向于描写性解读。这可以解释为什么状态形容词比性质形容词更容易做描写性解读，这是因为状态形容词往往并不起限定中心语外延的作用。

的动词其实都是“名动词”，那么，状中结构有没有指称性呢？我们借用朱德熙（1984）的测试法得到了答案：

（15）［我们反对］这种片面讲速度。

（16）［严格禁止］这种违规携带枪支。

（17）［从根本上杜绝］这种恶意篡改程序。

测试的结果显示了例中状中短语的指称性。指出这些状中结构的指称性并不否认它们中心语的动词性，也不是想说其中的修饰语是定语，因为它们跟定中结构还是有所不同，比如，不能用“什么”替代而只能用“怎么样”替代：

（18）*什么讲速度？　　怎么样讲速度？

（19）*什么携带枪支？　　怎么样携带枪支？

（20）*什么篡改程序？　　怎么样篡改程序？

这个测试针对的是修饰语，也是整个偏正结构的测试。测试表明，汉语的状中式偏正结构，一方面有其作为动词性短语的谓词性，另一方面，它们本身也带有指称性，自身的内部结构也跟定中式偏正结构一样，遵从由参照体辨识目标体的认知原则。可见，如同汉语名词与动词之间的包含关系一样，汉语定中式偏正结构与状中式偏正结构之间，也是包含关系。这种关系可以图示如下（见图5）：

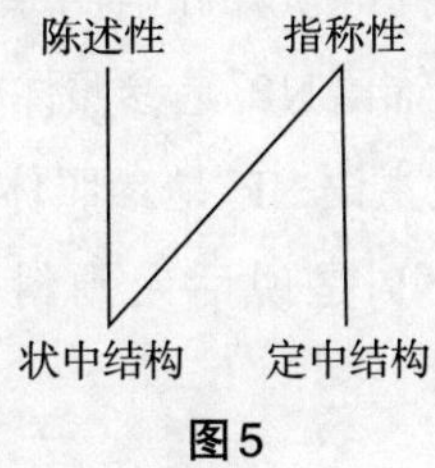

图5

结合本章§10.1.2关于述宾结构的讨论，我们可以说：状中结构里的中心语，有其“实现动词性组合变化”的能力，同时又“指称一个活动”；状语成分或限定，或描写，都是针对这个“指称活动”的中心语的，因此体现出与定语的平行性。

10.3 主谓结构与偏正结构认知语用解释

沈家煊（2012b）在谈到汉语句子之间的语义联系时说，“汉语的整句由两个零句组成，而零句可以独立，独立后就是两个并置的句子，……句与句之间的语义联系或相关不必靠句法关联手段，可以靠人的一般认知能力来推导”，“流水句是把语用上都具有指称性的零句并置，语义上的联系依靠语用推理而不必采用递归句法”。这些话，讲的不仅是理解汉语零句之间关系的要害，也是理解汉语基本句法结构的思路。

具体而言，当我们看到现代汉语里一个由两个指称性成分组成的句法成分，即“NP_1+NP_2”的时候，我们怎么判断其间的句法关系呢？按本章前边的讨论，则“NP_1+NP_2”既可以是偏正关系（包括定中和状中）又可以是主谓关系（即话题与评述的关系），两种关系不仅词语串组成成分相同，甚至在“NP_1”都是有语义确定外延的这个特点也相同，如何辨识究竟是偏正还是主谓呢？上引沈家煊（2012b）的话“靠人的一般认知能力来推导”，“语义上的联系依靠语用推理而不必采用递归句法”，事实上已经给出了答案。我们的工作，只是找出两种结构不同的认知和语用原则来。

汉语偏正结构中，修饰语NP_1是参照体，中心语NP_2是目标；汉语主谓结构里，也可以说主语NP_1是参照体，谓语NP_2是目标。[①]所不同的是，偏正结构里NP_2是说话人预料听话人头脑中已有的一

① Langacker（1993）讨论过简单领属结构与话题—评述结构之间的延伸关系。

个概念，当说话人用NP_1对它进行限制性操作时，所带来的新的信息内容是NP_1与NP_2之间的关系。我们常说偏正结构可以用“谁的～？”“什么东西的～？”“什么～？”“什么样的～？”来提问（朱德熙，1957），显示的就是这个认知现实：

（21）谁的朋友？　　　　老王的朋友。
（22）什么东西的味儿？　咖啡的味儿。
（23）什么脾气？　　　　孩子脾气。
（24）什么样的味儿？　　咖啡味儿。

而主谓结构里NP_2是说话人预料听话人头脑中没有的东西，说话人以确定的NP_1为讨论的出发点，NP_2是说话人传达给听话人的新信息。我们常说汉语“主语作为问，谓语作为答”（赵元任，1968）显示的就是这个认知现实：

（25）丈夫吧，找不着事儿；孩子们吧，又不肯念书。

这是从结构中信息性质来讨论两种结构的不同，也就是功能角度的解释。用认知语法的观点看，偏正结构是以中心语名词为目标，修饰语为参照体，参照体在目标所在的概念域里进行限制性操作，二者在这个概念域里建立的关系；而主谓结构中参照体与目标之间的关系，既不在目标的概念域内，也不是两个事物之间的某种关系，可以说是服务于语用目的的一种更高层面的概念范畴。

我们用两对例子来说明偏正结构和主谓结构的差异。

（26）老板脾气
（27）老板怪脾气

当我们说“老板脾气”的时候，如果着眼于“脾气”所在的概念域，试图在“性情”这个域里区别出一个具体的人的特征来，我们就用偏正结构“老板脾气”来表示这位老板的性格，排除其他脾气大的人。这时我们还可以用加强指别意义的手段，说成“老板的脾气”。如果着眼于老板，试图给听者传达他所不知道的关于老板的某种属性，我们就用主谓结构“老板怪脾气”来表示这个老板是个脾气古怪的人。这时我们还可以用加强话题性的手段，说成“那老板啊，怪脾气”。

（28）好心帮助你

（29）好心办坏事

当我们说“好心帮助你”的时候，如果着眼于“帮助你”所在的概念域，试图在“帮助你”这个域里区别出一种具体的方式来，我们就用偏正结构“好心帮助你”来表示帮助你是出于好心的，区别于其他原因的帮助人。这时我们还可以用加强指别意义的手段，说成“好心地帮助你”。如果着眼于被叙述者的情绪，试图给听者传达他所不知道的关于（他）好心好意导致了什么结果，我们就用主谓结构“好心办坏事”来表示他一片好意的结果是适得其反。这时我们还可以用加强话题性的手段，说成“（他）好心啊，办的是坏事”。

10.4 结语

以上我们以汉语主谓结构和偏正结构为例，讨论了观察角度对发现汉语本质语法事实的重要性。汉语的句法结构很大程度上就是语用结构，这是历来汉语语法学者的共识（见下一章的评述）。本章进一步指出，从赵元任把汉语句子看成由零句构成的整句，到吕叔湘初步建立的“句段结构”系统（范继淹，1985a），再到沈家煊由赵元任“零句说”推导出“名动包含说”“谓语指称说”，汉语语法的真实面貌逐渐清楚地揭示出来。这个过程给我们最深切的教益就是，不能简单地把某些西方语言的“动词中心说”和“论元结构观”拿来当作构建汉语语法系统的基础。

事实上，西方学者也并不认为语法范畴和语法关系是可以在不同的语言之间简单地套用的。如Croft（2001）就把忽视语言个性、简单化地概括跨语言共性的做法批评为“机会主义”。在观察了若干种类型差异很大的语言的实例后他得出结论说：“在某种意义上，不存在普遍语法。也就是说，没有普适性的句法模板，也没有普遍的句法范畴、语法关系或语法构式。”“语言共性不存在于句法结构中，而是在语义结构、象征结构中，即从语言功能到语言形式的映射中。”他特别强调构式的内部结构就是“部分—整体结构”，本章讨论的汉语主谓结构关系与偏正结构关系的发现，正是这一说法的恰当注脚。同时我们觉得，特别值得记取的是Croft的这几句话：“反对普适性范畴与关系的观点具有许多优势：避免跨语言机会主义的矛盾，无需再忽视无法被纳入所谓普适性范畴的分布模式；允许每一种语言以真实的面貌被描写，尊重语言的语法多样性与每一种语言语法的独特性；允许分析者关注跨语言的范畴与关系的相似之处与差异。”

（原载《语法研究和探索》〔十七〕，商务印书馆2014年）

第十一章　汉语的句法结构和语用结构

11.1　句法结构的观念，使汉语语法描写“以简驭繁”成为可能

目前通行的汉语语法描写体系，以朱德熙的《语法讲义》（1982）影响最为广泛。这个系统的雏形，应该说形成于赵元任成书于1948年的《国语入门》，该书是迄今所见最早用“结构”来描述汉语造句法的，书中提出五种“造句结构”：主谓结构，并列结构，向心结构，动词宾语结构，连动式（赵元任，1948）。这个框架被直接借用到了1952—1953年《中国语文》上连载的《语法讲话》里，该讲话更为明确地声称：“汉语的主要句法结构有五种：主谓结构，补充结构，动宾结构，偏正结构，并列结构。”（丁声树等，1961）赵元任1968年出版的《中国话的文法》里，把二十年前提出的五种句法结构扩展到六种：主谓结构，并列结构，主从结构，动宾结构，连动式，动补结构。朱德熙1982年出版的《语法讲义》基本沿袭了赵、丁两家的方案，只是小做调整：主谓结构，述宾结构，述补结构，偏正结构，联合结构，连谓结构。

这套句法结构方案之所以从《语法讲义》以后产生了广泛影响，原因是朱先生明确提出了“词组本位”的思想：

> 由于汉语的句子的构造原则跟词组的构造原则基本一致，

我们就有可能在词组的基础上来描写句法，建立一种以词组为基点的语法体系。这就是说，我们可以把各类词组（主谓结构、述宾结构、述补结构、偏正结构、联合结构、连动结构……）作为抽象的句法格式来描写它们的内部结构以及每一类词组作为一个整体在更大的词组里的分布状况，……如果我们把各类词组的结构和功能都足够详细地描写清楚了，那末句子的结构实际上也就描写清楚了，因为句子不过是独立的词组而已。（朱德熙，1985）

词组本位思想的来历，也可以在此前的论著中找到相关的表述，如：丁声树等（1961）说："……可以看出我们语言构造的特点。一个结构套着另外一个，或是这个结构跟那个并列，并不需要很多结合的成分，合榫的地方都是天衣无缝的。"赵元任（1968）说："这些基本结构可以重复和/或结合以形成更复杂的结构。但是不会引起什么新的类型，……"朱德熙（1982）说："实际上句法结构可以很长很复杂。因为结构的基本类型虽然很有限，可是每一种结构都可以包孕与它自身同类型或不同类型的结构。这些被包孕的结构本身又可以包孕与它自己同类型的或不同类型的结构。这样一层套一层，结构也就越来越复杂了。"

这实际上说的就是句法的"递归性"。具有递归性的句法结构，一定是抽象的结构体系。詹卫东（2005）说：并非只有作为"实体"的"语法单位"才能充当"本位"。"关系"是贯穿全部语言研究的，任何语法体系都不可能回避的"基础概念"。"语法单位"之间的关系可能比"语法单位"本身（实体）更重要。以朱德熙（1982）所代表的"词组"本位语法体系为例，体系的根基实际上是"主谓结构""定中结构""状中结构""述宾结构""述补结构""联合结构"等基本结构关系。朱先生自己也早就说过："这种语法体系把词组看成是抽象的，一般的东西，把句子（包括句子的整体和它的部分）看成是具体的，特殊的东西。在描写词组的内部结构和语法功能的时候，不考虑它是不是句子或句子的组成部分，只把它当作抽象的句法结构看待。可是词组随时都可以独立成句或者成为句子的一个组成部分。这个过程就是从抽象的词组‘实现’为具体的句子或句子的组成部分的过程。按照这种看法，词组和句子的关系就不是部分和整体的关系，而是抽象的语法结构和具体的‘话’之间的关系。”（朱德熙，1985）

这种句法结构观，无疑是产生于汉语缺乏系统的形态标记这一基本事实。句法结构观的直接后果，至少表现在两个方面。一是，同一种句法成分里容纳不同性质的东西：

1）谓语里不仅有动词、形容词，还有体词谓语、主谓谓语。（赵元任，1948）

2）主语不仅可以由名词充任，还可以是动词主语、主谓主语。（赵元任，1948）

3）宾语除了真宾语，还有准宾语（时量、动量成分）。（丁声树等，1961）

二是，同一种句法结构里容纳不同的关系：

1）连动式包括七种语义关系：①时间次序；②条件；③地点；④方法；⑤目的；⑥比较；⑦前置外动词（即把字句）。（赵元任，1948）

2）连谓结构包括数种句法类型：①介词结构+谓词；②动宾结构+谓词（即递系式）；③V_1带“着/了”的；④由“来/去”组成的；⑤由“是”组成的；⑥由“有”组成的；⑦由“给”组成的。（朱德熙，1982）

这只是从汉语结构主义语法经典著作里随意挑出来的一些例子，事实上，“同一种句法成分里容纳不同性质的东西”和“同一种句法结构里容纳不同的关系”反映在汉语结构分析的诸多例证里。这两个特点，在其他语言里并不多见。

11.2　汉语句法结构反映的是语义关系还是语用关系？

普通语言学著作中一致认为，语法关系可以从三种形式特征去观察（Andrews，1985/2007）：

1）语序（Order and arrangement）；

2）格标记（NP-marking）；

3）一致关系（Cross-referencing）。

汉语没有格标记和一致关系，着眼于语序来考察语法关系天经地义。语序在汉语中有多大的意义呢？朱德熙（1985）说："五十年代讨论主宾语问题的时候，主张按施受关系确定主宾语的人批评词序派，说他们完全根据位置定主宾语是形式主义。其实词序派的结论有比词序更深刻的根据。"朱先生所说的更深刻的理据，就是句法变换的平行性。世界上任何语言的句法结构都不同程度地反映施事、受事、与事、旁语等语义角色（及其关系），朱先生也希望揭示汉语句法对语义角色关系的反映。他强烈批评"意义派"，不是他无视施事、受事这些角色以及关系，他不满的是，意义派没有给出应有的句法论证。朱先生强调句法变换，目的是通过成规律的变换事实来揭示语义角色在句法层面的反映。《"的"字结构和判断句》《与动词"给"相关的句法问题》都是通过变换来揭示语义关系的成功例证，其中所用术语——主语、宾语、间接宾语以及潜主语、潜宾语、潜间接宾语以及"不属于动词语义中的一个格"等，一望而知就是在关注普通语法理论中S, DO, IO, oblique case等概念。朱德熙（2010，§4.10）明确说"隐性的语法关系"就是"格位关系"。

但是汉语句法结构并不是语义结构的直接反映。吕叔湘早在1946年的著名论文《从主语、宾语的分别谈国语句子的分析》中就做过透彻的讨论："由'熟'及'生'是我们说话的一般趋势……词序在语言心理上恰恰和这个一般的趋势一致，可以说是'由已知而新知'的原则应用到充类至尽。不能说是纯粹机械主义，实在也同时遵从某一种语言心理的指示。"吕先生说得很清楚：汉语语序反映了句法的语用基础。陆俭明的一系列研究表明，汉语句法结构更多地反映的是汉语的语用结构。

陆俭明（1985）揭示了汉语多项定语的一种排序规律，陆丙甫（2005）对这一规律背后的语用规律做出了清楚的回答——排序原则完全受"可别度领先"原则的制约；陆俭明（1990）进一步揭示了汉语句法结构普遍存在的同类递归现象，这一研究意义重要，值得重视。正如文中所说："句法成分的套叠现象，在其他语言里也有所表现，……但是，在这些语言里，句法成分的套叠现象并不普遍，不成系统，如英语里的主语和谓语就不能套叠。而汉语里句法成分的套叠现象是普遍的，成系统的。这不能不说是汉语语法的一大特点。"这个特点耐人寻味。

前面我们讨论过，朱德熙主张的语法体系里，1）同一种句法成分可以容纳不同性质的语法成分，2）同一种句法结构可以容纳不同的语义关系或次结构类型。这个问题如果倒过来看，就是：不同性质的语法成分、不同角色的语义成分，可以进入相同的句法结构里遵从相同的结构关系。我们想，这就是汉语中大量存在句法结构同类递归现象的根本原因。

为什么不同的成分或角色会遵从相同的结构关系呢？答案就在于，汉语的句法结构很大程度上反映的是语用结构，而不是像英语那样主要地反映语义结构。语义结构的核心是"谓词—论元""修饰—被修饰"的关系，语义关系得以体现的载体便是句法关系，所以英语对词性与句法成分的对应要求比较严格。而汉语的句法结构，正如朱先生早已指出的，句法成分并不严格要求相应词性的成分，这是因为，句法关系是语用单位（指称语、陈述语、修饰语等）之间的关系，而汉语的几大词类用作这几种语用单位的时候，是不需要变化词形的（沈家煊，2007、2009a、2009c）。

简单地说，汉语主谓结构主要反映的是“话题—说明”关系；汉语的述宾和述补结构主要反映的是“预设—焦点”关系；汉语的定中结构主要反映的是“参照体—目标”关系；汉语的状中结构主要反映的是“伴随信息—事件”关系。

11.3　从语用关系认识汉语的句法结构

11.3.1　汉语主谓结构反映的是“话题—说明”关系

这个特点，赵元任（1968），Li & Thompson（1981）和朱德熙（1982）都很强调。数十年来许多学者详细论列了汉语话题和主语的系统性特征。本章不打算全面讨论汉语主语的话题性，只是想从汉语句法结构的角度看这个问题。

汉语的主谓结构，从句法上观察不到某些西方语言那样的主谓之间的“一致关系”，从语义上也不见施事做主语的明显倾向，非施事成分做主语非常普遍，非常自然。如果一定要从句法或语义角度阐释汉语的主谓关系的话，正如吕叔湘（1946、1979）所讨论过的，“陈述的起点”“陈述的对象”“一句话的主题”等都是没有多少实在意义的说法。重要的是，这样的阐释无助于解释太多语法事实。

更为严重的是，如果一定要说汉语的主谓结构之间一定是纯粹的句法关系的话，则会陷入一个理论的矛盾中。主谓结构，不管怎样阐述其间的关系，至少应该是一种论元关系，也就是体词性成分与谓词性成分之间的关系。主语部分应该是体词性的，谓语部分应该是谓词性的。朱德熙（1985）曾经依照Bloomfield的原则把汉语的句法结构区分为向心结构（endocentric construction）和离心结构（exocentric construction），向心结构的整体语法功能与结构的核心一致，离心结构则没有这样的核心。朱先生说：“主谓结构的语法功能跟它的两个直接成分（主语和谓语）都不一样，所以是离心结构。”（1985，§5）朱先生强调“主谓结构做谓语的格式是汉语里最常见最重要的句式之一”。那么主谓结构做谓语的时候，这个谓语部分是体词性的还是谓词性的呢？依照上面关于“主谓结构是离心结构”的观念，我们无法推导出主谓结构是体词性的还是谓词性的。这样，当主谓结构做谓语时，句子的主谓关系将无法做出明确的句法解释。

出路只有语用解释，即“话题—陈述”解释。我们把做谓语的主谓结构看成语用上的陈述语，而不去追究它在句法上是体词性的还是谓词性的。刘宁生（1983）曾经提出，汉语里还存在“双主谓结构句”，如：“小王搞技术革新信心不足”“待业青年自谋职业机会很多”。从命名可知，刘宁生对这类句子的层次切分是：

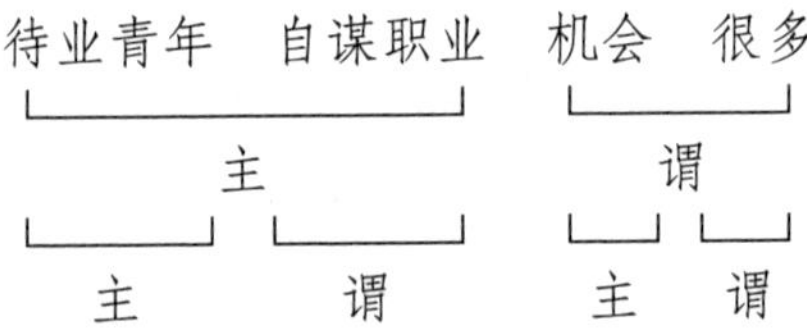

但是按照陆俭明（1990）“句法成分套叠”的观点，则应该切分成：

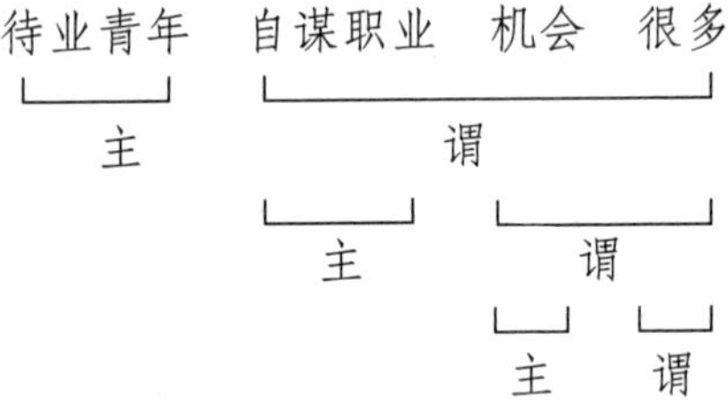

比较而言，陆俭明（1990）的方案更准确地反映了汉语主谓结构里的“话题—陈述”关系：每一层做话题的成分都相对简单，并有体词性；主谓结构用于对话题展开陈述。（生成语法的动词短语内主语假说，等于把主谓结构看成谓词性的。谓词性的主谓结构做陈述语自然比做话题更合适）

11.3.2 汉语的定中结构反映的是“参照体—目标”关系

汉语的定中结构主要反映的是“参照体—目标”关系，这是刘宁生（1995）予以论证的。我们关心的是，这个特点给汉语的定中结构带来什么样的句法后果。

汉语定中结构最显著的一个特点，就是名词、动词、形容词都能直接做定语，而且，添加句法标记的时候，用的是相同的句法标记“的”。汉语学界目前很少有人把“的”当作形容词词尾了，而倾向于看作名词化的标记。如果说英语名词前的定语位置有由形容词充任的强烈倾向的话（如动词常常是转化成形容词性的分词形式），那么汉语的名词前定语位置则强烈倾向于由名词性成分充当。这也符合沈家煊（2009a）所提出的“名词—动词—形容词”之间的“包含模式”：三大类实词都可以直接出现在名词前做定语，或者使用相同的句法标记。

结合汉语定中结构的语用特征看，这个特点就不难理解了：因为典型的“参照体”是事物，而非属性。汉语定中结构的典型意义，就是借助一个事物辨识另一个事物。

朱德熙提出“名动词”的一个重要意义就是，给做定语的动词一个合适的名分。我们不仅可以看到“研究机构”“烤白薯”这样的很自然的动词做定语的现象，也可以看到动词定语与名词定语共存，分层次地修饰名词的实例，如“语言研究机构”“炭烤白薯”等。

周韧（2007）主张把“纸张粉碎机”切分为（a），王洪君（2001）主张切分为（b）：

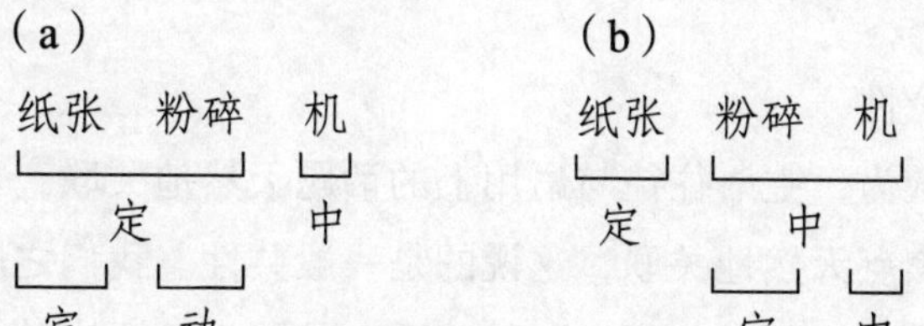

（a）
纸张　粉碎　机
└──────┘ └┘
　　定　　　中
└──┘ └──┘
宾　　　动

（b）
纸张　粉碎　机
└──┘ └──────┘
定　　　　中
　　　└──┘ └┘
　　　定　　中

我们赞同王洪君的观点。周文在评论（b）种切分方案时提出三点：1）"如果［N_1+［V+N_2］］的划分方式是正确的话，我们就应该得到'泥挡板'这类复合词，可是事实恰恰相反"。这一点，并非没有事实支持我们的观点，汉语里不乏"电唱机""雨刮器""脚踏板""角平分线"这样的复合词。2）"如果将'纸张粉碎机'这种格式都分析为'［纸张［粉碎机］］'，其实就是否认V和N_1有动宾关系"。我们认为，V和N_1有没有动宾关系不是特别重要的，动宾关系只是N_1+V+N_2这个结构方式中V和N_1多种语义关系的一种。从多重定语的修饰关系看，我们看不出具有动宾关系的"雨刮器""纸张粉碎机"和不具有动宾关系的"脚踏板""空气清新剂"有什么重大的差别，我们的切分方案（b）可以概括所有这些用例，而方案（a）只是针对V和N_1之间存在动宾关系的情况，而面对"脚踏板""空气清新剂"就难免要采取另外的方案了。3）非动宾关系的N_1+V+N_2中N_1和V之间可以自然地插入"的"（"美国的粉碎机"），而有动宾关系的N_1+V+N_2中N_1和V之间不能自然地插入"的"（"*纸张的粉碎机"）。在我们看来，定语身上加不加"的"往往反映的是临时属性和稳定属性的差别，"错版纸币的粉碎机"也未必不能说。周文说"在'纸张粉碎机'这类复合词中，如果V+N_2表示的是一种上位概念，那么N_1+N_2表示的就是这个上位概念中的下位概念"，这和我们的语感不符，我们的看法，N_1+V+N_2才是那个上位概念中的下位概念。

我们对汉语定中结构这种切分方法的坚持，信心来自多层结构中每个层次始终存在的"参照体—目标"关系。

11.3.3 汉语的述宾结构反映的是"预设—焦点"关系

11.3.3.1 共性与个性

语言类型学认为，主语往往与语用上的话题天然地关联，宾语往往与语用上的焦点天然地关联，这说的是一般共性。我们之所以强调汉语述宾结构与"预设—焦点"的关系，是因为汉语比其他语言有更多方面的例证。

在那些语法关系反映语义关系的语言里，直接宾语更倾向于用有定性高的或生命性强的名词，而汉语的动宾结构里宾语更偏爱无定名词却是显而易见的事实：

（1）? 我看见了他。　　（2）我遇见了一个人。
（3）? 我听到了这消息。　（4）我脑子里冒出一个奇怪的念头。

这一点，陆丙甫（2001）也曾注意到，他说："许多不定指的新信息，即使不是受事也能成为宾语。这同其他语言中的宾格标记要求高指别性正好相反。这是一个很有趣的矛盾。"这里的根本原因，我认为正如LaPolla（1995）所说："汉语动词居中的词序，具有把话题或非焦点NP跟焦点或非话题NP区别开来的功能。"

有了这一层认识，我们于是可以理解，为什么汉语的常规宾语位置比较排斥人称代词宾语，排斥较短音节的宾语（"*种植树""*阅读书""*选择课"。见冯胜利，2000；周韧，2010），原因正在于，人称代词这样的已知性很强的成分、单音节宾语这种信息量极低的成分，都不是负担常规焦点信息的。

11.3.3.2　从"动宾补"到"动补宾"

从历史句法看，汉语的某些句法结构，并不是天然的述宾结构，但语用的动力使之定型于述宾结构。我们曾经讨论过动词后趋向补语与宾语前后位置的变化问题，指出宾语的焦点性是其后移的根本原因（张伯江，1991）。其实，汉语历史上与"宾—补"有关的词序变化，不仅表现在趋向补语上，也表现在结果补语上。蒋绍愚（2005）指出，魏晋南北朝时期，曾有"V+O+C"和"V+C+O"并存的现象，"到宋代以后，'V+O+C'逐渐消失，最后动结式都归并为'V+C+O'一种形式"。以下是从赵长才（2003）中摘引的几个例子：

（5）更与一瓨诣池取水，犹见其影，复打瓨破。

（6）时王恚盛，不顾后世，寻拔利剑，斫右手断，次斫左手。

（7）是时色界净居诸天，即便化作大猛威风，吹彼树倒。

这种现象的存在，一般认为是汉语动补结构成熟之前的不稳定状态之一（吴福祥，1999），到唐宋以后，汉语动结式动补结构一律采用宾在补后，如“打破瓶子”“斫断右手”“吹倒那棵树”这样的语序。这个过程，一方面我们可以关注结果成分的语义弱化，另一方面也可以关注宾语成分的焦点化，也就是说，结果成分的弱化伴以宾语焦点性的强化，促成了现代汉语动结式的固定语序。

汉语历史上的“V+O+C”格式很容易让人联想到英语“宾语的形容词补足语”现象：

（8）He pulled his belt tight.

（9）He pushed the window open.

（10）He writes his letters large.

尽管英语的宾语补足语也常常表示动作所产生的结果，但是出于英语句法的制约，却一直保持着“V+O+C”的语序。不管在语用上强调对象（宾语）还是强调结果（补语），句子格局都是固定的。这一点下面再做进一步讨论。

11.3.3.3　从“命名”类双宾句谈双宾句的分析

现代汉语的双宾句，多数类型都可以做“V N_1 N_2” → “把N_2 V N_1”的变换：

（11）老王送徒弟一把钳子。

→老王把一把钳子送了徒弟。

→*老王把徒弟送了一把钳子。

（12）老师给学生一本新书。

→老师把一本新书给了学生。

→*老师把学生给了一本新书。

唯有“命名”类双宾句变换方式不同，变成把字句的话，是“V N_1 N_2”→“把 N_1 V N_2”：

（13）人们叫他二傻子。

→*人们把二傻子叫他。

→人们把他叫二傻子。

（14）同事称他智多星。

→*同事把智多星称他。

→同事把他称（作）智多星。

（15）江湖上叫他铁罗汉。

→*江湖上把铁罗汉叫他。

→江湖上把他叫铁罗汉。

这个类型的双宾句，与英语“They made him President.”有些相似。英语里句法上把President处理为主句宾语him的补足语，同时承认him和President之间有来源上的主谓关系。汉语的“命名”类双宾句，也可以看作省略系词性成分的结果（饶长溶，1985）：

（13'）人们叫他是二傻子。

→人们叫他二傻子。

（14'）同事称他为智多星。

→同事称他智多星。

（15'）江湖上叫他做铁罗汉。

→江湖上叫他铁罗汉。

不过，现代汉语里，不论来源如何，“命名”类既然与“给予”类表现出一样的词序形式，有了一样的语用结构，也就可以有一样的句法分析方法。朱德熙（1982）便是这样，把现代汉语的双宾句一律分析为“动宾+宾”。我们认为，朱先生的处理办法深刻反映了双宾句中N_2的焦点性：不论“老王送徒弟一把钳子”还是“人们叫他二傻子”，句法分析的第一层都是“述宾”关系，清楚地显示了焦点名词N_2的重要位置。

沈阳（2009）用“小句（small clause）理论”做汉语双宾语分析。做法是：“通俗地说，比如汉语中‘给予义’双宾结构‘我送女朋友一束花’，就大致可以看作是由主句A‘我送（+小句）’和小句A_1‘一束花给女朋友’或小句A_2‘女朋友有一束花’这样的两个不同级别的单宾动词结构构成的，其底层结构形式可以描述为：A_1：‘[SP我送V_1[SC一束花（给V_2）女朋友]]’或A_2：‘[SP我送V_1[SC女朋友（有V_2）一束花]]’。”这两种“小句”何以存在，不知有没有较为显明的句法证据；而本章这里讨论的“命名”类双宾句里明显存在一个由系词性成分构成的“小句”，沈文偏偏没有论及。比起朱先生主张的“述宾结构带宾语”方案以及陆俭明（1990）深刻论证的汉语双宾语结构分析法，这种“小句分析”法似乎不利于反映受事成分“一束花”和名称成分“智多星”共同的作为语用焦点的事实。

11.3.3.4 再看英语和汉语的不同

英语也不是相同的句法位置总是要求相同的词类的。根据Jespersen（1924）的介绍，英语里“连系式宾语（nexus-object，即主谓短语做宾语）”可以有多种类型：

（16）I found the cage empty.

（17）They made him President.

（18）He gets things done.

（19）She only wishes the dinner at an end.

Jespersen说："连系式的谓语部分可以是能在动词to be后作表语的任何词或词组。"上面摘录的几个例子，做表语的成分分别是形容词、名词、动词（分词）和介词词组。这几个例子，如果逐字对应地看，第一句有点像汉语"动宾补"的结构，第二句有点像汉语"命名"类双宾句，其他则没有相应的说法。英语里这些句子采用相同句法结构的原因，正如Jespersen所说，是因为最后一个成分都可以在前边加上系词。这说明，归根到底，句法制约还是决定性的。

汉语没有这样的句法制约，也就没有与英语平行的这样一组句子。而我们看到的从"动宾补"到"动补宾"的变化、"命名"类双宾句中判断动词的消失，这些过程，都凸显了一个事实：焦点性的宾语改变了汉语的某些句法结构。

11.3.4　补语与宾语的竞争

句末是汉语焦点的天然位置。动作行为中作为焦点得以凸显的，既有可能是动词所支配的宾语成分，也有可能是动作所遂行的程度、结果等，所以，"补语"也常常因其焦点性而置于句末。汉语的"述补结构"也是凸显焦点的语用要求所造就的一种句法结构。刘丹青（1995）说："状语和补语在句法方面性质一致。状语和补语的根本对立是语用对立。状语是谓核的附属信息，而补语通常是句子的焦点所在。"

当补语出于表达焦点的目的而与宾语竞争句末位置时，宾语不得不"另辟蹊径"（吕叔湘，1944a）让位给补语，主要就是通过"把字式"。吕叔湘（1948）对汉语把字句的形成有十分明确的断言："动词的后面紧接着一些成分，不容许宾语插在中间"，这个条件“才是近代汉语里发展这个把字句式的推动力”。吕文分析的“动词前后的成分”并不限于现在通常认为的“补语”，也有“偏称宾语”“动量宾语”等。沈家煊（2010b）论证汉语动词后表对象和表结果的成分具有一样的句法地位，可以合称“补语”。这个观点，与我们这里指出的汉语“宾语”“补语”的焦点性质是完全契合的。于是，我们所讨论的“宾语和补语的竞争问题”就成了不同类型的补语之间的竞争问题了：信息量低的成分，就以某种句法手段“让位”给信息量较大的成分。

这样的机制，不仅体现在把字句里，也体现在被字句、主谓谓语句、重动句等句式中。例如项开喜（1997）对重动句中前后两个VP的信息量对比做过透彻的分析，指出前一个VP里的名词性成分都是信息量极低的，而后一个VP往往表示超常的或非预期的意义，这是焦点占据句末位置的充分理由。

构式语法（Goldberg，1995）中与动词sneeze有关的例句：

（20）Pat sneezed the napkin off the table./She sneezed the foam off the cappuccino.

翻成汉语可以考虑的形式有：

（21）帕特打了个喷嚏把纸巾喷到桌下。/她打了个喷嚏把咖啡的泡沫都喷掉了。

（22）帕特打喷嚏时把纸巾喷到桌下。/她打喷嚏时把咖啡的泡沫都喷掉了。

（23）帕特一喷嚏把纸巾喷到了桌下。/她一喷嚏把咖啡的泡沫都喷掉了。

第一种译法最不自然，下面两个一个比一个自然。原因何在呢？我们觉得，不管是英语还是汉语，这里都是以事件的结果成分为语用上的焦点的（off the.../喷到……，喷掉）。所不同的是，英语除了把被强调成分放在句末这种语序手段以外，无法用形态手段调整“动—受”“动—结”关系的相对句法地位，即，尽管想强调结果，也无法让“off...”部分带上凸显事件性的句法标记，而依然只能让句子里常规动词sneeze带时体标记；汉语则有多种手段弱化“动—受”关系（用状语性的词语“一喷嚏”代替动宾短语“打喷嚏”；用“把”字把受事“纸巾/泡沫”提前），在句法格局上充分凸显结果补语，并且，可以把唯一的时体标记“了”加在补语部分。

这种“宾补竞争”的观点，不仅可以解释汉语述补结构的语用基础，也可以很好地解释述宾结构与述补结构形式上的平行性。朱德熙（1982）把动词后的体词性成分和部分谓词性成分处理为宾语，把动词后的部分表状态、结果的谓词性成分处理为补语，清楚地对应了语用上的焦点结构，不做焦点的成分另做处理（如：与补语语义类型相同的状语、与宾语语义类型相同的“把/被”的宾语，等等）。沈家煊（2010b）关于汉语补语性质的新看法，对朱先生“述宾结构”和“述补结构”的看法是一个更合理的概括。

11.4 结语

以上对主谓结构、定中结构、述宾结构、述补结构有关的一些实例的讨论，展示了汉语这几种主要句法结构形成的语用动因。世界上各种语言的句法结构都在一定程度上反映语用功能。但是，在有形态的语言中，形态制约是第一位的，语义和语用表达都受制于形态；汉语没有形态的束缚，汉语句法结构的形成和调整，都可以直接显示语用目的。朱德熙的句法主张形成于二十世纪六十年代，到现在已经过去半个世纪了。即便从《语法讲义》正式出版算起，也差不多有三十年了。近年来，现代汉语语法研究在深度和广度上都有傲人的拓展，研究范式也是百花齐放，大多还是以朱先生的理论框架为出发点的。我们在发展传统学说方面走的步子越大，就越是感受到朱先生观点的深刻意义和特殊价值。

（原载《汉语学习》2011年第2期）

第十二章　句式的跨语言观：把字句与逆被动态关系商榷

汉语把字句一直受到研究者的重视，自二十世纪四十年代以来，各种角度的研究成果层出不穷，基本都是在最初的研究结论（王力，1943、1944；吕叔湘，1948）基础上不断补正，对这一句式的句法语义特征的认识日益丰满。我们看到叶狂、潘海华（2012a、b）的文章，第一次把汉语把字句全面比附于其他语言的一个常见句式，该文作者力图挑战把字句为汉语特有的成说，试图证明“把字句是平行于作格语言逆动句（antipassive）的一种句式，属于语态（voice）现象，可以归入跨语言共性行列”。我们认为，这个看法的提出，不仅涉及如何认识汉语把字句相关的句法事实问题，更涉及如何系统地认识一个句式在本族语言中的地位以及句子表达功能的跨语言比较的理论问题。

本章首先讨论汉语把字句的事实认定问题，然后讨论逆被动所牵涉到的汉语与作格语言的功能异同问题。

12.1　汉语的把字句是不是针对宾语的一种句法操作？

叶、潘文所有讨论的出发点是，认为把字句是“作用于及物句论元结构的宾语”的一种句法操作。什么是及物句论元结构的宾语？叶、潘文没有正面给出定义。在一个题注中，作者谈及受格语言与作格语言的A、O和S三个成分时，说“汉语没有格标记，只能从语序和位置上观察”，这个说法，与国内通行的以朱德熙（1982）为代表的语法体系宾语定义是一致的。在这样的语法体系里，“把”字的作用能否看成是针对宾语的句法操作呢？我们注意到，朱德熙（1982）曾明确地说：“过去有的语法著作认为‘把’字的作用在于把动词后头的宾语提前，……这种说法是有困难的，因为大量的‘把’字句是不能还原成‘主—动—宾’句式的。”他举出的例子有：

（1）把换洗衣服包了个包袱

（2）把壁炉生上火

（3）把铁块儿变成金子

（4）把所有的东西都搬到新房子里去

（5）把大门贴上封条

（6）把画挂在墙上

（7）把话说得婉转些

（8）把一个南京城走了大半个

事实上，汉语把字句的研究，如果从王力（1943）算起，至少也已有了七十年的历史。从吕叔湘（1948）起，就对“提宾”的说法表示了质疑，提出很多“把”字宾语难以还原为其后动词的宾语的例子，如：“把细磁碗盏和银镶的杯盘逐件看了一遍”。吕叔湘（1965）进一步提出了多种不可“改成中性句”的把字句例子：

（9）炸弹把教室楼炸坏了一个角。

（10）他随手把这本杂志翻了几页。

（11）我已经把这段唱词录下音来。

（12）请你今天就把这个报告起个草。

（13）我已经把大门上了闩。

（14）咱们一定要把这个工作搞出个名堂来。

（15）把这块地分成三小块。

（16）不能把节约叫做小气。

这些例子共同的特点在于，句子里动词的后面都有一个宾语，如果把“把”字的宾语“还原”到动词之后，没有合理的句法位置。

句法理论上，自从Thompson（1973）起直至Huang *et al.*（2008）都曾想过各种办法解释这些例子，用所谓“外宾语”（受影响者）和“内宾语”（句法上的受事宾语）给不同的名词以句法安置，这是面对现成把字句的格局做出的解释，仍然无法证明“操作宾语”的句法过程。

以上事实数十年来得到汉语语法学界的共同认可，无须赘言。我们重新引述在这里，主要还是想强调，说把字句是针对宾语的句法操作，会遇到巨大的困难。除了以上事实外，我们进一步看到，有些例子里，与其说“把”字的句法变化是针对宾语的操作，毋宁说是针对主语：

（17）把**你**懒的横针不拈，竖线不动。（《红楼梦》）

（18）把**你**怕成那样？（引自詹开第，1983）

（19）真把**老太太**乐坏了。（同上）

有的是针对领有者：

（20）他不服从命令，所以把**他**免了职。

（21）我把**论文**拟好了提纲。

（22）我把**牛仔裤**剪去裤脚。

我们注意到，有的句法学派处理上述部分事实的时候采用“小句（small clause）分析”的办法，如“炸弹把教室楼炸坏了一个角”这个例子，可以先把“教室楼坏了一个角”分析为结果小句，然后让其中的小句主语提升为主动词“炸”的宾语，最后用“把”提升。即便如此，上面举出的很多例子，也很难推断出所谓“结果小句”是什么。如：

（11'）*这段唱词下音来。（<我已经把这段唱词录下音来。）

（12'）*这个报告一个草。（<请你今天就把这个报告起个草。）

（14'）*这个工作出个名堂来。（<咱们一定要把这个工作搞出个名堂来。）

（16'）*节约做小气。（<不能把节约叫做小气。）

（22'）*牛仔裤去裤脚。（<我把牛仔裤剪去裤脚。）

形态语言里判断一种句法操作是不是针对宾语的，大多有明确的形式标记可循；汉语尽管没有明确的宾语标记可以作为辨识依据，但是，如果断言某种句法成分是宾语句法操作的后果，那就至少应该能够给出操作过程的令人信服的展示。以上的讨论显示，不论按照传统语法“还原”为宾语常规句法位置的要求，还是按形式句法“小句分析”法来推导，都无证明汉语把字句是针对宾语的一种系统性的句法操作。这说明，所谓把字句“作用于及物句论元结构的宾语”的说法，作为一种论证的前提，就是面临很大困难的。

12.2 “把”字的宾语究竟是句法提升还是句法降级？

叶、潘文另一个基本点是：“把”字的作用是使其后宾语实现句法降级：“把字句的句法派生……就是对动词的直接宾语进行降级或隐现操作，使其成为间接宾语。”这个问题的关键点是叶、潘文把汉语“把”字视同英语里那样的介词。汉语介词语法上的虚化并不像英语那么彻底，“把”字区别于一般介词的个性更鲜明些（如我们可以说“把不把我放在心里”），因此，是不是一旦做了“把”字的宾语就像英语里做介词宾语那样降级了，需要从更广的视野，综合考虑系统性的汉语事实，才能得出全面的认识。这一部分，我们将从句法成分的性质和论元角色角度分别摆一摆有关的事实。

12.2.1　从句法成分看

说“把”字的作用是使其后的角色由原来的直接宾语降级为低于直接宾语的句法成分，也会遇到困难。且不说有相当多的学者已经把“把”字后的成分看成次话题（次话题与直接宾语句法地位孰高孰低还未有定论），就拿下边的事实来看：

（23）剥了橘子皮。<把**橘子**剥了皮。

（24）教练调整了林书豪场上位置。<教练把**林书豪**调整了场上位置。

（25）他们终于找出了问题症结。<他们终于把**问题**找出了症结。

一般认为，右边的把字句是由左边的定中结构分裂生成。不管“把”后的“橘子”“林书豪”“问题”定性为什么，至少是独立的论元成分，而相应的非把字句里的“橘子”“林书豪”“问题”都是定语。从依附性的定语变成独立的论元成分，句法地位获得了提升，而不是降低。

12.2.2　从论元角色看

把字句的“操作宾语”和“句法降级”观是相关联的。当我们看到“把”字操作的对象并不限于宾语、“把”字的性质也并不简单等同于普通介词的时候，我们会看到汉语“把”字作用的另外一些重要事实。论元角色就是不容忽视的方面。语法理论中一直有“论元层级”和“论元选择次序”的说法，尽管理论细节尚有分歧（见徐烈炯、沈阳，1998），有些基本倾向是有共识的，如施事最高，受事、客体其次，其他角色低于这几个。“把”字的宾语是什么角色呢？过去一般认为是受事，徐烈炯（2000）对这一角色做了更为细致的辨析，主张定名为“置事”（Disposed-of）。这个角色与通常所说的“受事”（Affected，Patient）和“客体”（Theme）部分重叠。照徐的文义理解，置事的论元等级地位应该高于工具、处所和受使等角色。那么，我们看看以下现象：

（26）把**手**捂在耳朵上（引自马真，1985）

（27）把**刀**砍在了自己左手的大拇指上（同上）

（28）何必把**火**烧到你身上去（同上）

以上这几个例子，可以说是工具成分做了“把”的宾语。

（29）把**一个红碗两个黑碗上**贴了名字（引自詹开第，1983）

（30）这地方人起乳名，常把**前边**加个“小”字（同上）

（31）把**牌子上**写个数目（同上）

以上这几个例子，可以说是处所成分做了“把”的宾语。

（32）把**红鱼**要一点不差的朝着他（老舍《黑白李》）

（33）山东话亮响而缠绵，把“**腿儿**”等字带上嘟噜（老舍《牛天赐传》）

（34）把**壶嘴**挨在那像两片枯叶似的唇边（谌容《人到中年》）

以上这几个例子，可以说是受使（causee）成分做了“把”的宾语。

工具、处所和受使角色不仅句法上很难做宾语、总是实现为旁语，其论元角色身份也都是明显低于置事的角色。这些较低的角色，经过“把”字的处理，成为了置事，如果仅仅看作旁语之间的句法转换，就会忽略了“把”字使它们论元角色大幅提升的语法事实。

12.2.3　从及物性关系看

叶、潘文说：“我们知道，宾语如果由旁格来实现，就意味着动词失去了直接宾语，就是去及物化，失去了及物性，当然就不会有高及物性了。前面已经证明，把字句的‘把’后NP，都是来自动词后的宾语论元，说明动词已经失去宾语，去及物化了。”我们前边已经说明，“把”字作为一种句法操作，既不总是针对宾语，也不一定是句法角色的降级，那么这是不是像叶、潘文所说的“去及物化”，也就大可怀疑了。

及物性概念，涉及多项句法语义参数，如动词编码几个参与者、完全影响还是部分影响、“把”字宾语是有定还是无定的，等等。（参看Hopper & Thompson，1980）这里我们简单讨论几个主要参项。

12.2.3.1　动词编码几个参与者？

谈及逆被动现象，所有句法论著都认同的一个看法是，逆被动句比起相应的常规句式，减少了一个主要论元角色，原来的及物句变成了不及物句，也就是说，相对于常规句子里动词编码两个参与者，逆被动句的动词只编码一个参与者。汉语的把字句也是这样的语法过程吗？前面的讨论已经显示，语言事实很难支持汉语“把”字是使常规宾语降级的说法，现在我们进一步要说明的是，“把”字的作用不仅不是降级，它的作用要重要得多，它至少是编码了动词的一个主要参与者。

许多语法研究论著在讨论到英语句子‘loaded the hay…’的时候，习惯于用汉语把字句来对译：

（35a）I loaded the hay onto the truck.　　我把干草装卡车了。

（35b）I loaded the truck with the hay.　　我把卡车装了干草了。

讨论这一对例子都是为了说明例（35a）里完全受影响的是the hay/干草，例（35b）里完全受影响的是the truck/卡车。值得注意的是，英语的句法策略是，让完全受影响的做直接宾语，不完全受影响的使用介词，标记为旁语；汉语则使用“把”字来标记完全受影响者。英语的上述策略，只有在两个相关的名词都是有定形式时有明显的对比，如果hay是不带定冠词的光杆形式，也不一定有完全受影响的意义；汉语则不管名词是定指形式的（那些干草/那辆卡车）还是光杆形式的（干草/卡车），“把”字赋予的完全受影响义同样明显。据李思旭（2012）对世界上属于不同语系的二十几种语言的调查，都是让不完全受影响的那个角色受贬抑——或用介词标记为旁语，或用格标记等其他手段。没有在完全受影响角色上加介词而不完全受影响角色不加标记的。

这个事实说明，首先，汉语“把”不是标记旁语的介词；其次，“把”在汉语里有更重要的句法作用，它是使完全受影响的成分得到语法编码的一种手段。

这样看来，“把”字不仅没有使动词减少了一个论元角色，反而更明确地标明了句子里受影响性最强的那个角色。

另外，叶、潘文强调使用“把”的句子“动词已经失去宾语，去及物化了”，“把橘子剥了皮”这样的句子，不仅没有失去宾语，而且，使得“剥了橘子皮”这样的单及物格式变成了双及物关系，不能算作去及物化，反而是增强了及物性。

大量事实证明，“把”字的宾语不仅不能省去不说（比较：“被”字的宾语常常可以省略），而且负载着重要的句法和语义负担：语义上，它体现了更彻底的受影响性；句法上，它常常是体现为完成体。

12.2.3.2　完全影响和部分影响

Hopper & Thompson（1980）指出：在作格语言中逆被动结构常用于表达部分意义，该功能在作格语言的主要群体中都存在，包括澳大利亚语言、波利尼西亚语言、爱斯基摩语言及高加索语言。在汤加语中允许出现在作格小句中的动词在小句为作格时带完全O，当小句为逆被动结构时带部分O：

（36a）*Na'e kai-i 'a e ika 'e he tamasi'i.*
PAST eat-TRANS ABS DEF fish ERG the boy
'The boy ate the fish.'

（36b）*Na'e kai 'a e tamasi'i 'i he ika.*
PAST eat ABS DEF boy OBL the fish
'The boy ate some of the fish.'

关于汉语把字句体现的"完全影响性"，张伯江（2000）有过讨论，举的例证是：

（37a）他把酒喝了。
（37b）他喝了酒。

可以看出，与上面汤加语的例子比照的话，把字句恰恰不是相当于逆被动式。

我们关于"完全影响"的说法曾经受到这样的质疑："但是有一些把字句动词后可以带吕叔湘（1948）所说的'偏称宾语'，如'把一盏酒淹一半在阶基上'，'怎肯把军情泄露了一些儿'，淹的显然不是全部的酒，泄漏的也不是全部军情。"（沈家煊，2002）这并不能说明"把"字编码的不是完全受影响的角色，否则为什么不说"把一盏酒的一半淹在阶基上""把一些儿军情泄露了"呢？再看如下对比：

（9'）a. 炸弹把教室楼炸坏了一个角。
b. ?炸弹把教室楼的一个角炸坏了。
c. *炸弹把一个角炸坏了教室楼。

（10'）a. 他随手把这本杂志翻了几页。
b. ?他随手把这本杂志的几页翻了。
c. *他随手把几页翻了这本杂志。

（11'）a. 我已经把这段唱词录下音来。
b. ?我已经把这段唱词的音录下来。
c. *我已经把这段音录下唱词来。

（12'）a. 请你今天就把这个报告起个草。
b. ?请你今天就把这个报告的草起了。
c. *请你今天就把草起个报告。

（13'）a. 我已经把大门上了闩。
b. ?我已经把大门的闩上了。
c. *我已经把闩上了大门。

（15'）a. 把这块地分成三小块。
b. ?把这块地的三小块分成了。
c. *把三小块分成这块地。

以上对比清楚显示的事实是：“把”字并不用于编码部分受影响的成分。

12.2.3.3 “把”字宾语的有定性和无定性

叶、潘文为了附会逆被动态句子里被降级宾语的无定性，提出了汉语“把”字所带宾语也可以是无定性的事实：“把后NP通常为有定早已为学界共识，把后NP为无定的情况也有，宋玉柱（1981），王还（1985），陶红印、张伯江（2000），Jiang *et al.*（1997）等都有这方面的论述，不再重复。另外，我们也注意到把后NP的有定性没有主语的有定性强。如‘人没了’可以，‘（一）个人没了’不好，但‘把个人没了’却可以。同样，‘凤姐病了’不好，‘把个凤姐病了’很好，似乎比‘把凤姐病了’还要好一些。这些差别和逆动式的旁格宾语通常是无定可能有一定的关系。”事实上，陶红印、张伯江（2000）通过大量实例观察，明确得出结论是：“第一，各类无定把字格式在现代汉语中都是受限的，数量上远远少于近代汉语。第二，‘把个+不及物动词’在近代汉语晚期为一常见格式，其功用是描写外在事物导致人物的心理情绪的变化。现代汉语中‘把个+不及物动词’的格式基本上不存在。……在这样的句子的基础上讨论把字句的理论问题不能不说是十分危险的。”

汉语“把”字宾语以有定形式为压倒优势的事实是无法否定的。也就是说，逆被动句里那个降级的宾语以无定身份为绝对主流，汉语把字句里“把”的宾语以有定身份为绝对主流。这是明显的对立。

12.2.3.4　及物性：句法观还是语义观？

汉语把字句的高及物性本是多数学者共同认可的事实，我们提出上述三点进一步的论证，为的是更充分地用汉语的句法事实说明：“把”字的使用，不仅不是降低及物性关系的句法手段，反而是增强及物性关系的手段。叶、潘文在讨论Hopper & Thompson的例子“a. I drank up the milk.”和“b. I drank some of the milk.”的对比时不承认a句及物性高于b句，认为：“如果我们只从句法上观察动词，就会发现a句中的drink其实是不及物的，因为其后带介词up，b句的drink则是及物的。”这样的判断显然违背了Hopper & Thompson所说“及物性”的原意，拿汉语事实来看，如果说“我爬山了”及物性高于“我爬上山了”、“我推门了”高于“我推开门了”，其不符合“及物性”的一般理解，是显而易见的。

12.3　作格语言的语法标记理据以及语法过程的目的

12.3.1　汉语是作格语言吗?

所谓逆被动现象，一般认为是作格语言的主要句法操作，人们称之为“逆被动”就是因为它在作格语言里的地位大致相当于受格语言里的被动式。“作—通格语言”和“主—受格语言”（以下简称为作格语言和受格语言，译名据吕叔湘，1987）是人类语言的两个主要大类。一般说来，受格语言大多有被动化的句法手段，作格语言则大多有逆被动化的句法手段。如果汉语在系统上属于作格语言，那么存在逆被动句法手段才比较自然。

汉语不是作格语言，至少有以下句法证据：

第一，受格语言与作格语言最主要的语法区别，“主要是看二成分句里的名词向三成分句里的主语看齐，还是向那里的宾语看齐”（吕叔湘，1987），即，单论元句中的唯一论元（S），在受格语言里是与双论元句的施事论元（A）取得一致，在作格语言里则是与受事论元（P）取得一致。吕叔湘（1987）明确地给予了辨析，他明确地否认了汉语动词倾向于进入作格语言那种句法格局里的可能。

他指出，除非是古汉语遗留的“使动用法”，现代汉语的不及物动词句“他立在树底下”“他坐在床上”“我饿了”都不采取“树底下立着他”“在床上坐着他”“饿了我”的说法。

第二，在吕先生论证的基础上，我们可以提供些进一步的句法证据，论证汉语的非作格性。从语法关系上说，受格语言最主要体现的是主格（包括A和S）与受格（P）的对立，作格语言则主要体现的是通格（包括P和S）与作格（A）的对立。和绝大多数受格语言一样，汉语是以主格语为句法主导的，而不是像作格语言那样的

以通格语为句法主导。（Palmer，1994，§4）

所谓“句法主导”，可以清楚地显现在如下句法事实中。

其一，在并置的连续小句之间，两个同指的主格语，不管是A还是S，后面小句的可以省略：

（38a）宝玉$_S$没趣。宝玉$_A$只得又来找黛玉$_P$。

（38b）宝玉$_S$没趣，［宝玉$_A$］只得又来找黛玉$_P$。

（39a）宝玉$_S$没趣。黛玉$_A$又来找宝玉$_P$。

（39b）*宝玉$_S$没趣，黛玉$_A$又来找［宝玉$_P$］。

（40a）宝玉$_A$来找黛玉$_P$，黛玉$_S$没在。

（40b）*宝玉$_A$来找黛玉$_P$，［黛玉$_S$］又没在。

例（38b）成立，表明汉语里S与A在句法身份上具有一致性，“宝玉$_S$”和“宝玉$_A$”可以实现同指，因此可以实现句法省略。例（39b）不成立，是因为两个小句的主语不同指，处于宾语位置的“宝玉$_P$”由于与同指的“宝玉$_S$”句法身份相对立，不能实现句法省略。例（40b）不成立，也是因为两个小句的主语不同指。需要特别指出的是，以上加星号的这两个句子，如果放在作格语言里，恰恰是合法的。这是因为作格语言一方面S和P标记为同一种句法角色——通格语，另一方面以通格语为主要句法角色，所以当S与P为同样位置并且同指时，就可以实现同指省略。

其二，在主句及其包孕的小句之间，也存在着A与A同指（或S与A同指）时从句里的主格语隐含的现象（例〔42〕也可以看作主句及其目的从句，这里姑且也跟包孕小句一起讨论；关于省略和隐含的差异，参看吕叔湘，1979）：

（41a）宝玉$_A$打算［宝玉$_A$］叫上黛玉$_P$。

（41b）*宝玉$_A$打算黛玉$_A$叫上［宝玉$_P$］。

（42a）宝玉$_S$闪开［宝玉$_A$］好让着黛玉$_P$。

（42b）*宝玉$_S$闪开黛玉$_A$好让着［宝玉$_P$］。

同样的道理，受格语言里指同的主格语之间可以实现句法同指隐含，作格语言里，则是像例（41b）（42b）那样，指同的通格语之间可以实现句法同指隐含。

以上这些句法证据的存在，正如吕叔湘（1987）所说："这就很难把汉语推向作格语言的一边了。"

12.3.2 受格选择与作格选择的话语动因

研究指出，世界上的人们之所以倾向于选择这两种语法角色排列形式，有其深刻的话语功能动因。Du Bois（1985、1987）对此有很好的解释。句法形式往往是语用功能凝结的历史结果，"主语—谓语"这种句法关系，就是语用功能"话题—说明"关系固定化的结果。在及物动词句里，A常常被选作句法上的主语，同时它也是语用上的话题，V+P是语用上的说明；在不及物动词句里，S就是话题，V是说明，把S视同为及物动词句里的A，即处理为句法上的主语，是为了体现S与A在语用上相同的话题身份。这就是很多语言选择受格系统的原因。

那么，另外一些语言选择作格系统是什么原因呢？难道说这些语言的人们不遵从"话题—说明"这个语用原则吗？研究发现，是另外的语用原则在这些语言中起了关键的作用，那就是在句子里如何处理新信息的一条重要原则。一般来说，一个句子只引进一个新信息成分，及物动词句的A偏向于是个已知的信息成分，新信息成分放在P的位置上；不及物动词句新信息则是在S的位置上。这样看来，S跟P在新信息这一点上性质相同，句法上做相同的处理，可以让这种信息分布格局有利于听话人自然地接受新信息。这是以通格为主导的作格系统形成的语用原因。可以这么说，受格系统的形成，是“话题—说明”这条语用原则在与新信息处理原则的竞争中取得了胜利，而作格系统的形成，则是后者战胜了前者。

这样的话语动因，也是理解这两大类语言基本句法格局的根本点。

12.3.3　逆被动是一种什么性质的语法过程？

受格语言以“话题—说明”原则为主导，无标记句式体现这一原则，语法变化也体现这一原则。受格语言最常见的语法过程是被动化，被动化就是将非施事成分话题化的一种语法操作。如英语：

（43a）They stole two old vases yesterday.

（43b）Two old vases were stolen (by them) yesterday.

同时，也是将原话题成分降为非话题成分的操作。如威尔士语：

（44a）Can-odd　y　côr　neithiwr.
sing-PAST　the choir last.night
‘The choir sang last night.’

（44b）Can-wyd　(gan y　côr)　neithiwr.
sing-PAST.PASSIVE by the choir last.night

作格语言以报道新信息原则为主导，无标记句式体现这一原则，语法变化也体现这一原则。作格语言最常见的语法过程是逆被动化，逆被动化就是将非受事成分焦点化的一种语法操作。例如：

（45a）[$nguma_i$　yabu-nggu　bura-n]　[$Ø_i$　banaga-n^yu]
father:ABS_O　mother-ERG_A　see-PAST　[$]_S$　return-PAST
‘Mother (A) saw father (O) and [he] (S) returned.’

(45b) [yabu$_i$ bural-**nga**- n^{y}u nguma-gu] [Ø$_i$ banaga-n^{y}u]
mother:ABS$_S$ see-ANTIPASSIVE-PAST father-DATIVE [ ]$_S$ return-PAST
'Mother (S) saw father and (S) returned.'

普遍的语法调查表明，在主/受格语言里，宾格比主格更常见带有特殊的句法标记；在作/通格语言里，作格比通格更常见带有特殊的句法标记。这说明，主/受格语言里主格更基本、更重要，作/通格语言里通格更基本、更重要。明确地说是：

主/受格语言：S+A = Subject NPs，主语与谓语的关系是主要语法关系

作/通格语言：S+O = Absolutive NPs，通格语与谓语的关系是主要语法关系

有了这样的系统性认识之后，再回过头来看"作格性的A→通格性的S"的问题，就可以明白，这其实是一种句法提升，而不是句法降级了。系统地看，主/受格语言的被动态和作/通格语言的逆被动态这两个句法过程有很强的平行性：

主/受格语言：
　主格A→旁格（或删除）：句法降级，减少了一个主要语法关系
　受格→主语S：句法提升，新创了一个主要语法关系
作/通格语言：
　通格P→旁格（或删除）：句法降级，减少了一个主要语法关系
　作格→通格S：句法提升，新创了一个主要语法关系

我们对这两种类型做了个简单清楚的对比，并不意味着世界上的语言都可以简单归入这两种类型。事实上，纯粹的受格语言和纯

粹的作格语言都不是很多，绝大多数语言都或多或少是混合型的。重要的是，混合的方式及其动因，正是基于上述话语动因的。如澳大利亚的Dyirbal语就是一种混合型的语言，但仔细观察就会发现，两种类型不是无规律混合的，明显的倾向性是：主语话题性强的（如人称代词）选用受格格局，新信息特征突出时选用作格格局（Du Bois，1985、1987）。这恰恰证明了两种类型话语基础的普遍性。汉语总体上呈现受格语言的特征，有没有一定程度的作格性？即使有，是不是明显地体现了作格格局的话语动因？而把字句的使用场合是不是恰恰对应于体现这种话语功能的场合？我们的回答都是否定的。

12.4　把字句：句法操作还是语用操作？

12.4.1　把字句系统上无涉逆被动

根据上一节得出的对被动态和逆被动态的系统性认识，我们可以拿汉语把字句来做一个简单的比较（见表1）：

表1

	被动态	逆被动态	把字句
主要语法角色：降级（或删除）	+	+	−
次要语法角色：提升	+	+	(−)
谓语：去及物化	+	+	(−)
语义：低影响性	+	+	−

这个表格的内容详述如下：

被动态：施事成分降级为介词的宾语，成为旁语，或删除；受事成分提升为主语；谓语从及物性结构变为不及物性的；句子语义降低影响性。

逆被动态：受事成分降级为介词的宾语，成为旁语，或删除；

施事成分提升为通格语；谓语从及物性结构变为不及物性的；句子语义降低影响性。

把字句：施事成分保持原来的句法地位，既没有降级也没有提升；受事成分得到一定程度的提升，用“把”标记出来；部分谓语从及物性结构变为不及物性的；句子语义增强影响性。

值得讨论的是把字句里的施事角色。上文我们说“施事成分保持原来的句法地位，既没有降级也没有提升”，这是因为没有观察到明显的句法证据。但是我们注意到把字句在实际运用中经常施事从缺的现象，把字句主语隐含与否在不同语体中的分布如表2所示（见郭圣林，2004）：

表2

	文艺语体	科技语体	政论语体	事务语体
主语隐含句	72	175	202	12
非主语隐含句	1540	60	666	3
隐含非隐含比数	0.047	2.92	0.303	4

我们知道，逆被动态的一个主要特点是：原来的双论元句经逆被动过程变为单论元句，施事成分变成句子的唯一论元。反观汉语把字句，如果按叶、潘文的观点，“把”字把原来的受事角色降级为旁语，那么把字句中的施事成分就成了单论元句的唯一论元，它就是不可或缺的了，这样的话，当施事从缺的时候，整个句子的结构如何看待呢？逆被动化最关键的一点就是新的句法关系的创生，主语从缺的把字句，除了使一个句法角色“降级”以外，新创的句法关系是什么呢？

如果按我们的解释，“把”字标记了一个重要的角色，施事从缺的把字句就是以“把”字宾语为主要角色（即，次话题）的单论元句。

这就可以明确得出结论：汉语把字句与逆被动句本质上是不同的。

12.4.2 把字句的句法动因和语义动因

把字句形成的句法和语义动因是什么？二十世纪中叶，以吕叔湘“谓语复杂性”的说法最具代表性，这是一种结构角度的解释。近年来延续这一说法的有张敏（2010）的“动后限制”说以及张伯江（2011b）的“句末焦点竞争”说，都没有明确说过把字句是一种经历了句法操作的语法过程。

从语义角度的解释，有薛凤生（1989）、张伯江（2000）的“完全影响”说。这是侧重于对“把”字标记受影响者这一事实的解释。

从篇章角度观察，把字句有强烈的依赖上文的倾向（张伯江、方梅，1996，§1），以下是郭圣林（2004）统计的把字宾语与上文的联系情况（见表3）：

表3

	与上文联系紧密的	与上文联系不明的
小说	169 / 69.8%	73 / 30.2%
散文	209 / 87.8%	29 / 12.2%
诗歌	97 / 82.9%	20 / 17.1%
戏剧	81 / 83.5%	16 / 16.5%
总计	556 / 80%	138 / 20%

总计80%的依赖上文现象，足以说明把字句是一种极度依赖篇章的句式。

把字句的上述特点造成两方面的句法后果。

第一，把字句难以实现关系化，例如：

（46a）完成了任务的工人们

（46b）*把任务完成了的工人们

（47a）攻下主峰的突击队

（47b）*把主峰攻下的突击队

石毓智（2000）报告了他对《编辑部的故事》的一项统计：把字句出现在句子平面的是370例，出现在从句平面的只有4例。

考察过把字句的篇章属性后，这个现象就不难解释了：强烈依赖上文语篇的把字句，当然很难独立地出现在从句里。

第二，“把”字后的宾语不能省略，例如：

（48a）我把屋子收拾好了。
（48b）*我把收拾好了。
（49a）这件事你别把它放在心上。
（49b）*这件事你别把放在心上。

叶、潘文强调“把”字的作用是使宾语降级，这是比附逆被动态往往是用一个介词使句中的受事成分实现句法降级的，而那些真正具有逆被动态的语言里受事不仅降级为旁语且往往能省略，就像被动态里被动标记往往能使被其操作的施事省略一样。汉语“被”字后的施事常常可以省略，确实是汉语被字句对应于其他语言被动式的一个特征；而把字句“把”后宾语的绝对不可省，不仅说明“把”字的作用不是让谁降级，而正如我们上面强调的，“把”字特别强调它所标记的那个宾语。

12.5　余论：把字句的价值与句式的跨语言比较问题

什么样的句式可以进行跨语言的比较？应该是在各自的语法系统中具有相当地位的。逆被动句在一般语法理论看，是与被动句相当的一种句式，是一种句法变换式。汉语里与被动/逆被动相当的可以说是被字句，无论从句中各个角色的价值看还是从语法过程看都是如此。

汉语的被字句是明显含有被动化过程的。早期的形式句法简单地把句首主语看成宾语移位造成的，新近有代表性的处理办法尽管不再认为主语是从宾语移位而来，但仍然强制性地假定宾语移走，只不过是通过一个空算子移位实现的。（详见Huang *et al.*，2008，§4.1.2）这个方案仍然体现了我们上面描述的“施事成分降级，受事成分提升，及物句不及物化”的总体特征。与此同时，句法学者也观察到，“‘把’字结构的推导方式与‘被’字结构不同”，“‘把’不指派任何论旨角色：‘把’字句的主语和‘把’后NP都没从‘把’那里获得论旨角色。‘把’字结构不涉及算子移位”。（同上，§5.1—5.3）这说明他们也观察到把字句并不强制性地使施事和受事提升或降级。

以上是形式句法的理论假设。下面我们试图从功能语法的角度对把字句和被字句的实质差异做出解释。以下是引自郭圣林（2004）的一项统计（见表4，表中数字为每万字中被/把句数）：

表4

	文艺语体	科技语体	事务语体	政论语体
被字句	9.69	4.84	2.43	4.78
把字句	13.66	12.36	0.36	7.82

这个统计说明，把字句对语体选择的倾向性是很强的，这种倾向就是由沈家煊（2002）所论证的把字句的主观性语义决定的。相比之下，被字句的倾向性就不那么悬殊，在不同语体里显示出一定的普适性。[①]这说明，被字句是汉语里比较正常的句法现象，而把字句则是语用特征鲜明的一种句式。

叶、潘文提出的把字句跨语言观，引发我们对句式研究跨语言观察方法的思考。我们觉得，Croft（2001）的几句话值得深思：“是否存在一种普遍的、揭示语言共性的方法，可以证明个别语言中句法范畴与句法关系的存在？”“在某种意义上，不存在普遍语法。也

① 石毓智（2000）也对被字句出现在主句/从句里的情况做了统计，是49/11，也与把字句的370/4形成鲜明对比。

就是说，没有普适性的句法模板，也没有普遍的句法范畴、语义关系或语法构式。”“语言共性不存在于句法结构中，而是在语义结构、象征结构中，即从语言功能到语言形式的映射中。”

把字句已有的多项研究表明，它是汉语语法系统中一种偏重主观化表达、具有特殊语用价值的句式，不与一般语法理论中所谓“句法过程”相关。它是与汉语注重主观性表达、注重话题结构、不重论元结构的总体语法特征相适应的。其他语言里有没有相应的句式可做对比，在对汉语之外某种语言做全面、系统的形式、语义和语用观察之前，我们还难以得出结论。

（原载《语言科学》2014年第6期）

第十三章　什么时候用把字句

什么时候用把字句？早期语法研究是有志于彻底回答这个问题的，最有代表性的是王力和吕叔湘。王力（1943、1944）提出著名的“处置说”时，明确说把字句“专为处置而设”“专为积极的处置而设”；吕叔湘（1948）认为处置意义只是把字句使用的一个消极方面的原因，积极方面看，还应该是结构原因：“把字句式初起的时候也许是并没有特殊用途的一种句法，但是它在近代汉语里应用的如此之广，主要是因为有一些情况需要把宾语挪到动词之前去。”随着把字句的句法细节越来越多地揭示出来，人们对“什么时候用把字句”这个问题越来越谨慎，重点转向描写和揭示把字句具有哪些特点，而很少谈及决定把字句使用的根本推动力这个问题。

囿于条件和方法，目前通行的使用现实文本和内省材料两种方式都有局限：用内省的办法可以测试出句子能说不能说，但很难测试出什么场合说，什么场合不说；用现实语料也只能观察用了把字句的场合有什么特点，却得不出这样的场合可不可以不用把字句的观察，于是，所谓“使用条件”也只是个表面的观察。本章使用一份特殊语料，能够观察相同语义条件、相同叙事环境下句式选用问题，可以说是把字句“最小对比”的理想材料。

这是清代末年一份文白两种版本的官员出访日记。《英轺日记》12卷，唐文治著（日记作者署载振名，即庆亲王奕劻子，但实为其下属唐文治执笔），1903年出版。1902年，时任外务部员外郎的唐文治随载振赴英，庆贺英王爱德华七世即位，自天津大沽口南下，经新加坡、斯里兰卡、亚丁湾、希腊等地至英国，回国途中，路经比利时、法国、美国、日本等地。日记内容即为该段时间在外的见闻、考察与思考，日记相当于考察报告，文本风格相当严肃。上海商务印书馆出版《绣像小说》第1—40期（1903—1904年）刊载《京话演说振贝子英轺日记》12卷，为前者之白话本。文言本121731字，白话本内容有所删减，为73072字。本章所据为李文杰、董佳贝整理《英轺日记两种》，凤凰出版社2017年出版。

这份材料在语法研究上的特殊价值在于，它的文白两个版本1）写作时代完全一致，2）写作目的完全一致，3）记述内容完全一致，唯一不同仅在语体的差异。如果在一种语体里出现了把字句，而另一语体相应的地方没有使用相应的句式，这就成为我们观察“什么时候用把字句”的最理想窗口了。

我们首先从白话本中检出所有的把字句，然后对照相应的文言说法。在穷尽考察材料的基础上，讨论“什么时候用把字句”的问题。大致依照时间顺序，讨论语法学史上先后出现过的这几种学说：其一是王力（1943、1944）最早观察到的处置意义，我们称之为“语义处置说”；其二是吕叔湘（1942、1948）从句法成分制约角度的观察，我们称之为“结构制约说”；其三是沈家煊（2002、2009b）从认知语义角度提出的“主观处置说”；其四是叶狂、潘海华（2012、2018）以及金立鑫、崔圭钵（2019）从作—通格语言句法变化角度提出的两种看法，我们称之为“句法操作说”。

13.1 语义处置的验证

一般认为，以“把”字为标志的处置式是在近、现代汉语中得到大发展的。这一点在我们的材料中得到文体角度的显示：文言本中没有一例把字句，白话本中检出78例把字句。汉语的文言文体，直至二十世纪初，一直是以先秦汉语和唐宋古文为规范，因此，我们的材料尽管是清末文人的作品，文白两种文本的差异仍然在相当程度上反映了古今汉语的差异。

汉语史研究者还认为，古汉语里有不同形式的处置介词，所论及主要有“将”字和“以”字。我们在《英轺日记》的文言本中也检出了这两种处置式。以下是文言本用“将”或“以”表示处置、白话本相应用的是“把”字的例子（本章文白对比的例子均统一编号，每例a句为文言本，b句为对应的白话本）：

（1a）办理绘图事宜有二，一先命测算家**将**本乡所有田地丈量妥善分明界限，绘成一图，并详明某地主田地若干，所种何物，除清费用尚有余利若干，即行注册，……

（1b）画图也有两个法子：一个是叫精于测算的人**把**本乡所有的田地，丈量清楚，分出界限，画成了图，注明某处有某人的田若干亩，田里种的是什么东西，除掉费用，一年还有多少钱的进款，一一记在册上。

（2a）闻近日法国因新易政府，更定学堂规制，不准男女教士充当教习，并欲**将**教士遣归乡里。

（2b）听说法国新换的政府，重订学堂规制，不准男教士跟女教士当学堂里的教习，并且想**把**教士送回本土。

（3a）责成地方官先**将**田地所种何物分明，列为等第，……

（3b）责成地方官，先**把**地头种的东西，一等一等的分开。

（4a）辨土股长掌查考土性宜于种植之事及**将**通国地土绘图列说，以资考究，兼考查种植烟叶之事。

（4b）辨土股长，单管查考土性，跟着**把**通国的土地，绘图贴说，等人家去研究，又考查种植烟叶的法子。

（5a）复准民间自设工商学会，只须**将**章程禀官查验存案，并准地方官入会为会友，其提倡可谓至矣。

（5b）此外还许百姓们自立工商学会，不过**把**章程送到官那里查验查验就是了。

（6a）因一面电询张德彝，一面饬翻译潘斯炽暂**将**行李发回。

（6b）一面打电报去问张德彝，一面派翻译潘斯炽**把**行李发回。

（7a）兵丁一经验看，即**将**名次列单，按镇张告。

（7b）那些验看过的人，就**把**名字写了，贴在各处，使人知道。

（8a）房产税课之法，乃于进利中，**将**原价若干，分定年月，扣除其应修补各费，一律除清。

（8b）派定房产税课的法子，是在进款利钱的里面，**把**原价若干，分定了每月扣除，一应修补的费用，也除掉了。

（9a）或不遵守谕令，除**将**盐质、盐水及所提之盐、造盐、运盐各具严拿入官外，……

（9b）或是不遵照章程，除**把**盐质、盐水跟提出来的盐、造盐贩运的家伙，一并充公……

（10a）各公司除纳地税外，别纳转运税。每年先**将**进项簿送官查验，然后抽收。

（10b）各公司除掉完纳地税之外，另外纳一种转运税，先**把**进款的簿子送官查验，然后抽收。

（11a）小学校欲该堂学生留宿，须商诸稽查人员回明乡官，**将**学堂基址开明呈阅奏准，方可办理。

（11b）小学堂要学生们留宿，要跟稽查人员商量，回明乡官，**把**学堂的地基开明呈阅，奏准了，方能办理。

（12a）中分两殿，后殿为拿破仑墓，筑石为阙，光文辉映，绘拿破仑生平七大战事以饰承廛，**以**当时所获各国旗帜悬四壁，**以**所获铜炮铸铜人二立墓前。石椁赠自俄君，色黑肉好，复聚其生前衣履器用，藏于别室，……

（12b）当中是座殿，殿后是拿破仑的坟，竖着一根一根溜光的石头，刻着拿破仑生平七大战事，**把**当时得着的各国旗帜，挂在四面。又把得着的铜炮铸了两个铜人，活的时候穿的衣帽靴鞋，一样一样的都藏着呢！

（13a）近旁仙人冈有一大磁铁矿床，以是制铣可得二百二十三万吨，……

（13b）旁边有座仙人冈，有一个大磁铁矿床，把他制铣铁，有二百二十三万吨。

以上所罗列文白文本中“将/以”跟“把”对当的情况，或许可以证明王力的语义处置说：文言、白话文体不同，但表达同样意思的时候，都用了处置式，这个现象必然是处置意义的要求。

全书“将”和“把”对当的情况，计11例；“以”和“把”对当的情况，计3例。值得注意的是，减去这14例，其余65例白话把字句，在文言里均非处置式。这说明什么呢？难道相同事件的叙述中，是否具有处置意义，作者是举棋不定的吗？我们觉得，王先生处置说的解释力，还应该从另外的角度去认识。那就是，同样的动词，在文言里是有界的，动宾组合已经含有处置意义，到了现代白话里，须要加上补语才形成有界的谓语，如“阖窗”→“把窗户闭上”，“置纸”→“把纸粘上去”，“据高卢地”→“把高卢夺了过来”，“存储一切赔偿等费”→“把一切赔偿的款子存起来”，这是文白处置标记不对称的一个重要原因。我们既然是考察语义处置的对应性，应该说，这种文言里有界的“动+宾”格式跟白话里“把宾+动”格式其实在处置意义上也是对等的。

13.2 结构制约的证明

近、现代白话里为什么把字句大量使用？吕叔湘最早提出并回答了这个问题。早在出版于1942年的《中国文法要略》（上卷）里，他就指出白话里的把字句“有时候非应用‘把’字的说法不可”，为什么呢？他说："是因为（一）动词的后面紧接着一些成分，不容许止词插在中间，或（二）动词前面有特殊的限制词，非安放在止词之后不可。"王力（1943）也注意到"处置式的目的语的后面不能只跟着一个简单的叙述词"，必须附带"末品补语"等。本章对《英轺日记》的文白对应形式的考察，也充分说明了吕、王二位的观察是很有普遍意义的。以下分类举例。

13.2.1 趋向补语

文言里有些结果意义的"动+宾"形式，到了白话里，要加上趋向补语，这个时候趋向补语后边就不再方便加宾语了，于是用"把"字处理：

（14a）当是时，葡萄牙已至其地，开商埠、通贸易。荷兰继至，夺锡兰岛，开港通市。

（14b）明朝建文皇帝时候，……葡萄牙已经开了商埠，在那哈儿做买卖了。荷兰国人**把**锡兰岛夺过去，跟葡萄牙在一块儿做买卖。→*夺过去锡兰岛

（15a）齐梁间，日耳曼郎哥部酋长有哥易路者侵罗马，据高卢地，遂以立国。

（15b）齐梁的时候，日耳曼郎哥部酋长名字叫作哥易路，带了人马，侵犯罗马，**把**高卢夺了过来，筑了一座城叫作巴黎。→*夺了过来高卢

（16a）会计股长司本部收支数目，存储一切赔偿等费及其证券。

（16b）会记股长管本部收支数目，**把**一切赔偿的款子存起来。→*存起来一切赔偿的款子

（17a）如首领任满，则推副者为正，或副者不协人望，则别行推择。

（17b）倘或是正统领满了任，就**把**副统领推上来，副的要是不

行，得重选一个。→*推上来副统领

以上各例，“夺锡兰岛”“据高卢地”“存储一切赔偿等费”“推副者为正”都有明显的结果意义，白话里则是借助趋向词“过去”“过来”“起来”“上来”表示结果。下面几个例子单看“阖窗”“置纸”“出图”结果义不明显，白话加了趋向词就十分显豁了。

（18a）舟仍行印度洋。风大，簸甚。舱中皆阖窗，天气郁热，夜不成寐。

（18b）船照旧在印度洋里走。风大的狠，船上**把**窗户都闭上，把人闷得慌。→?闭上窗户

（19a）机长十数丈，此端置纸，旋至彼端，反正均已印全，……

（19b）机器有十来丈长，这一边儿**把**纸粘上去，那一边儿反过，已经有了字了。→*粘上去纸

（20a）督工大臣柯山出图相示，手指口画，深得窾要。

（20b）督工大臣柯山，**把**这电气船的图拿出来，告诉人家如何用法，说得狠明白。→?拿出来这电气船的图

13.2.2　结果补语

动结式是汉语发展史上一个标志性现象，一般认为，这是汉语词汇双音化的大趋势下的产物，是连动现象的凝固。与此同时，动结式中做补语的语素更多承担了结果意义，并获得了语义焦点。如下例中“杀败”“逮住”“裁掉”都是得到强调的部分，虽然它们还可以带宾语（“杀败了北狄跟苏格”“逮住了那几个为头的人”“裁掉了这议员的条例”），但由于强调，它们占据了句末。

（21a）厥后，英人攻克北狄、苏格，并其全土，爰立国号。稽

其世系，共分八朝：曰萨索尼，……

（21b）后来，英国人把北狄跟苏格杀败了，这才立了国号，一古脑儿有八朝。

（22a）乾隆十四年，驻拔退维亚荷官因事激变华民，旋用兵攻杀华民十余万人。荷主大怒，立拘荷官，牒告闽、粤总督，谓兹事重大，敝国殊怀悚歉，现拟办法有三……

（22b）乾隆年间，荷兰杀了许多中国人，荷兰国的官，把那几个为头的人逮住了，一面写信给粤闽总督，问怎们办。

（23a）不尔奔朝有君曰路易十四，抑议员，重门第，（而）君权炽。

（23b）不尔奔朝有个皇上叫做路易十四，把这议员的条例裁掉了。

（24a）进项中应先除一切耕种、培植、收获各费。馀利酌中为定数，按年就此数抽税派定。

（24b）进款里面，先把一应耕种、培植、收获的费用除掉了，多下的定一个数，每年就按这数目抽税。

（25a）申刻，率同参议梁诚、参赞汪大燮入宫辞行。……旋归寓。拟贺礼告成由英启程日期奏稿饬供事恭缮。

（25b）申刻，带了参议梁诚、参赞汪大燮到宫里去辞行。回到寓里，把贺礼告成由英登程日期的奏折叫人弄好，马上就发。

再看一个状态补语的例子：

（26a）考日本教育之法，自维新以来，视兹事尤重。

（26b）查日本教育的法子，打维新以后，把这回事看得最重。

文言“视兹事尤重”这种连谓句法白话里没有直接对应的说法，只能用状态补语句来处理。但白话里也没有“看得重这回事”的句法，就只能借助于把字句。

13.2.3 处所补语

文言里很自然的“动+宾+介词短语处所”，以及连动式“动$_1$+宾，动$_2$+宾语处所”，在白话里都发展为用把字句处理。

（27a）有由此得名位、立功业者，悬其像于厅事，使生徒朝夕坐对，景慕之心油然而生。

（27b）他们的统帅，也有在这堂里出身的，一个个都**把**他照片挂在大厅上，好等那些学生看了羡慕他，这也是鼓励人心的意思。→*挂他照片在大厅上

（28a）局长试验化学染水之法，先置黄色水于瓶，搀以药水少许，成红色；……

（28b）局长试验化学染水的法子给他瞧，先**把**黄水搁在瓶里，另外兑了点药水，就成了红水了。→*搁黄水在瓶里

（29a）及炼钢，则入铁于巨瓮，悬置低炉受热复化乃出。瓮以机转侧之。

（29b）要是炼钢，就得**把**铁搁在一个大瓮子里，等到烧烊了，拿出来搁在机器里。→*搁铁在一个大瓮子里

（30a）至路易十六时，逮议员下之狱，而变生矣。

（30b）后来路易第十六**把**议员都掏在监里，这一下子，可砸了。→?逮住议员，掏在监里

（31a）义勇为内部大臣所辖，国人自十八岁始至二十岁止，籍其名、登诸册，其数亦由议院酌定。如议院议于常备兵外，增添义勇额数若干，则稽诸簿，掣签应用。

（31b）义勇归内部大臣管，百姓打十八岁起，二十岁止，**把**他名字记在册子上，将来议院里议出来，说是要添义勇多少人，打开册子，一个个的叫了来，抽签听用。→?登记他的名字，记在册子上

（32a）午初，发行李至车栈，拟赴沙滩屯海口。适参议梁诚晤

洋员金登干，……

（32b）午初，把行李搬上车栈，正打算到沙滩屯海口，可巧梁诚碰着金登干，……→？发出行李，搬上车栈

（33a）旁有钱桥，缀以机炼，挽运煤铁诸物实之于炉，……

（33b）旁边有座铁桥，是预备把煤铁两样送到炉里去的。→？运来煤铁两样，送到炉里去

13.2.4 额外宾语

额外宾语（extra objects）这个说法来自吕叔湘（1948），指动词后头另有宾语，包括偏称宾语、保留宾语、动量宾语等。

（34a）鏖战方酣，忽出二马，束草象人骑于上，突而前。群跃马持矛搏击之，草人卒无恙。

（34b）有两个学生，把草扎了人，骑在马上，大伙儿拿着家伙戳他。

（35a）三年，格兰多为大都督，作二军，一军沙尔满将之，一军格兰多自将之，与南大将黎会战累日，……

（35b）第三年，格兰多做大都督，把兵分为两路，一路叫沙尔兰带了，一路自己带了，跟南军大将姓黎的打仗。

（36a）置翻译局于开成所，复改昌平黉为大学校。

（36b）开成所还有一个翻译局，又把昌平黉改做大学校。

（37a）国人追慕其德，名其国都曰华盛顿，至今列在七大国之一云。

（37b）华盛顿看看他这独立国是弄成了，照旧回去种田。后来百姓们，追慕他的功业，就把美国的京城叫做华盛顿，以志不忘。

（38a）昔人称高等法院为有主权法院，其说非也。

（38b）从前把高等法院叫做主权法院，其实不是。

（39a）欲集群力，建立孔圣学堂，以教寓坡华民子弟，具呈坡

督准转英藩部核议，有章程呈递驻英使臣张德彝，俟与英外部商定，即为入告。余嘉之，为奖励数言。

（39b）打算造一座孔圣学堂，教新嘉坡商人的子弟。在坡督那里递了个禀帖，坡督已经答应他，交英藩部核议。当时就**把**这余勉然奖励了一番。

（40a）海部上其事于君主，君主与枢密院商定，发交海部。

（40b）海部**把**这回事告诉了皇上，皇上跟枢密院一商量，商量妥了，通知海部。

13.2.5　特殊的动词变化

一是动词前带"给"的例子：

（41a）咸丰十年，南部加罗里那先叛。明年，诸州应之，议立遮费泰威为大统领，出兵毁北部城寨，夺其船。

（41b）咸丰十年，南部加罗里首先开衅，各州都附和他，立了一个叫做遮费泰威的，算做大统领。一出兵，就**把**北部的城池给毁了，又夺了北部多少船。

二是动词自身重复造成动量补语：

（42a）后毛氏以其社主旨扩告万国，自称万国中央社，以斡旋各国赤十字社之交通，……

（42b）后来毛阿尼曳，**把**这会好好的扩充了一扩充，自称万国中央社，各国也募集了些博爱慈善的人做社员。

以上分五种情况观察实例，验证吕叔湘的结构制约说，可以看出，吕先生的说法，是可以概括绝大多数实例的。

13.3 主观处置说的验证

13.3.1 说话人的情感、视角和认识

沈家煊（2002）用充分的事例论证了把字句的主观表达特点，论及说话人的情感、说话人的视角和说话人的认识。其中一个重要的观察是，把字句经常表示用处置对象做说话人的移情焦点。以下事实显示，文言选作被动式主语的移情成分，到了白话里，用的是把字句：

（43a）考埃及系西方最古之国，……至周景王时，为波斯所并。迨显王三十九年，希腊王亚勒散德克而取之，建大城，命以己名。汉时，降于罗马者数百年。唐初，谟罕蓦德创回教于阿剌伯、埃及，与接壤，遂为所夺。

（43b）这埃及地方住的都是犹太人。周景王的时候，给波斯夺了过去。周显王三十九年，希腊王亚勒散德把波斯征服了，统要回来。汉朝的时候，投降到罗马国里。唐朝的时候，谟罕蓦德又**把**他夺了过来。

这段话讲的是埃及的历史，情感上始终是钟情于埃及的。文言先后用了“为波斯所并……克而取之……降于罗马……遂为所夺”，值得注意的是两个被动式，表示了情感的聚焦点；白话与这两处相应的，一是“给波斯夺了过去”也是被动式，二是“把他夺了过来”，用的是把字句。汉语被动句的主语常常是主观移情所在，张洪明（1994），沈家煊（2002）均已论证，而白话的把字宾语表示移情焦点，是历史上的新生现象，主观意义更强一些。白话的叙述，跟文言文本大致相同的是，回指埃及时，大多用的是零形式，但到了

这一句“把他夺了过来”却用了个有形的代词形式把移情对象突出了出来，谓语还加了个副词“又”，主观处置意义非常鲜明。

再如这个例子：

（44a）夜风狂猛，舟大撼，礚然一声，若惊霆之不测。盖系浪击船面，铁梯为断，其余玻璃碗盏、器具倾倒撞碎之声，不绝于耳，余不得寐。

（44b）到了晚上，一个浪头打到船舱上，**把**铁梯都打成两截。

文言“铁梯为断”用的是被动式，白话“把铁梯都打成两截”主语是无生命的“浪头”，是典型的“追究责任”用法，亦即主观处置式。

（45a）【下午往拜英王子翘耳治】英例立长。英主二子，其长子蚤世，未有孙，故翘耳治得世及为储君。

（45b）【下午，去拜英国的王子，叫作翘耳治】英国的规矩，是该立长子为太子，因为这翘耳治的哥哥早就过去了，所以就**把**他立为太子。

“翘耳治得世及为储君”也是被动形式，白话用了把字句。有趣的是，同样是谈及他哥哥，文言用的是“其长子”，是站在他父亲的立场上叙述，白话却是站在翘耳治的立场上，紧接着又用把字宾语“他”回指，移情于翘耳治的色彩非常清楚。

把字句主观性的另一方面是表现说话人的主观视角，下面这个例子说明问题：

（46a）英国君民期于全国囹圄悉为庠序而止。

（46b）英国的皇上，狠想**把**监牢统统改作学堂才好。

"把字句经常体现说话人对受事量的主观判断"。(沈家煊，2002)监牢不可能无一例外都变成学堂，这句显然是夸大之辞。值得注意的是，文白两种文体除了都用了全称副词("悉""统统")以外，文言又用了词汇形式"全"，而白话用的是句法形式——把字句。

把字句表达说话人的认识：

(47a)盖西人论学，辄谓：念者，事之基萌。一念而事即随之，故治念然后可治事，……

(47b)他们论学，说念头是事的根基，先**把**念头治好了，才能够治事。

白话这个句子，说成"治好了念头，就能够把事治好了"行不行呢？事实上，如果仅仅是客观表达，"他们(西人)"对"治念"和"治事"二者关系的看法，就是前因后果的关系而已。但说话人在这里特别强调西人对"治念"的强调，人为地在普通因果关系之上又加上一层强调，即用把字句处置一下"念头"——只有处置性地完成了"治念"，才能使它作为"治事"的先决条件稳稳地成立。这里体现的是说话人对因果关系的认识。

实例显示，沈家煊的主观处置说是很有解释力的。这一节的讨论中，我们只是选取了主观处置意义很有代表性的几组例子，事实上，几乎所有的例子都可以获得主观处置的解释，因为在沈先生的学说里，主观处置是包含客观处置的。于是，我们的考察结果是：主观处置说也可以解释一大批实例。

13.3.2 无主把字句的主观性解释

把字句实例里，主语不出现的情况相当地多，如前文出现过的几个句子：

（31b）义勇归内部大臣管，百姓打十八岁起，二十岁止，把他名字记在册子上，将来议院里议出来，说是要添义勇多少人，打开册子，一个个的叫了来，抽签听用。

（47b）他们论学，说念头是事的根基，先把念头治好了，才能够治事。

（12b）当中是座殿，殿后是拿破仑的坟，竖着一根一根溜光的石头，刻着拿破仑生平七大战事，把当时得着的各国旗帜，挂在四面。又把得着的铜炮铸了两个铜人，活的时候穿的衣帽靴鞋，一样一样的都藏着呢！

（18b）船照旧在印度洋里走。风大的狠，船上把窗户都闭上，把人闷得慌。

这几个例子，第一句是以话题“百姓”做主语，“把他名字记在册子上”没有施事；第二句是个完完全全的无主句，既没有施事，也没有话题；第三、第四句，则是用“把字式谓语”做了存现句的谓语，这是以前的语法描写中不曾见到过的类型。

宋玉柱（1981）在讨论处置意义时说：“应该承认，王力先生在提出‘处置式’这一术语时，对它的含义解释得不够清楚，以致给人一种印象，似乎‘处置’得是人对某种事物的有意识有目的的处理，因此引起一些人的非难。我们认为，所谓‘处置’作用，不能简单地就字面理解为人对某种事物的处理，而应理解为：句中谓语动词所代表的动作对‘把’字介绍的受动成分施加某种积极的影响，以致往往使得该受动成分发生某种变化，产生某种结果，或处于某种状态。因此，这‘处置’是指动词与受动成分之间的关系，并不一定是主语所代表的人或事物的一种有目的的行为。”宋玉柱的看法让无主把字句获得了合理的地位，可惜没有把话说透。“虽然更接近语言事实，但这样解释‘处置说’，就离‘处置’一词原本的意义太远了，因为‘处置说’如果抛弃主观目的性，就谈不上‘处置’

了。”（张伯江，2019）

“主观处置说”是这种“无主把字句”的最好解释。“主观处置说”可以说覆盖了王力的处置旧说，也覆盖了宋玉柱的“非目的说”：因为主观处置取自说话人视角，说话人追究事件责任人时，那个责任者就可能实现为句法主语；当说话人侧重移情于受影响者时，不出现施事性句法主语倒是十分自然的了。

13.4 把字句是否关乎句法操作的观察与讨论

近年来，关于现代汉语把字句的研究有几项新的成果值得注意，包括叶狂、潘海华（2012b、2018），金立鑫、崔圭钵（2019）等，他们的共同追求是把汉语把字句“纳入语言共性行列”，寻找把字句与其他语言中某种句式或某种句法机制的对应关系。叶、潘（2018）和金、崔（2019）都认为汉语把字句反映出了作—通格语言的一些特征，他们的研究都是围绕着作—通格语言句法变化做出解释的。这里我们重点考察以下与他们论断相关的语法事实。

13.4.1 从直接宾语到“把”字宾语

叶狂、潘海华（2012b、2018）认为把字句是一种语态现象，具体而言就是典型出现在作格语言里的“逆被动态”。语态的使用，一定有其动因。比如说我们熟知的被动态，它的动因就是原来的宾语要当语用上的话题用，于是经过句法操作，成了句法上的主语（句法提升），原来的主语让开，成了介词的宾语（句法降级）。叶、潘（2012b）最看重的是逆被动态中句法降级这个过程，这是他们关于“把字句相当于逆被动态”论断的关键论证。

文言里的直接宾语，到了相应的白话文本里做了“把”字宾语的现象，在我们的材料里确实大量存在，这在一定程度上是符合叶、潘观点的预期的。例如：

（48a）沙尔满与格兰多合发亚的兰达，弃铁路，深入敌地，格兰多与黎战数十合，大破之。

（48b）后来，格兰多跟沙尔兰一块奔亚的兰达，**把**铁路也丢了，跟姓黎的大将大战了一阵。

（49a）英人举华盛顿为队将，每战必克，授提督。三年以次平法及土人之乱，辞职，开垦荒地。

（49b）英国人就叫华盛顿做统帅，一打仗总是他赢。三年之后，**把**法国人跟土番都平定了，他就辞官不做，一味的开垦荒地，去做他的实业工夫。

（50a）爰下车一游。少顷，闻有声隆然。盖前涂用火药，以炸裂坠石也。

（50b）下了车，随意逛了逛，一会儿听见烘的一响，说是用炸药**把**掉下来的那块石头炸碎了。

（51a）明治四年废大学，置文部省统辖全国教育之事，……

（51b）明治四年，又**把**大学废了，改了文部省总理全国教育的事情。

问题是，在这些对照中，“V+N”式与“把N V”式，是完全对等的，如何能证明后者的N句法地位比前者低呢？

13.4.2　从其他成分到“把”字宾语

与此同时，也有一些与“把”字宾语对应的文言成分，其原来句法地位不在直接宾语位置上的。看下面一些例子：

（52a）凡未禀官而遽开锅煮盐者，锅具入官，另科罚一百佛郎。

（52b）要是没有禀准，就是这样的开锅熬盐，除**把**器具充公之外，另外再罚一百佛郎。

（53a）医家试以医病。病人由考官传至考场，备齐药物，命医家治之。

（53b）医家考试，就教他医病，**把**病人叫了来，备齐了药料，当场给这病人治。

（54a）中小学堂生徒每岁每名国家只给一磅三仙令以畀教习，其不敷者，议院由房税项下酌量提拨。

（54b）小学堂的教习，每年每人皇上家里只给他一镑三仙令，那里够呢？议院里大伙儿商量，就**把**房税名下的一笔款子拨给了他们，这才勉强过去。

（55a）乡间年满二十岁之男丁，每年责成总甲官按名开单开列后，按乡分授张告。

（55b）乡里人到了二十岁年纪，就要总甲查明，**把**名字开上去。

例（52）（53）这两个例子中的“锅具”“病人”在文言文本中属于话题性的主语，例（54）（55）这两个例子里，文言文本分别由介词“由”“按”引介的成分，都是到了白话里，做了“把”字的宾语。

以上这些话题成分、介词宾语对应于“把”字宾语的现象，也无法证明“把”字是使宾语降级了。

13.4.3 从零形宾语到“把”字宾语

句法上常说到的降级现象，典型的是被字句，“被”把原来的主语降级为介词宾语。一个很有说服力的证据就是：“被”字宾语常常可以省去不说：

武松打死了老虎。→老虎被武松打死了。
→老虎被Ø打死了。

而把字句如果说也是让宾语降了级，我们却看不到宾语弱化乃至省略的现象：

武松打死了老虎。→武松把老虎打死了。

→*武松把Ø打死了。

相反，我们看到了大量的“零形宾语”到了把字句里“显形”的现象：

（56a）李道为原任大学士文忠公之侄，两广总督勤恪公之子也。舟中接谈，言论开敏。至是，因续调Ø焉。

（56b）李经楚是文忠公的侄子、两广总督勤恪公的儿子。在“安平”轮船上，谈了几回，人狠明白，这会就**把**他续调来了。

（57a）海部再知照户部会咨议院。造成Ø之后，如原估之价或有不敷，议院可酌量议增。或有赢余，则专款存储，为下届造船之用。

（57b）海部通知户部、通知议院。**把**船造成了，钱不够，议院里叫贴他几个钱就贴他几个钱，不能争多嫌少。

（58a）至预备守兵除有军务守兵不足须调用Ø外，平时并不调遣。

（58b）预备守兵除掉有军务，守兵不够，才**把**他调来凑数。

从无到有，恐怕不能当作“句法降级”的很有利证据吧？如果说以上各例还可以认为标出零形式的地方有一个论元成分在那里的话，那么下面这些从无形到有形的例子，文言文本里索性找不到严格意义的对应成分：

（59a）在营效力，时或三年，或一年不等。其余年数，则俟遇有军务，听候调用。

（59b）在营里的时候，或是一年，或是三年，其余碰着打仗，就**把**他调出去。

（60a）维多利亚即位之二十四年，其夫阿勒帛薨，维多利亚亲为择地建茔，自留生圹于右。

（60b）维多利亚登基之后二十四年，他的男人阿勒帛就死了，维多利亚替他找一块地，**把**阿勒帛葬了，自己在阿勒帛坟的边儿上，开了一个生圹。

本节的例子，都很难理解为是出于句法降级的要求而选用把字句的，因为我们看不到变换为把字句之前那个相应论元成分是否居于更高的句法地位。

13.4.4 关于“施格化操作”的考察

金立鑫、崔圭钵（2019）提出一个新的解释，他们认为“通语+动词”的结构是汉语的底层形式，很多把字句是在这样的通格结构前面加上一个作格语（他们称为“施格”）实现的句法操作。他们的论证方式如以下例子：

老婆（通语）气跑了 → 张三（话题）老婆气跑了 → 张三（施格）把老婆气跑了

文章（通语）改错了 → 学生（话题）文章改错了 → 学生（施格）把文章改错了

他们的解释是，通语结构原本是个句法和语义都自足的句式，当有引进使因者的需求时，光在句子前边增加一个名词是不行的，那样顶多只是话题；这时在通语名词前边加上“把”字，就可以了。他们说，“把”的功能实际上是一个句法联系项，它首先连接的是施格和通格，然后才与VP连接，其中包含2次结构运算，即，“‘X把Y’+VP”。按照这个说法，如果我们见到一个通语结构前面有了“把”字的时候，就可以预期“把”字前边一定有个被它引进的作格

（施格）成分。我们的文本并不支持这种期待：

（61a）拿破仑时为炮卒，拒联军，号善战，遂以复国，有帝位。拿破仑败，法人立路易十八，寻废之，举拿破仑第三为总统。

（61b）等到拿破仑即位，到处侵掠人家的地土，动了众怒，把拿破仑放在一个海岛里，公举路易十八做皇帝，又公举拿破仑第三做总统。

（62a）未刻蒇事，英主俯首进入内殿。余归，发电恭报呈递国书期，请外务部代奏。

（62b）未刻，把宝星颁赐完了，英国皇上回宫，这才带着参议梁诚、参赞汪大燮坐车回去。

（63a）而行政之法，皆出于下议院。有事则下其议于下议院，议员议其条律以白，上议院断其可否以白，各部院大臣据以入告，然后施行。其定例如此。

（63b）这些人都是有权的，有什么事都交给下议院去议，议妥了，把条例拿到上议院，给他们这些人瞧，瞧过了才告诉英国皇上，等皇上施行。

（64a）酉刻，英外部遣员来致谢，略谓，各国专使均已呈递国书，贺礼已成，君主不胜感荷。现以病势正剧，未能款待请宴，良用抱歉，特遣致意辞谢等语。

（64b）酉刻，英外部打发一个人来谢步，说各国专使都到齐了，为着皇上生病，把众位耽搁住了，抱歉得狠。

以上例（61b）“拿破仑放在一个海岛里”，这个“放”是“放逐”的意思，属于金、崔所说的通语结构。我们看到了“拿破仑”前边加了“把”字，却没有看到“把”字前边出现预期中的“施格操作”。例（62b）“宝星颁赐完”、例（63b）“条例拿到上议院”、例（64b）“众位耽搁住”也都是一样，“把”字出现在了通语结构前面，也都没有出现“施格操作”。

前面§13.3.2已经讲过了，无主把字句有其语用动因，本节现象“主观处置”可以解释，而“施格操作”不能解释。

13.4.5 有没有句法提升?

语法理论里，句法降级总是伴随着句法提升。被动化使原来的主语降级为介词“被”的宾语，原来的宾语提升为句子的主语。把字句如果比附作逆被动化的话，则应该发生1）原来的宾语降级为介词的宾语，2）原来的作格语提升为句子的通格语。上面我们看到，“把”字的宾语绝对不能省去不说，至少说明其降级程度不如被字句那么明显，同时又屡屡发生由“隐”而“显”的现象，昭示着“把”字宾语重要的句法地位。

如果说“把”字使原来的句法宾语降级为介词的宾语了，那么与此同时，提升为句法通格语的句法过程则应该是必需的。这是逆被动化的通例。但是我们看到的事实是，把字句里主语不出现倒是常有的事（见§13.3.2；§13.4.4）。张伯江（2014b）依据普通语言学关于逆被动态的三点概括1）通格语实现句法降级，2）作格语实现句法提升，3）逆被动化实现使作格语焦点化的语用目的，论证了汉语把字句并不具备这三项特征，因此不宜认同为逆被动化。叶狂、潘海华（2018）坚持认为把字句就是逆被动化，强调第1）点在确认逆被动中的决定性，批评我们考虑三个特点的做法“不够全面”。一方仅强调其中一点，另一方强调三点同样重要，哪一方“不够全面”呢?

我们认为句法提升是逆被动化的根本动因。没有提升一个东西的要求，为什么要去降低另一个东西呢?张伯江（2014b）没有正面论证把字句与“句法提升”不适配的特点，本章§13.3.2和§13.4.4的讨论回答了这个问题——用变化为把字句过程中主语从缺的现象说明把字句没有句法提升的要求。我们注意到，叶、潘（2018）引述道：“Polinsky指出逆动句在作格语言和宾格语言都存在，区别只在于可见性（visibility），作格语言的逆动句更明显，因为主语有作格到通格的明显变化，而宾格语言这种变化不明显。”按照这段引述，如果说汉语不是作格语言，那么本章所揭示出的主语从缺现象或许还可以用“可见性差”做个说辞。但叶、潘紧接着就强调说“汉语在六个方面表现出作格性。如果这是对的，那么认为把字句是逆动句的观点就有语言类型学上的依据。”也就是说，他们认为汉语应该是句法提升可见性强的，这就不好解释了。

叶、潘（2018）坚持认为把字句就是由针对宾语的逆动化操作而成，“不管宾语是哪一种语义角色，‘把’的功能就是标记降级的宾语”。本章也不再讨论语义角色，仅就句法事实看，§13.4.1—§13.4.3的事实中没有任何支持“标记降级的宾语”证据。与此同时，在论证逆被动态不可回避的“句法提升”事实面前，我们考察的材料同样是不予支持的。

13.5　结语

至此，我们针对“语义处置说”（王力）、“结构制约说”（吕叔湘）、“主观处置说”（沈家煊）以及“句法操作说”（叶狂、潘海华；金立鑫、崔圭钵）做了现实文本使用的考察，可以看得出，汉语研究史上那些经典研究，无论是语义处置解释、语法结构解释，还是语用主观性解释，都可以覆盖很大面积的语言事实，是“什么时候用把字句”的理想回答。在每一对实例的对比观察和讨论中，我们最直观地体会了这些重要概括的运作方式，真切地感受了汉语把字句的真实生态。

当然，“什么时候用把字句”或许不是评价把字句处理方案的唯一标准，语法研究的目的也不全在使用条件，尤其是一些带有某种理论目的的，如句法生成或跨语言的类型比较方面兴趣的，都有各自的价值。不同的目的有不同的方法，这无可厚非，只要得出的结论具有足够强的解释力、覆盖足够多的事实，应该是殊途同归的。

（原载《世界汉语教学》2020年第2期）

第十四章 现代汉语形容词做谓语问题

讨论形容词做谓语问题，首先要把性质形容词和状态形容词分开。状态形容词自由地做谓语是没有争议的。性质形容词做谓语是否自由，是否依赖语法标记，做谓语是不是汉语性质形容词的主要功能，这样的问题在汉语语法学界有不同的看法。本章将讨论性质形容词做谓语带标记与不带标记的情况（文中如不特别指明，则“形容词”均指性质形容词），并提出对汉语形容词（包括状态形容词）谓语功能的总体看法。

什么情况是形容词做谓语？需要简单地交代一下。性质形容词表示恒定的属性意义，做谓语时应该是这一意义的实现。不管加不加句法标记、加什么样的句法标记，“陈述恒定的属性”这一意义都是基本意义。依此，形容词加时体标记做谓语的情况就不在考虑之内了。这是因为，时体标记所表达的“变化”意义，是带给谓语的，无论什么词性的成分充当谓语，都是如此。动词谓语句“张三休息［了］”、名词谓语句“张三大学生［了］”、形容词谓语句“张三开朗［了］”都是在原本的陈述意义上由“了”带来了变化义（见赵元任，1968，§8.1.3.4）。因此，本章所讨论的形容词做谓语现象，不包括“花红了”这样的句子，也不把“了”看成形容词做谓语时的一种必要的句法标记。

14.1 性质形容词做谓语带标记问题

朱德熙（1956）指出形容词单独做谓语并不自由（要依赖比较或对照意义的语言环境），跟“的”结合成体词性结构之后，还要依赖系词才能自由地做谓语。同一篇文章里，朱先生也指出形容词做谓语“不是自由的造句原则”。性质形容词的主要功能是做定语还是做谓语，这篇文章里没有明确表态；但朱德熙（1982）把形容词归为谓词。沈家煊（1997）引申了赵元任（1968）关于形容词做定语并不绝对受限制的说法，明确指出“单音性质形容词做定语所受的限制并不是语法上的限制”。沈文的结论是：“汉语形容词典型的或无标记的句法功能是充当定语”，“性质形容词做谓语大多要加标记”，“性质形容词只在有标记的句式中才可以不加标记做谓语”。

郭锐（2001）对此提出不同意见。他认为沈文的论证存在两个问题，一是不该把“程度副词+形容词”归入状态形容词，二是不该把“是”“的”“不”都算作谓语的标记。

对这样的问题，可以分两个层次看。首先，沈文揭示的事实，是不是表明了汉语形容词做谓语更多地是依赖标记？我们的看法是，这些情况的存在，正说明形容词做谓语是依赖标记的，即，鲜见不依赖任何标记独立地做谓语。其次，郭文认为程度副词、“是”、“的”、“不”属于“不同领域的标记”，这是值得做一些辨析工作的。

这里我们重点讨论程度副词、“不”与系词在形容词谓语句里是不是一样性质的东西。

先看程度副词。很多人注意到，性质形容词单独做谓语的时候，前边加上一个“很”，句子就自然了。吕叔湘主编（1980）点出“凑成双音节”的作用，张国宪（2008）更强调这一点。这个观点，沈家煊（1997）有过评论：“是不是出于音节上的考虑呢？不是。因为不光是单音节形容词，双音节形容词也很少单独做谓语，前面经常加‘很’。”这里，我们还可以补充一点：不管单音节还是双音节的形容词，前边所加的，不光是“很”“挺”等单音节副词，也常有“非常”“特别”“比较”等多音节副词，这就不好说是为了补足音节了。

主语谓语之间的“很”等副词，究竟起什么样的语法作用？朱先生1982年课堂授课时就谈到了这个用法上程度意义弱化的倾向，近年来多位研究者更强调了这一点（郭锐，2001；张国宪，2008；Larson，2009），那么，这个倾向昭示着什么方向的语法变化呢？目前有两种截然相反的看法。

一种以张国宪（2008）为代表，他认为“很”的程度意义弱化的同时，已经逐渐在语法上变成了一个“黏附于词干的词缀”，即“很+A”→“很A”，“很A”相当于一个词。

另一种则是Larson（2009）提出的，他指出，汉语形容词做谓语时依赖程度副词，这跟汉语名词做谓语时依赖系词是平行的。“巩俐是演员”跟“巩俐很漂亮”可以做平行的分析：历史上“是演员”是个短语，“是”是限定词（是名词短语的核心），到了现代汉语里，“是”成了“巩俐”与“演员”之间的联结性成分；“很漂亮”本来也是一个短语，“很”表示形容词的程度（是形容词短语的核心），当代汉语里“很”发展出了联结“巩俐”和“漂亮”之间关系的作用。他据此断言：汉语的名词短语和形容词短语较多地具有一致性。

Larson（2009）的说法，只能说是他的一个猜想，没有给出充分的论证。但我们觉得他的看法很有深度，汉语事实也支持这样的结论。首先，从语义上说，正如张国宪（2008）所观察到的，“很”的程度意义表现出了明显的退化倾向；其次，句法上，我们观察到的事实与张国宪不同。我们注意到，在现实口语里，“很”等程度副词的确发展出了主语与谓语之间联结成分的用法，例如（以下三例来自北京语言大学语言研究所“北京口语语料查询系统”）：

（1）实际韵律节奏上，“很”后常有明显停顿：

现在呢，由于，嗯，肯吃苦，也**很**，勤劳吧。

（2）“很”后停顿，还可以再插入其他成分：

结婚以后呢，这个女同志呀，**很**，一看，这家里人呢，父母也好，一看，家里这些人呢，都挺明白，她很高兴。

（3）“很”后停顿，临时改变想法，原来的形容词没有说出来：

反正他们都是，**很**，对起老人就是，家里哈第一就是老人。

再次，更重要的证据是“很是”的普遍出现。例如：

（4）碟子是彩瓷，古色古香，**很是**地道。（陆星儿《一个和一个》）

（5）布的四边儿都用线做了圈口，针脚**很是**细密。（阿城《棋王》）

（6）他糊涂劲过了，又明白起来，谈吐**很是**文雅。（梁晓声《京华闻见录》）

这样的用法并不局限于某种时代或方言，当代汉语中有更为普遍化的倾向，检索互联网，轻易得到许多用例：

（7）很是好听/很是精彩/很是悬/很是迷茫/很是方便/很是郁闷

饶继庭（1961）曾经论证“很有计划”是“很+（有+计划）”而不是“（很+有）+计划”，但我们这里讨论的“很是+A”显然“很是”是一个整体。郭锐（2001）的逻辑是：汉语性质形容词是谓词性的，不需要“是”这样的“陈述化标记”，形容词出现在是字句里，其实“是”联系的是体词宾语，因为形容词必须后加“的”名词化之后才做“是”的宾语。在我们看来，汉语形容词是偏体词性的，形容词做谓语依赖“很”这样的具有系词倾向的成分，跟名词做谓语依赖系词“是”是平行的，而且，“很是”的存在，十分耐人寻味——一方面表明“很”的程度修饰作用已经弱化，因为它已不直接贴在形容词身上；另一方面也表明“很是”作为一个整体确实起了联结作用。

这些都可以说是“很”与“是”用法相平行的有利证据。

再简单讨论一下否定副词“不”。

谓语位置上的形容词，否定形式主要是“不+A”，而不是“没+A”，这是因为，“不”是对形容词恒定意义的否定，“没”是对变化意义的否定，而变化意义是由时体助词带来，不是形容词谓语固有的意义。沈家煊（2010a）指出：“汉语里‘有’是‘有’，‘是’是‘是’，‘有’和‘是’是两个分立的概念，所以否定‘有’有否定‘有’的否定词‘没’，否定‘是’有否定‘是’的否定词‘不’。”既然形容词谓语句里的“不”是“是”的否定词，那么“形容词做谓语依赖‘不’”的问题，事实上也就等同于依赖系词性成分的问题了。Larson（2009）也曾表达了“不”与“很”功能平行的看法。

这样，我们就可以初步回应郭锐（2001）对沈家煊（1997）“不同领域的标记”的质疑了。郭文指出“很（含其他程度副词）”“是”“不”“的”属于“不同领域的标记”，我们已经证明了“很（含其他程度副词）”与“是”有平行的语法作用；至于“不”，一方面，本来就是“是”的否定形式，另一方面，也可以看成“很”的否定形式（Larson，2009），则“不”也与“是”“很”一样属于“相同领域”的标记了。只有加在形容词后面的“的”与系词不是一种性质的语法标记。但是事实正如郭锐（2001）所指出的，“的”在形容词谓语句中的作用与系词并不作用于同一个层次上，形容词单是加了“的”还是不能做谓语。

我们的结论仍然是：现代汉语性质形容词做谓语，强烈倾向于依赖系词性的语法成分，包括“很”“不”等副词。

Wetzer（1996）提出，从类型学的观点看，有的语言形容词是名词性的（nouny），有的语言形容词是动词性的（verby）。Wetzer

（1996）把汉语普通话归为动词性形容词的语言。他给各种语言归类的标准，涉及人称、系词和零形式三种手段。汉语没有人称的形态手段，我们讨论汉语究竟是名词性形容词的语言还是动词性形容词的语言，就可以用他的这几样标准来衡量（见表1）：

表1

名词性形容词的语言				动词性形容词的语言			
	动词谓语	形容词谓语	名词谓语		动词谓语	形容词谓语	名词谓语
（a）	零形	系词	系词	（c）	零形	零形	系词
（b）	系词	零形	零形	（d）	系词	系词	零形

Wetzer（1996）认为汉语属于情况（c）而不是情况（a）。我们认为，这是值得讨论的。他做判断的事实依据仅仅是“他跑”“他好”“张三是一个护士”这样三个句子。汉语学者大多不认为“他好”是自足的句子。普通语言学论著中涉及汉语事实难免片面，中国学者有义务辨清事实的全貌。经过上面的讨论，我们看到汉语形容词做谓语尽管不是单纯依赖系词“是”，但是强烈倾向于依赖“很”等起着系词作用的副词，可以说，汉语具有Wetzer的（a）型语言的显著倾向，而不宜归入（c）型语言。

14.2 关于“状态形容词”

这一节我们讨论所谓“状态形容词”可以自由做谓语的实质是什么。

把“状态形容词”处理成“形容词”的一类，会遇到与形容词的句法分布定义相冲突的问题：形容词的定义是“凡受‘很’修饰而不能带宾语的谓词”（朱德熙，1982，§5.1.1），而“状态形容词”不能受“很”修饰。朱德熙曾经说：“有两个解决办法。一是修改定义，把形容词定义为‘凡受“很”修饰而不能带宾语的谓词，以及上述定义规定的词的派生形式’；二是把状态形容词叫作状态词，不算作形容词。”[①]现在人们通常还把“状态形容词”当作形容词中的一类，无非是因为，几乎所有的状态形容词，都可以看作是从相应的性质形容词变化来的。如朱德熙（1956）就把性质形容词和状态形容词叫作“形容词的简单形式和它的复杂形式”；吕叔湘主编（1980）也是把状态形容词称作“形容词生动形式”。

性质形容词是如何“复杂化”或“生动化”为状态形容词的，朱德熙（1982，§5.16）如此描写：

1）单音节形容词重叠式：小小儿（的）。

2）双音节形容词重叠式：干干净净（的）。

3）“煞白、冰凉、通红、喷香、粉碎、稀烂、精光”等。

4）带后缀的形容词，包括ABB式：“黑乎乎、绿油油、慢腾腾、硬梆梆”，A里BC式：“脏里呱唧”，A不BC式：“灰不溜秋、白不雌列”。双音节形容词带后缀的只有“可怜巴巴、老实巴焦”等少数例子。

5）“f+形容词+的”形式的合成词（f代表“很、挺”一类程度副词）：挺好的、很小的、怪可怜的。

吕叔湘主编（1980，附录“形容词生动形式表”）的描写是：

1）单音节形容词A重叠为AA式。

2）单音节形容词A加双音后缀或三音后缀，构成ABB、ABC、AXYZ等式。

3）双音节形容词AB重叠为AABB或A里AB式。

4）双音节形容词BA重叠为BABA式。

据此，我们可以把“状态形容词”看成汉语（性质）形容词的形态变化式。

据朱德熙（1956）的句法分布考察，形容词与其复杂形式在定语、状语、谓语和补语四个位置上存在一系列对立。定语、状语和

① 朱德熙1982年“现代汉语语法研究”课堂授课记录。

补语都是词组层面的句法问题，而谓语则既是词组层面上的问题，又是句子层面的问题。朱德熙（1956）讨论的二者做谓语能力的不同，是在句子层面而言的。朱先生的结论是，性质形容词做谓语不如状态形容词自由。我们据此可以得出一个简单的推论：性质形容词经过某种方式的形态变化，即，变化为“状态形容词”，就能自由地做谓语。

有了这个推论以后，状态形容词作为一个“词类”的身份就大可怀疑了，或许它们只是性质形容词在句子层面的形态变化式。AA、ABB、ABC、AXYZ等形式，是汉语用于形容词的独特的谓语形式。郭锐（2010）更彻底地否定了“状态形容词”做定语和做状语的能力，进一步表明，所谓“状态形容词”，只具有陈述功能。

沈家煊（2009a）提出，汉语的实词类是一个“包含模式”：形容词包含在动词内，动词又包含在名词内；动词形容词做指称语，在汉语里是直接构成的，没有实现的过程和方式。状态形容词既不能做指称语，因而也不能包含在动词、名词之中，从这个角度说，也不便看作形容词的一个次类。

14.3 性质形容词做谓语不带标记的情况

接下来的问题就是：汉语形容词有没有不带标记的谓语功能？

形容词是语言里一个基本的词类，Dixon（1977）从语义的角度论述了“属性”语义在各种语言里都有表达出来的需要，所以世界上的许多语言里具有形容词这样一个词类，用以表达属性意义。跨语言的研究表明，形容词的主要语法功能就是做定语和做谓语这两项。Thompson（1988）继1984年对名词和动词话语基础的成功论述之后，专门研究了形容词的话语功能。她得出的结论是，形容词有两种最主要的话语功能：一是对一个话语中已然存在的参与者，陈述其属性；二是引介一个新的话语参与者。从这个意义上说，汉语的属性概念不可能不在句法上实现陈述功能。这就驱使我们去寻找汉语形容词直接陈述的语法事实。

张国宪（2006，§2.3.2.1）在认可性质形容词的基本句法功能是做定语和谓语的同时，说："不过，有一点要特别地强调，作定语和作谓语并不在一个语言层面上，……定语是在句法层面上实现的，而谓语则是篇章层面的表现。"他所谓的"篇章层面"的现象，指的是"对举、对话等语篇环境"。

本章想探讨的是，汉语形容词在句法层面上究竟有没有比较自由地做谓语的能力。

我们发现，汉语里有两种典型的句法环境可以允许性质形容词不带系词类的标记直接做谓语。下面分别描述。

14.3.1　与"主谓谓语"有关的

廖秋忠（1985）曾经概括了存在于汉语相邻名词成分之间的一种"框—棂"关系，指出这种关系的常见类型有：

（a）个体为框—部件为棂
（b）整体为框—部分为棂
（c）个体为框—属性/状态为棂
（d）情景为框—人物/道具为棂

其中，棂成分的定指性通常弱于框成分，甚至经常是无指的。棂成分经常被形容词直接陈述，形成"S+adj."型主谓结构：

（8）他头发蓬松
（9）树木枝叶茂密
（10）他浑身难受
（11）车站人员庞杂

（12）下属部门机构庞大
（13）他封建意识浓厚
（14）他精神疲惫
（15）这本书内容丰富

以上例子就是我们所谓“S+adj.”型主谓结构的代表性例子。其特点是，S都是前面“框”成分的部分、部件或属性，形容词谓语对$S_{棂}$进行陈述，可以不加任何句法标记。

这种棂成分还可以是动词充当的指称形式：

（16）他办事麻利
（17）他说话啰嗦
（18）他开车平稳
（19）社会上议论庞杂

上面这些例子都是可以作为单独的句子的。与此同时，这样的结构也可以出现在更低些的句子层次里，如兼语结构中：

（20）我喜欢他打仗勇敢
（21）我讨厌他处处精打细算
（22）恨自己生性懦弱
（23）我喜欢你为人正派

值得注意的是，在兼语结构里，可以见到$S_{框}$直接被形容词谓语陈述的现象：

（24）请您原谅他小
（25）我喜欢他老实

我们认为，这是$S_{棂}$省略的结果：

（24'）请您原谅他年纪小

（25'）我喜欢他性情老实

这样说的证据是，“请您原谅他A”里的A可以随意替换：请您原谅他慢，请您原谅他糙，请您原谅他啰嗦，请您原谅他马虎，请您原谅他挑剔……/我喜欢他直爽，我喜欢他细腻，我喜欢他精明，我喜欢他憨厚，我喜欢他刻薄……但是，补出$S_{棂}$以后，A的选择范围就十分有限了：请您原谅他年纪轻，请您原谅他年纪小/我喜欢他性情温和，我喜欢他性情和善，等等。可见形容词谓语A是对$S_{棂}$而不是$S_{框}$的陈述。

这些“主谓谓语”结构里的形容词谓语，尽管也可以是有标记的谓语形式（如“他头发很蓬松”“他说话不啰嗦”），但以无标记的为常。为什么这种结构里无标记的形容词谓语很自然？我们认为，这与$S_{棂}$成分的无界性有关。廖秋忠（1985）说：“存在于主谓谓语句型中的两个主语之间的框—棂关系，特别是当棂是个抽象名词或主谓结构是个熟语时，棂通常被理解为无所指（nonreferential），……在‘该作品（A）内容（B）丰富’里，B通常被理解为无所指。”以上举例中，“性情”“年纪”“人员”“机构”“头发”等都是这样的无指名词；“处处”“浑身”可以看作通指的；“打仗”“为人”“办事”“说话”等可以看成动词性成分作为抽象名词的指称性用法。这都属于沈家煊（1995）所说的无界名词。也就是说，被形容词陈述的$S_{棂}$成分大多是无界的。

不同的实词类之间，存在着语义上有界与无界的平行区分，也存在着句法上的匹配关系（沈家煊，1995）。无界的名词，所代表的事物，都是“非个体性”的。要对非个体性的事物做陈述，只有两种途径：一是陈述其非时间性的活动性，二是陈述其静态的属性。

前者一般靠无界的动词来实现，后者则一般靠性质形容词来实现。沈家煊（1995、2004）都曾明确说："形容词作谓语时跟主语名词之间也会在有界和无界上互相影响。"

问题的实质其实在于，句子平面的"主语+谓语"倾向于现实的陈述表达，所以其中的主语成分和谓语成分要求是有界的；词组平面的主谓结构只是抽象的陈述表达，所以偏爱无界的主语和谓语成分。

14.3.2 与"动补结构"有关的

表陈述意义的性质形容词经常不带句法标记而出现的另一个句法位置是"结果补语"：

（26）吃饱/煮熟/挖深/削平/弄乱/说清楚/长大/哭红/睡熟/跌坏/走快

汉语语法学界一般把这些例子里的形容词看成前边动词的"补语"，与此同时，也大都承认这个做"补语"的成分在语义上跟整个"动补结构"的宾语之间存在陈述关系。吕叔湘（1986a）对这种潜在的"主谓关系"做过详尽的分析。吕文所举的例子有：

（27）拉紧帆布篷，拴牢绳子。

（28）踢球，踢球，一个月踢坏了三双鞋。

（29）你真是吃浆糊吃迷了心了。

（30）他记错了门牌号码。

（31）二十几年，咱们都围着这口大锅吃饭。咱们吃老了，儿子吃大了，还有了孙子。

（32）地已经下饱和了，雨不再渗进去。

（33）这个字写错了。

（34）这种饼一块就能吃饱。

以上八个例句代表了八种类型，做结果补语的形容词分别与句子中不同的名词成分发生语义关系。按前后次序分别：

第一、二、三、四种是“adj.+S”：

（27'）紧+帆布篷，牢+绳子

（28'）坏+三双鞋

（29'）迷+心

（30'）错+门牌号码

第五、六、七种是“S+adj.”：

（31'）咱们+老，儿子+大

（32'）地+饱和

（33'）这个字+错

第八种是“$S_{\text{ø}}$+adj.”：

（34'）Ø+饱

我们注意到，第五、六、七、八种往往可以变换另一种说法：

（31"）这口大锅的饭，吃老了咱们这辈人，又吃大了儿子 → 老了咱们，大了儿子

（32"）雨已经下饱和了这一片地，再也渗不进去 → 饱和了地

（33"）我写错了一个字 → 错了字

（34"）这种饼一块就能吃饱肚子 → 饱肚子

这说明，“adj.+S”可以概括这些例子里形容词谓语与其所陈述的主体之间的关系。换句话说，汉语动结式里，“结+宾”的部分，是容纳形容词谓语的一个比较宽广的场所。

不过，这里把“adj.+S”当成形容词做谓语的现象看待，是着眼于其间的陈述关系而言的。从结构角度说，我们认同朱德熙（1982）的论证，把“动+结”看成一个句法成分，整体上与论元成分发生关系。

这种形容词与其所陈述的对象不处在同一句法层面的现象并不是汉语特有的，至少英语里也存在类似的现象。Quirk *et al.*（1972，§5.17）论及英语形容词的谓语功能时，指出主要是两种：一是主语补足语（主语补足语便是用系词联结的表语用法，如：The children are happy.），二是宾语补足语。所谓“宾语补足语”，指的是这样的情况：

（35）He pulled his belt *tight*.

（36）He pushed the window *open*.

（37）He writes his letters *large*.

Quirk *et al.*（1972，§5.17）特意指出：“做宾语补足语的形容词常常表示动作所产生的结果。”这个特点，与汉语“动补结构”里做“补语”的形容词功能非常相像。Quirk *et al.* 同时也展示给我们，形容词放在宾语补足语位置上表示结果，就是上面的样子；如果放在句子平面陈述那名词，则要加系词：

（38）His belt is *tight*.

英语里“He made her unhappy.”和“They made him President.”是平行的结构，都可以认为宾补之间存在着可以用to be联结的陈述关系。（Jespersen，1924）汉语里近似的内容却选用了句法上不同的结构式："她宠坏了孩子""人们叫他二傻子"①。究其原因，大概是汉语名词性焦点信息成分居尾的要求更强烈，使得"孩子（+系词）+坏"和"他（+系词）+二傻子"这两个陈述并没有实现为平行的句法形式；从语用结构角度说，这两例都是用焦点名词结句，在语用表达上是平行的。由此可见形容词做陈述语并不是个稳定的主谓结构方式，在更强的语用表达压力下可以放弃"S+adj."的形式，所以现代汉语里没有了"她宠孩子坏"那样的说法。

14.4　汉语形容词的谓语功能是什么意义上的谓语功能？

汉语语法学界通行的句法结构描写框架，是概括为五种或六种基本的句法结构（丁声树等，1961：主谓结构，补充结构，动宾结构，偏正结构，并列结构；朱德熙，1982：主谓结构，述宾结构，述补结构，偏正结构，联合结构，连谓结构）。最初提出这样几种句法结构的是赵元任。赵元任（1948、1968）有一个显著的特点，认为这些结构不是在同一平面上的，主谓结构是句子平面的，而并列、从属、动宾、连动、动补等结构则看作"句子里的更小的结构"（1968，§5.1.5）。赵先生所论句子平面的主谓结构里，没有形容词谓语句；而讨论"更小的结构"的时候则不再论及主谓结构。朱德熙

---

① "人们叫他二傻子"这种"命名"类双宾句，过去没有得到很好的解决。张伯江（1999）曾经发现，这一类的"把"字变换式与一般双宾句不同：

老王送徒弟一把钳子　老王把一把钳子送徒弟　* 老王把徒弟送一把钳子

老王叫徒弟小三儿　* 老王把小三儿叫徒弟　老王把徒弟叫小三儿

张伯江（2006）发现存现句里专有名词做宾语时，事实上省略了一个系词性的成分；我们觉得，"命名"类双宾句里的"名称"前，也可以看作省略了一个系词性的成分：人们叫他为二傻子。这和英语里"They made him President."情况类似。沈阳（2009）提出汉语双宾句都是"还有另一个动词"，这里对该文的整体观点不做评论，只想指出，"命名"类里有一个系词性的成分，是较为明显的事实，沈文偏偏没有论及。

的体系里，六种句法结构都作为抽象的结构同等看待，主谓结构也是其一。这里的主谓结构，有一些可以直接构成句子平面的句子，如“[炕前的地炉子，] 煤火通红”“[你这个人，] 孩子都这么大了，[还这么爱闹]”（见吕叔湘，1986a）；有一些则主要用于句子内成分，如果要独立构成句子，还需要加上句法标记，形容词做谓语的主谓结构就属于这一种。

汉语形容词具有 Thompson（1988）所说的陈述功能，但这是一种语义上的陈述，直接实现在低于句子平面的句法结构里，不能直接实现在句子平面上。这是因为，汉语形容词是偏于体词性的，如果要做句子的谓语，需要借助一些句法标记。

通过上文的讨论，我们可以总结出，性质形容词在句子平面做谓语的实现手段，主要有三种：

1）借助判断框架“是……的”；

2）借助程度性成分；

3）借助相应的形态手段。

14.5 结语

如 Wetzer（1996）所考察的，形容词直接做谓语和借助系词性成分实现陈述功能，是世界上各种语言的重大类型分野。本章的考察表明，汉语形容词实现其陈述功能的方式，既有直接陈述的，又有借助系词性成分的。只不过，前者不是实现在句子平面，只是实现在低于句子的词组平面；而实现在句子平面的陈述方式，也不单是借助系词那么简单。

（原载《世界汉语教学》2011 年第 1 期）

第十五章　近、现代汉语里“给+VP”的形成

15.1　问题

“给”的主要身份，一个是动词，表示给予，一个是介词，引介受惠者（benefactive）或者与事（dative）成分。这两种“给”都是要求带名词性宾语的，后者从前者虚化而来，句法和语义脉络也是清楚的。近、现代北方口语里，还有一种“给”字后面不带名词宾语，直接挨着动词的用法，如“拿了三吊让老王给拿出去”（松友梅《小额》）。这种现象近来受到不少学者的重视，如齐沪扬（1995），张谊生（2001），王彦杰（2001），李炜（2004），石毓智（2004），洪波（2004），柯航（2004），李宇明、陈前瑞（2005），刘永耕（2005），杨霁楚（2008），颜力涛（2008）等都曾论及。经过这些学者的努力，这个现象在现代汉语里的表现已经揭示得相当清楚了。对这个“给”字的语法意义，比较一致的看法是认为有“加强动词的影响力”的作用，本章暂且依从这种说法，并在下文简称之为“影响义‘给’”。但是，关于这个影响义“给”的性质和作用，“给+VP”格式究竟是怎么形成的，都还没有令人完全信服的结论。尽管多数学者相信这种格式里的“给”是动词“给”语法化的结果，但究竟是通过省略介词宾语的途径而来，还是动词“给”的

直接虚化，笔者认为这是值得探究的，因为迄今所见的世界上其他语言“给予”义动词的演化报告中，还未见有这种直接与动词组合的现象，其中的发展机制是什么，有什么理论蕴含，是本章重点关心的。

有相当多的学者相信这种直接加在动词前的“给”是由引介受惠者/与事的介词“给”进一步虚化而来的，具体地说，就是认为“给+VP”中间省略了一个受惠者/与事成分。这种解释用在现代汉语的共时系统中有一定的困难，杨霁楚（2008）和颜力涛（2008）对此做了有说服力的讨论。杨文提出的论证是：首先，有些句子不能补上受惠者/与事成分（把厂长给感动了→*把厂长给他感动了）；其次，有受惠者/与事成分出现的，删除该成分与原句意思并不相符（她早把她姥姥那围裙给我预备好了。删除受惠者，优势理解不是“给我”）。颜文则严格依据“省略处填补的词语只有一种可能”的原则，通过对大量现代文学作品实例的逐一检验，证明“省略受惠者/与事成分”的说法并不成立。

不过，这是不是表明历史上“给+VP”的形成也就一定不与省略相关呢？为了弄清这个事实，我们考察了“给+VP”产生初期的一些材料：大致成书于1860—1880年间的《儿女英雄传》，印行于1898年的《谈论新篇》，刊行于1908年的《小额》和1910年的《京语会话》。已有几位学者的考察表明，影响义“给+VP”是从这几种作品中开始出现的。

15.2 事实

15.2.1 省略受惠者的情况

考察这些早期北京口语材料，一个突出的现象就是，省略受惠者和与事的现象大量存在。我们先看两个实例：

（1）他当时也没说甚么，赶人家把房子盖得了，给他加几两银子的房钱，他不答应，叫人家总得**给Ø**加十两银子的房租，人家不肯**给他**加，他说若不依着他那个数儿办，就叫人家搬家，上别处做买卖去。（《谈论新篇》第五十六章）

（2）直过了一年多，他们才查出来是别人**给Ø**泄漏的，这才把我们舍弟洗出来。（《谈论新篇》第五十七章）

为什么断定这两个例子是省略受惠者的呢？例（1）“给加十两银子”后面紧接着有“人家不肯给他加”的说法；例（2）“别人给泄漏的”这句话，是照应着前边不远处的上文“他们就不免疑惑我给他们泄漏的”而言的。两例都有显形的受惠者出现，都是明显的证据。

由是我们可以判断出来，下面这些例子，都属于省略受惠者的情况：

（3）早有本地长班预先**给Ø**找下公馆，沿河接见。（《儿女英雄传》第二回）

（4）别的我不知道，内囊儿舅母都**给Ø**张罗齐了，外妆公婆都**给Ø**办妥了。（同上，第二十六回）

（5）您**给Ø**哄哄孩子我**给Ø**打点饭去。（《小额》）

（6）一五一十的合盘托出，求他**给Ø**想个主意。（同上）

（7）将来财政部里头求您**给Ø**谋一个位置罢。（《京语会话·叙亲》）

（8）咱们还不竟逛市场，你看着什么好吃，爷爷我**给Ø**买什么，你看好不好哇？（《京语会话·劝善》）

（9）托我**给Ø**请一位先生，不知道您意中有合宜的人没有？（《谈论新篇》第四十四章）

（10）您可以**给Ø**雇一个人送了去么？（同上，第四十六章）

15.2.2 省略与事的情况

“与事”这个成分，向来有与“受惠者”界限不清的情况，很多语言都有这两种角色共用一个标记词的情况，汉语便是如此。这里我们分别出的“受惠者”和“与事”主要是从意义角度看的：偏向于“帮助”语义的，确定为受惠者；偏向于“针对”语义的，处理为与事。严格地说，我们处理为与事的，都应该看成广义的受惠者，因为从形式上说，“给N”只有到了主要动词的后头，才可以清楚地与受惠者区分开，才便于处理为与事。不过，汉语事实上没有动词后面“给N”省略名词的现象，而且，这样的现象也不与本章关心的影响义“给+VP”现象相关。

下面是一些我们认为接近于“与事”意义的实例：

（11）自然也该照着外省那怯礼儿，说定了亲，婆婆家先**给Ø**送匹红绸子挂红，那叫“红定在先”。(《儿女英雄传》第二十六回)

（12）先头啦，听见要**给Ø**磕头赔不是，伊太太倒很愿意。(《小额》)

（13）倒带着挨打的，到他门上**给Ø**赔了个不是。(同上)

（14）赶是时候儿，叫他做得了**给Ø**送到这店里来。(《谈论新篇》第十六章)

为什么介词“给”后面的受惠者/与事成分会发生省略？我们认为这跟人称代词的弱化倾向有关。我们发现，被省略掉的介词宾语，大多是人称代词，而人称代词由于其上下文已知性高，信息量弱小，在很多语言里都有失去独立的成词能力、弱化为附缀形式的现象；汉语没有“一致关系”等语法范畴，也就没有“代词附缀化”的句法要求，在弱化到一定程度时就完全省略掉了。

15.2.3　所谓“影响义‘给+VP’”的实例

我们所考察的清末四部作品里这种类型的用例都不少，总的来看，与把字句伴生现象比较多见；但是仔细说来，有两方面的特点：十九世纪末的两部作品《儿女英雄传》和《谈论新篇》里，影响义“给+VP”并不总与把字句伴生，且未见被（叫/让）字句；二十世纪初的两部作品《小额》和《京语会话》里，与叫/让字句伴生的多了起来，且不与把/被（叫/让）字句伴生的例子明显减少。以下是实例：

（15）甚至如新买的马桶，新打的夜壶，都**给**预备在床底下。(《儿女英雄传》第三十九回)

（16）最奇不过的是这老头儿家里竟会有书，案头还**给**摆了几套书。(同上)

（17）乌大人接过去，又**给**收拾了收拾，便叫安公子戴上。(同上，第四十回)

（18）又托他家的门馆先生管待程相公，又嘱咐**把**酒先**给**收在仓里，闲来自己去收。(同上，第三十九回)

（19）就这么**给**哄下来了，这不是碰了个大钉子么？(《谈论新篇》第五十六章)

（20）你在外头耽搁了这么几天，差一点儿**把**你们大掌柜的**给**急死。(同上，第四十三章)

（21）两个人早**把**青皮连**给**拉了走啦。(《小额》)

（22）王妈你可给我瞧着点儿狗，上回我就**让**他**给**咬了一下子。(同上)

（23）那一溜儿都**叫**他**给**得罪透啦。(同上)

（24）有一点儿家当儿都**让**他舅舅**给**花光啦。(同上)

（25）您要肯办，就有那个事，昨天我有一个朋友，因为在家里

打牌，**教**侦缉队**给**抓了去啦。(《京语会话》)

15.3 “给+VP”的形成

我们要探讨的是既非省略受惠者亦非省略与事的影响义“给+VP”现象的来历。以往研究中对这个问题没有一致的意见。洪波（2004）强调“给”字这个用法不与介词省略宾语相关，但承认是“给”在清代中叶以后的“进一步语法化”，没有讲出变化的过程和动因；齐沪扬（1995），张谊生（2001）对此倒是有明确的说法，他们认为这里有一个“给”字宾语从后面移动到“给”字之前的过程。但正如柯航（2004）所批评的，“把”语法化为介词远远早于“给”，介词“给”的宾语移到“把”字宾语说不过去，移位的证据和动因讲不清楚。柯文相信“给+VP”是由省略与事形成的，但她过于强调了“把”字在这个过程中的作用，而我们上面已经揭示，影响义“给+VP”的产生并不必然依赖于把字句。

的确，在我们考察的清代语言材料中，省略受惠者、省略与事以及影响义“给+VP”现象，三者是同时存在的。也就是说，我们无法从不同年代的语言材料中观察谁先谁后的规律。但是我们仍然可以从学理上推断三者之间的因果关系。在语法化的研究上，我们常常遇到这样的困难：几个显然相关的现象无法从文献角度判断时间上的先后，有的比较易于解释，有的难以解释。那么我们可以有把握地说，应该是容易解释的发生在先，不容易解释的发生在后。

需要强调的是，我们谈到的这种办法，是基于确信容易解释的和不易解释的现象之间一定是相关的，不意味着所有无法解释的现象都可以这样获得解释。具体而言，就是我们觉得，省略受惠者/与事的“给+VP”现象跟影响义的“给+VP”现象，在早期文献中，有可以观察到的联系。看以下例子：

（26）好容易出来几个善人**给**说合完了。（《小额》）

（27）过来好几个街房才**给**劝开。（同上）

（28）劝完了婆婆，又到西厢房劝媳妇儿，好容易才都**给**劝住。（同上）

首先，这几个例子从句义看，可以认为是与前面讨论过的“省略受惠者/与事”同类的，同时也可以看出“说合”“劝开”“劝住”这几个动词由于有了“给”的存在，其中影响义的增强。这都是从意义上说的。再从形式上说，“给”字后面都还可以比较自然地补上受惠者成分：

（26'）好容易出来几个善人**给**［他们］说合完了。

（27'）过来好几个街房才**给**［他们］劝开。

（28'）劝完了婆婆，又到西厢房劝媳妇儿，好容易才都**给**［他们］劝住。

但是，更自然的说法是变换成把字句：

（26"）好容易出来几个善人**把**他们**给**说合完了。

（27"）过来好几个街房才**把**他们**给**劝开。

（28"）劝完了婆婆，又到西厢房劝媳妇儿，好容易才**把**他们都**给**劝住。

这样的例证，可以显现出“省略受惠者/与事”的“给+VP”与影响义的“给+VP”在产生之初是有联系的。

事实上，早期的“给+VP”实例，当不与把/被字句伴生时，常常可以有“省略”和“影响”两种不同的理解。龚千炎（1994）称前者为“介词”，后者为“助词”，有趣的是，对本章例（4）“内囊儿舅母都**给**张罗齐了，外妆公婆都**给**办妥了”这两个明显是同类并列的小句，龚著把“内囊儿舅母都**给**张罗齐了”归入“助词”类，而把“外妆公婆都**给**办妥了”归入“介词”类。这也说明，面对每一个例子孤立地判断时，语法学家也有游移不定的时候。

这种“省略”和“影响”具有明显联系的事实，使我们有信心推断影响义的“给+VP”是由省略受惠者/与事现象发展而来的。我们认为易于解释的变化发生在不易解释的变化之先，这是用的“逻辑先后”的观点，同时也是对“历史先后”的一种构拟。沈家煊（2008a）指出，“逻辑先后”关注的是共时系统中语法形式形成的“抽象机制”，这种基于推导的假设有时是跟历史事实相吻合的，有时未必完全吻合，但是不因跟历史不合而被否定。本章构拟的历史过程，主要是依靠逻辑推导，同时也不与史料相冲突。如洪波（2004）发现《红楼梦》里就有了“给”省略受惠者的现象，而影响义的用法是到了《儿女英雄传》里才出现的；本章上面展示的事实也说明，普通的影响义用法并不晚于“给”与把/被字句（尤其是与被动形式）伴生的现象出现，而伴生现象是后来更加普遍的。这都支持本章构拟的变化过程。

15.4 解释

诚如许多学者指出的，影响义的“给+VP”中，“给”字后面不再能补出受惠者等语义成分，也就是说，这时的“给”已经完全丧失了引介功能，只能解释为是作用于后面的动词的。这种作用，就是所谓的“影响义”。

我们关心的问题是，这影响义是怎么来的？

实际上，这里有两个问题需要解释：一是来源于介词的“给”，在句法上怎么可以直接加在动词前边；二是为什么它会有加强动词影响语义的作用。

Heine and Kuteva（2002）罗列了迄今所知“给予”意义动词的几种语法化模式：

GIVE >（1）BENEFACTIVE;

GIVE >（2）CAUSATIVE;

GIVE >（3）CONCERN;

GIVE >（4）DATIVE;

GIVE >（5）PURPOSE.

没有一种是GIVE后面直接跟动词组合的。其中与本章有关的是“GIVE > BENEFACTIVE”和“GIVE > DATIVE”两项。作者特意说明，从给予义动词发展为受惠者标记词，再发展为与事标记词，即GIVE > BENEFACTIVE > DATIVE，是一个常见的语法化链条。作者指出，有些语言里，从受惠者标记发展为与事标记的条件是，句中的主要动词为“告诉”等言说动词，或者“卖”等传递动词的时候，受惠者角色就容易获得与事的意义。这与本章上面举例中的情况完全一致：例（11）—（14）中的主要动词分别是言说动词“赔不是”和传递动词“送”，因此获得了与事意义。用这个视点看，我们重点观察的例（26）—（28），其中的主要动词也是与言说有关的“说合”“劝住”等，可以说，“给”从引介受惠者的介词发展为影响义的动词前加成分，也是经由引介与事语义这个过渡站而实现的。

为什么普通语言学的GIVE > BENEFACTIVE > DATIVE发展链条到了汉语里又进一步延伸出了更新的一个环节——影响义动词标记了呢？从形式上说，首先是因为在这个环节的第一次语法化阶段，即动词“给”发展成介词“给”的时候，就出现了“给”的宾语省略的情况。省略既已发生，便导致了“给+VP”格式的成形，并随着语义的进一步虚化日益固定下来。再从语义方面说。我们认为，当一个动词短语前面加上一个受惠者的时候，就等于为主要动词所表示的行为确定了一个明确的服务目标；当主要动词是传递意义（含言说传递）的动词时，“给+（N）”的目标意义就更显豁。动词的目标意义越明确，动作行为对目标的影响力就越强。“给”字后的成分经历了这样几个角色的变化：

给$_{动}$+接受者＞给$_{介}$+（受惠者）+主要动词＞给$_{介}$+（与事）+主要动词＞给+主要动词

在这几个阶段里，“给”从其所带的宾语越来越多地获得影响语义，并在最后一个阶段完全实现为自身的语法意义。

这样，我们就从形式和语义两个角度解释了影响义的“给+VP”格式的形成以及其中影响义的来历。下面我们可以进一步看看这个说法的解释力。

首先，可以合理解释这种“给+VP”格式为什么常常与把/被字句伴生。在许多学者的论著中，都把这种影响义的“给+VP”格式看成把字句和被字句的次类，也有许多学者发现这种“给”的用法并不局限于把/被字句，但出现在把/被字句里也确实是最多见的。我们知道，汉语把/被字句谓语的一个最重要的语义特点，就是动作影响力的强化（张伯江，2009b），因此，这种“给”用在把/被字句的主要动词前是十分恰当的。

其次，可以解释“给+VP”中VP可以是一元谓词（即不及物动词和形容词）的现象。洪波（2004）和杨霁楚（2008）都曾指出这种现象，例如：

（29）我一下子**给**傻了，脑子里一片空白。（引自洪文）

（30）猛可里叫了他一声，他一下子**给**愣住了。（同上）

（31）有一艘船，限载100人，超过的话就会沉掉，现在上面刚上了99人，就**给**沉了。（引自杨文）

（32）有一次下课去找她，正好宋欣在她旁边坐着，说她：“你看，你**给**胖成什么样子啦！”（同上）

（33）开始我记不清了，只记得我在上网，突然屏幕**给**黑了，然后所有一切都黑了。（同上）

其实，这种现象在晚清作品中就已经出现了，例如：

（34）劝说喽半天，好容易才**把**他的火儿**给**平下去啦，您听着好些个人嚷嚷，就是为这个。（《京语会话》）

（35）这么看起来，火轮船火轮车那两样儿买卖真能**把**地方儿**给**兴旺起来，所以是万不可没有的。（《谈论新篇》第七十二章）

“平”和“兴旺”都是形容词，词汇语义都是与句式对谓语的“强影响性”要求所不符的，可以说，正是“给”的“强化影响力”作用使得它们可以正常出现在句中。如果说早期用例“平下去”“兴旺起来”都还是动补式的，有一定的动态意义的话，那么当代例子如（29）（31）（33）则完全是单个的“一元谓词”，完全是靠“给”的作用而实现影响义的。这可以说是“给+V”这个结构在当代汉语里的进一步发展。弱及物性谓词在句子里获得强影响义，靠的是句式以及其中关键性语法成分的作用，这个现象在汉语里并不是孤立的，把/被字句就是通过这样的作用容许非及物性谓词充当主要谓语的（张伯江，2009b）。

15.5　结语

本章是关于“给”字一个特殊用法的微观考察。当我们追究这个特殊用法的句法—语义来历的时候，涉及了汉语受惠者标记、与事标记、把字句和被（叫/让）字句等一系列关乎语法系统的因素的互动关系和历史演变问题。贝罗贝（1986）研究汉语双宾语结构的发展历史时，就看到了词汇替换和结构发展之间的复杂关系。他指出："研究汉语语法发展的历史过程，不能忽视汉语在各个时期的语法描述细节。只有当语言的每个历史时期的不少语法问题具有详细的描述以后，我们才可能提出语法变化真正原因的假设，以及有关这方面的一些预测。"本章就是在这种细节描写的方向上做的一点努力。

（原载 *Breaking Down the Barriers: Interdisciplinary Studies in Chinese Linguistics and Beyond*
〔《综古述今，钩深取极》〕，台北"中研院"2013年）

第四部分

语体和修辞

第十六章　以语法解释为目的的语体研究

语体问题近年来重新成为热点，很重要的一个原因是语法学者的介入。语法学者对语体的关注，与修辞学和篇章学的关注兴趣不完全相同，语法学者更多的是从语法特征角度去谈论语体，也反过来用语体作为语法解释的手段。据此，我们曾经提出"在合适的语体里寻找合适的实例；在合适的语体里合理地解释实例"。（张伯江，2007）这是着眼于语用的功能主义语法研究的必然结果。

近几年语法与语体问题广受关注，出发点和目的却不尽相同。有以语法理论意义上的语法解释为目的的，有以教学语法简明性为目的的，有以寻找汉语书面表达形式与口语界限为目的的，也有以进一步完善修辞表达理论为目的的。本章就是这种形势下的一个"观感"，借机谈谈笔者对相关问题的看法。

16.1　以语法解释为目的的语体研究不看重语体的种类

传统的语体研究有很强的实用性目的，往往是根据语体指导写作，着眼的是语言上较为宏观的方面，因此，对常用语体做出大大小小的分类，就是一个重要的任务。不同的语体类别代表着不同的言语风格，服务于不同的应用场合。修辞学者和篇章学者都着力于语体的系统分类。比如修辞学曾提出的口语与书面语的二分法，口语、书面语和文艺语体的三分法，交谈、叙事、抒情、论证的四分法，等等。篇章学者的研究相对来说比较看重篇章的宏观特征，如小说的情节结构、论证体的论证结构、对话体的话轮结构、描写体的空间关系结构等。做这些分类的时候，并非不顾语法特征，但是相对来说，对语法的关注较为浮泛，也较为零散，以例举式的讨论居多，很少见到用语法特征作为必要条件来区分语体的。

语法的语体研究则是关注某种语法特征何以在某种语体里高频出现，或者说何以带有明显的语体选择倾向。修辞学关心的核心问题是风格，所以，修辞学著作中最多见的语法关注是关于修饰语的讨论，比如哪种语体里偏正结构用得多、用得复杂，或者复句结构用得多少以及复杂程度；语法学关心的核心问题是论元结构，重在观察论元结构的异同，以及结构内部论元角色的细微差异，这些东西事实上对语体的决定性是深刻的，却不是容易从风格角度观察到的，也不是与风格角度的语体分类严格吻合的。

从语法特征角度看到的语体，也未必都有言语风格学意义上的价值。张伯江（2009a）为了考察现代汉语的两种"出现"表达式"存现句"和"无定主语句"的历史来历，考察了《水浒传》等明清小说。起初是想观察无定主语句在《水浒传》那个年代是否已经产生，考察的结果，却是看到了大量的近似于现代无定主语句的例子，如：

（1）道犹未了，**只见**一个大汉大踏步竟入来，走进茶坊里。

（2）正想酒哩，**只见**远远地一个汉子，挑着一副担桶，唱上山来。

（3）智深离了铁匠人家，行不到三二十步，**见**一个酒望子挑出在房檐上。

（4）急待回身，**只听**的靴履响、脚步鸣，一个人从外面入来。

（5）**只见**这边一个客人从松林里走将出来，手里拿一个瓢，便来桶里舀了一瓢酒。

（6）店主带我去村里相赌，来到一处三叉路口，**只见**一个汉子挑两个桶来。

（7）**只见**远远地一个人，独棹一只小船儿，唱将来。

（8）约行了五六里水面，**看见**侧边岸上一个人提着把锄头走将来。

其中突出的特点，就是无定主语之前，都带有“只见”“只听”“看见”一类词语。如果按传统的历史语法观察法，我们会说这是《水浒传》那个时代的语言特点；但是，换个思路看，我们可以把这个问题解释得更为妥帖。“我们认为，这个问题不应仅仅看作是时代差异，或许我们传统的语法史研究中那种以某些作品作为某个时代语言状况之代表的做法，本身就存在着问题。我们注意到，‘只见’一类词语用得较多的作品，都是说讲性的作品，也就是说，是一种口头文学的书面形式。说讲性的文学，听说双方虽然并不对话，但是双方的现场交流特性显然是强于书面文学作者与读者关系的。说话人为了更紧地吸引听者，把自己置身于所讲述的情景之中是一个很好的选择。因此，说话人总是会把自己的主观视点带给听者。另一方面，口头形式的叙述表达，说话人要顾及听者的短时记忆，受话者不可能像阅读文字形式那样有比较从容的梳理故事线索和人物关系的余地，每当有新的角色引进，讲话人有必要用相对固定的形式标记标明角色。这就是说讲性的文学中‘只见’一类词语高频出现的原因。因此我们认为，‘只见’一类词语的‘兴盛’并不是属于某个时代的语言特征，而是属于某种语体的语言特征；有没有这样的标示主观视角的形式出现，不是语言年代的差异，而是语体风格的差异。我们的现代汉语研究，大多以书面文学形式为考察对象，而近代汉语研究，则多是考察基于口头讲述性文学的书面记载。二者的差异在于，后者一定是虑及坊间说讲的可行性的，而前者未必，现代汉语的文学创作已经很少考虑能否作为说讲的底本了。”（张伯江，2009a）

这个例子说明，恰切的语体观察，是说明语法规律的最佳途径。

但是反过来说，我们用以说明语法规律的这个“说讲性”的语体，是不是很有修辞学和风格学上的价值呢？这就很难说了。即便是用作语法解释，它也只是用以解释这个语法现象比较合适，如果我们研究别的语法现象也都要先考虑一下是否有说讲性语体因素的影响，那就无异于刻舟求剑了。

从这个意义上说，语体的类别，对于语法研究来说，或许真的不是很重要。语法特征的发现没有固定的路数，语法解释也没有可以预测的具体方向。我们事先给语体分好了各式各样的大小类别，既无必要，在语法解释上也未必有针对性。事实上，可以说有什么样的特征视角就有什么样的语体实例。陶红印（1999）介绍了当代语言学在语体观察方面的一些新的视角，诸如传媒（medium）和表达方式（mode）的对立、有准备的（planned）和无准备的（unplanned）对立、庄重的（formal）和非庄重的（informal）对立。我们发现，仅以这三对特征各自组合，就可以得出以下八种可能，而每一种都可以找到实例，并可以获得相应语法特征的发现：

1）口头+非庄重+无准备

2）口头+非庄重+有准备

3）口头+庄重+无准备

4）口头+庄重+有准备

5）书面+非庄重+无准备

6）书面+非庄重+有准备

7）书面+庄重+无准备

8）书面+庄重+有准备

第1）种可以是日常交际中随意的口语；第2）种则可以发现相声那样的有脚本的类口语形式，由于其“有准备”特征，失去了互动性；第3）种可以拿大学生辩论会上的自由辩论环节为例，“庄重”的用语是那个场合中刻意的追求；第4）种则比较常见，演讲、报告等都是，口语色彩很淡；第5）种正是新兴的网络聊天中常见的，既有互动性，又有随意性，并且由于媒介方式键盘的录入迥异于口头，简短性成为其显著特征；第6）种普遍见于作家模拟口语风格的文学作品中，本章§16.3还将详细讨论；第7）种情况在一些文化人士的网络访谈场合会出现；第8）种则是大多数“书面语”的特征。其中有代表性的几种语体反映出的语法特征在张伯江（2007）中有举例讨论，这里就不详论了。

这是仅就三种特征而言的。如果我们换一些其他的特征视角，又会得出另外面貌的语体种类。语体的种类是无穷多的，每一种语体都是多种特征的集束。我们无法预测哪些语体的类别特征必然是某种语法现象的理想解释。

16.2　着眼于听话人的语法研究和语体研究

自古以来语法研究更多的是关注语法的产出，即说话者所发出的话语。功能主义语言学则更多地强调语法着重于听话者这一面。Givón（2009）说：“语法是为适应他人心理表征的一种编码形式。”（Grammar is a code adapted for the mental representation of other minds.）这让我们联想起功能语法的另一句名言，Du Bois（1987）说：“语法最着意表达的是说话人用力最勤的地方。”（Grammars code best what speakers do most.）其实，后者并非仅仅强调说话人，两句话结合起来才是功能语法对语法的全面看法，即，说话人的语法编码，总是根据他对听话人心理状态的判断而着意的。

比如说，“有定”和“无定”是语法里两个重要概念。传统上人们习惯从说话人的语法选择来定义有定还是无定，例如说带定冠词的就是有定形式，带不定冠词的就是无定形式。但功能语法宁愿从说话人对听话人的判断来看这个问题，功能派学者认为：“发话人使用某个名词性成分时，如果预料受话人能够将所指对象与语境中某个特定的事物等同起来，能够把它与同一语境中可能存在的其他同类实体区分开来，我们称该名词性成分为定指成分。相反，发话人在使用某个名词性成分时，如果预料受话人无法将所指对象与语境中其他同类成分区分开来，我们称之为不定指成分。”“需要强调的是，定指与不定指这对概念涉及的核心问题，是发话人对于受话人是否有能力将名词性成分的实际所指事物从语境中同类事物中间辨别出来所作的判断。这同发话人本人是否具有这种辨析能力并无直接关系。”（陈平，1987）

说话人根据对听话人的判断做出形态句法选择，也以同样的原则做出语体选择。这是语法学者观察语体选择的独特角度，不同于从社会文化等角度做的观察。冯胜利（2010）认为：“研究语体的属性首先要从这两个对立的形式入手：一个是日常性的或亲密随便一类非正式的话语交际；另一个是非日常的或严肃庄重一类正式的话语交际。就是说，[±正式性]是语体的基本要素，因为任何话语的交际都离不开正式度。”他给出语体结构示意图如下（见图1）：

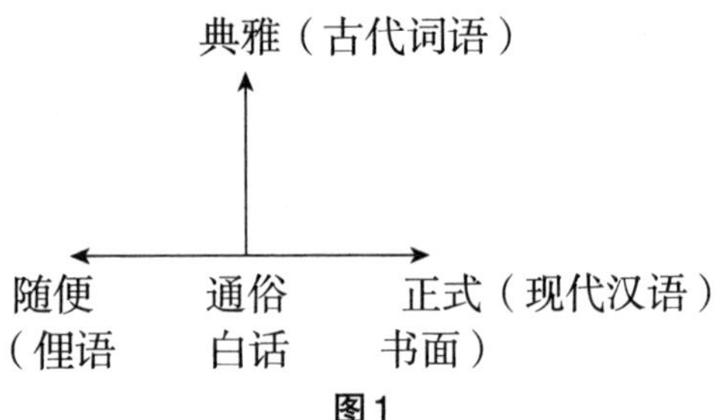

图1

在我们看来，横纵两轴[±正式性][±典雅性]的背后还有更深刻的语言学因素在起作用，那就是说话人对听话人的熟知程度。这个维度斜贯于图1的左上方和右下方。我们如果把它拉平，熟知程度与语体选择相关因素的分布是这样的（见图2）：

图2

在我们看来，典雅与否只是听说双方文化素养决定的，双方具有同样高的文化素养是有可能使用典雅表达的前提，却不必然导致使用典雅表达。只有双方对对方的文化背景有足够的熟知程度时，才会选择使用典雅形式，否则还是首选通俗形式。

随便与正式的选用也是一样。听说双方互不熟悉时，不管文化水平如何都会尽量使用正式形式，只有双方有足够充分的相互了解，才有可能使用俚俗形式。使用高典雅度的表达形式与使用最为随便甚至俚俗的表达形式，共同之处就是高熟悉度，于是也不需语境佐助理解；使用极通俗的表达形式与使用最正式的表达形式，共同之处就是低熟悉度，很大程度上依赖语境帮助理解。

图2左端的是使用面偏窄的语体，右端则是普适性较高的。所以我们说，如果说话人对听话人的身份背景、方言背景、知识背景等有确切的了解的话，他就可以选择使用面偏窄的语体，不管是典雅的还是俚俗的；如果说者对听者的理解力不确知的话，那么它会偏向于选择使用面较宽的语体，往往是非典雅的和比较正式的。

冯胜利（2010）认为："交际的本质在于确定彼此的关系：或远或近。最远的是敌人，最近的是所爱的人。"远和近其实也难有客观标准，一个人自认为（或者大家都认为）和另一个人关系很近，事实上对方可能有深藏不露的部分。我们强调"说话人对听话人的判断"则不涉及客观上的远近，说话人只是据此做出语言编码。"所爱的人"也未必是最了解的。热恋中的人往往只是看对方的片面（否则不会有"婚姻是爱情的坟墓"说法）；一个普通人热爱某个明星，更是一种盲目的喜爱，尤其是凭想象一厢情愿地拔高对方的全面素养。"敌人"也不一定是最不了解的，比如政治上两个常年竞争的政党，双方关注的焦点都是了然于胸的，敌人之间的对话往往可以超越所有的语境，直抵对方最敏感的话题，甚至语言中饱含机锋。所以，我们认为，交际的本质不在于确定彼此关系的远近，而是说话人自以为对听话人的了解程度。

发话人的语体选择归根到底是由最一般的语言交际原则决定的。“取向于听话人”（recipient design）是语言交际最一般的原则（Sidnell，2010）。语体选择的决定因素跟一般语法现象的决定因素是一样的。Du Bois（1987）在讨论作格语言与主—宾格语言的论元结构特点时，谈到了不同语体中“信息压力”大小的问题。他指出，第三人称叙事语篇信息压力较大，而关系密切的谈话语篇（如家庭成员或老朋友间的谈话）信息压力小。这种差异直接导致了说话人对论元结构和论元角色的选择：不及物句里的唯一论元，当语篇中的信息压力小时，就倾向于表示旧信息，用非词汇的形式；当语篇中的信息压力大时，就倾向于表示新信息，偏向于用形式丰富的词汇的形式。我们可以想象，所谓“典雅”“随便”等风格，一定是只能出现在信息压力小的语体环境里，而信息压力大的语体环境里，使用这种风格的表达法一定会遇到较大障碍，“通俗”“正式”的风格就是合适的选择了。

16.3　一个从微观语体差别观察重要语法差异的实例

以语法解释为目的的语体研究，与其说关心语体种类的“风格”“交际类型”“使用环境”等方面，不如说更看重造成语体种类差异的“语体变量”。“语体研究的前提是对语体变量的分析和描述，关键在于它会对语言的使用提出怎样的要求。”（刘大为，2012）宏观的语体种类可能是多种语体变量组合的结果，而从语法解释的角度看，任何一个细微的语体变量的不同，都会导致语法特征的差异，而这种微观的语体差别，有时反倒是在语法解释中具有重要意义的。这里介绍我们的一项实例研究——口语风格的话剧剧本与实际演出有声语料的对比，得出汉语几个重要语法特征在口头形式和非口头形式上的选择倾向，它们是：名词短语里“的”字的隐现，动词词尾“了”和语气词“了”的语体偏爱，把字句的选用。

我们选来考察的材料，其一是老舍的话剧《茶馆》的文学脚本。这是作者专为舞台演出而创作的北京市民风格的话剧，作者在写作中尽最大努力写出地道的北京口语对话，首演这部话剧的艺术家也表达过对剧本口语化程度的满意：“我觉得他写戏的时候，第一尊重生活，第二心里有看戏的人，所以他写的戏观众爱看，演员爱演。”（于是之，1995）其二是北京电影制片厂1982年为此剧拍摄的彩色故事影片。影片沿用了原剧的剧本、导演和首演演员，可以作为《茶馆》演出有声纪录的典型代表。我们的做法，是把有声材料转写出来，逐句与原剧本对比。对比的结果发现，演员在把文学脚本实现为演出语言过程中，在忠实于脚本的前提下，做了不少进一步口语化的处理。也就是说，我们用作对比的句子，命题内容几乎一致，但语法处理多有不同。这说明，即便是一个擅长口语风格写作的作家，他写出的话剧脚本，也难以做到完全的“上口”，有经验的北京话演员，通过一些语法上的变化，使台词呈现为口头语言时，更为自然。

在此介绍一下我们观察到的三种重要语法现象。

16.3.1　名词短语里“的”字的隐现

以下每个例子的a句为文学脚本中的句子，b句为演出实现句子的转写。

（9a）那是你们**乡下的事**，我管不着。

（9b）那是你们**乡下事儿**，我管不着。

（10a）咱们的茶馆改了良，**你的小辫儿**也该剪了吧？

（10b）您看咱们茶馆改了良，**你那小辫儿**该铰了吧？

（11a）我还留着**我的小辫儿**，万一把皇上改回来呢！

（11b）还是留着**我这小辫儿**吧。他万一再把皇上改回来呢！

（12a）连家里**打醋的瓶子**都是玛瑙作的！

（12b）**打醋那瓶子**都是玛瑙的！

（13a）我亲眼看见了，**你的生意**不错。

（13b）我这可亲眼看见啦，**你这儿生意**不错。

（14a）当年**你爸爸给我的那点租钱**，还不够我喝茶用的呢！

（14b）当初**你爸爸给我那点儿房租钱**，可还不够我喝茶的呢！

（15a）我看见您**二位的灰大褂**呀，就想起了**前清的事儿**！

（15b）我一瞅见**二位这灰大褂儿**，就想起**前清那档子事儿**来了。

（16a）那不是**你女儿的命**好吗？

（16b）这不**你女儿命**好吗哎？

（17a）**好体面的小表**！

（17b）**好体面个小表儿**！

（18a）**您的小手指头**都比我的腰还粗！

（18b）**您伸个小手指头**比我腰都粗。

我们观察到的是，绝大多数原作中“定+的+名”短语，在实际口头表达中都倾向于不用带“的”的形式。代之的形式有如下几种：

1）“定+的+名”→“定+名”

2）“定+的+名”→“定+这/那+名”

3）“定+的+名”→小句

第1）种情况，是直接删除原结构中的“的”字，“定+名”组合在书面上不加定语标记“的”有时会引起结构关系的误解，口语中可以借助语音节律上“定+名”的紧密组合显示结构关系，不致误解。如例（9）“乡下的事”说成“乡下事儿”。但是也有去掉“的”以后导致结构“重新分析”的。如例（16）去掉“的”字以后，句子变成主谓结构“你女儿｜命好”。

第2）种情况，是去掉“的”以后，指示词“这/那”出现在“的”字原来所在的线性位置上。如例（11）—（15）各组黑体字部分的变化。学界早已注意到结构助词“的”与指示词有可以相互替代的特点（张伯江、方梅，1996：157—158；石毓智、李讷，2001：319—320），本项研究发现的事实是，“定+这/那+名”形式更偏爱在口语中使用。

第3）种情况，是增加了一个动词，在定语名词和中心名词之间建立起论元结构关系。如例（18）“您的小手指头”说成“您伸个小手指头”。

这三种情况，有什么共同点呢？

共同之处就是避免简单的“定+的+名”结构。“定+的+名”结构里最关键的成分是“的”，“的”表示的是某种抽象的关系，汉语的“定+的+名”结构并不表示某种确定的语义关系，可以说是一种歧义的结构。现场对话尽量避免抽象是个基本的谈话原则。起码，按照Grice会话原则中“避免模糊和歧义”的方式准则来衡量，“定+的+名”结构是一种谈话中“合作性”很差的手段。上述三种会话中的实际变异，都是尽量避免抽象，加强明晰性。第一种排除了非领属意义，第二种则是加强了现场指示，第三种是用了一个具体的论元结构把角色关系交代得清清楚楚。

16.3.2　动词词尾“了”和语气词“了”的语体偏爱

语法学界对“V+了$_1$+O”是不是一个自足的形式一直有怀疑（孔令达，1994），但在实际的书面语料中又经常可以看到这个形式独立成句的事实。本章对照话剧剧本与实际演出材料的工作，为这个问题的思考提供了一个新的视角。以下是我们观察到的相关实例：

（19a）你要是不**戒了大烟**，就永远交不了好运！

（19b）你要是不**把你那口儿大烟给忌了**，你就一辈子甭打着交好运！

（20a）怪不得您**也得罪了他**！

（20b）您怪不得**也得罪了他了**呢！

（21a）两边已经**见了面**，您快来吧！

（21b）黄爷，两边儿都**见了面儿了**，就等您了！

（22a）**开了多少回炮**，一回也没打死咱们。

（22b）**打了多少回的炮了**，一回也没把咱打死不是？

（23a）张宅的鸽子**飞到了李宅去**，李宅不肯交还……

（23b）张宅的鸽子**飞到李宅去了**，可这李宅呢他不肯还……

（24a）听说后面**改了公寓**，租给我一间屋子，好不好？

（24b）听说后边儿**改了公寓啦**？租给我一间房子吧！

（25a）我这儿已经**住满了人**，什么时候有了空房，我准给你留着！

（25b）这后头已然**住满了人了**，什么时候儿有空房啊我给你留着，啊！

可以看出，原作书面作品中能够独立的“V+ 了$_1$+O”结构，在口头实际表达中，大都换说成了“V+ 了$_1$+O+ 了$_2$”结构。这说明，北京口语的语感里，“V+ 了$_1$+O”结构确实是不自足的。北京口语似乎有一种对“了$_2$”的偏爱。以下例子更能说明问题：

（26a）这儿现在**改了良**，文明啦！

（26b）我这儿**改良了**，文明了！

（27a）先**别出去**，街上抓夫呢！

（27b）正抓人哪！先**别出去了**！

（28a）听说明天开张，**我来道喜**！

（28b）听说明儿开张啊，**我来道喜来了**！

例（26）是把用“了$_1$”的原句改成了用“了$_2$”，例（27）（28）则是没有用“了”的地方增加了“了$_2$”。

多年来人们对“了$_2$”时体意义的定性远不如对“了$_1$”那样一致，原因就在于，“了$_2$”更多地呈现的是它的语气意义。语气词总是倾向出现在句子的末尾，是对话中相邻句子之间起着呼应作用的重要成分（Thompson，1998；张伯江，2005），剧作者书写剧本时不在真实的谈话现场，缺少使用话语连接成分的直接诱导，而说话人则时时面临这种压力，总会尽量增加话语呼应成分以保障对话的自然进行。例（28b）增加一个“啊”也是同样的道理。

16.3.3　把字句的选用

关于汉语重要语法特征在口头形式和非口头形式上的选择倾向，我们观察到的第三个突出的特点是，把字句的使用，口头形式明显多于书面的脚本。先看例子：

（29a）你要是不**戒了大烟**，就永远交不了好运！

（29b）你要是不**把你那口儿大烟给忌了**，你就一辈子甭打着交好运！

（30a）您**派管事的来一趟**，我跟他商量。

（30b）您**把管事的派了来**，我跟他商量。

（31a）说真的，我真想**收回这里的房子**！

（31b）说真的，我真想**把这的房子给收回去**！

（32a）开了多少回炮，一回也没**打死咱们**。

（32b）打了多少回的炮了，一回也没**把咱打死**不是？

（33a）我有登记簿子，随时报告给巡警阁子。**我拿来**，二位看看？

（33b）我这儿有登记簿子，按时候儿报告给巡警阁子。怎么着二位，**我把簿子取出来**，二位看看？

（34a）你呀，非**锁在尿桶上**，不会说好的！

（34b）你呀，非得**把你锁在尿桶上**，你不会说好听的！

（35a）**告诉你**，过了这个村可没这个店。

（35b）我先**把话跟你交代明白**喽，过了这村儿可没这店儿。

为什么话剧的实际演出更偏爱把字句？井茁（2005，转引自陶红印，2008）提供了一个直截了当的解释。他用“戏剧化”（dramatization）这一概念来概括把字句的意义，他所谓的“戏剧化”包括两个方面：一是认知方面的显著性（cognitive salience），一是感情和主观方面的表现性（emotive expressiveness and subjectivity）。这一观点，正好是以往我们对把字句强影响性（张伯江，2000）和主观性（沈家煊，2002）论断的综合。井著观察到了老舍话剧把字句使用频率远高于普通语体的特点，本章则从更为微观的视角，发现了舞台实际口头表达中把字句更多地受到偏爱的倾向。如何解释这一现象？综合上述井、张、沈三种研究，我们想，一是因为把字句论元关系更为明确，二是把字句的主观色彩更强烈，这两点综合在一起，造成了把字句强烈的舞台效果。

于是我们也就可以理解下面这种现象：

（36a）早晚我**把房子收回去**！

（36b）早晚有一天我会**把这儿的房子给收回去**！

（37a）我要是还有一块，请**把房子烧了**！

（37b）我要是还有一块，您**把我房给烧了**！

（38a）别，别出去！我差点**叫他们抓了去**！

（38b）先别出去了！外边儿正抓人哪！差点儿**把我给抓了走**！

例（36）和（37）都是原文用了把字句，但舞台实际把字句比原文更增加了强化把字句戏剧性手段；例（38）是原文用了表被动的叫字句而口头改用了把字句，这样的句式选择也同样应该用把字句的戏剧性效果来解释。

以上讨论的三种现象——名词短语里“的”字的隐现、动词词尾“了”和语气词“了”的语体偏爱、把字句的选用——在《茶馆》文学脚本与口头实现的句法差异，并不是简单地用书面与口头的对立可以彻底解释的。第一种手段，主要是话剧演员对北京口语风格的追求，尽力避免使用抽象化的句法格式；第二种则主要是对现实口语对话自然度的模拟，同时也是使戏剧对话流畅进行的重要保证；第三种则是以强化语言的戏剧性为主要目的。可以看出，每一种语法特征的选用，服务于不同的表达目的，这些不同的表达目的似乎还不足以划分出某种语体来；反过来说，话剧舞台表演如果作为一个语体种类来看，我们也难以完全预测出它究竟会导致什么样的语法选择（如果可以成功预测的话，也就不会有本章观察到的这种剧作者与实现者的语法差异了）。这再一次说明，语体的类别对于语法解释来说，不是最重要的。重要的是，我们通过对语体的细致观察，对语法现象做出妥帖的解释。

16.4 结语

语体成为语法解释的重要角度，是语言研究发展的必然结果，是我们从关注孤立的结构延伸到关注语言的社会交际环境的产物。吕叔湘（1977）很早就指出过这一点，他说："在普通话内部作比较研究，还涉及一个方面：某些句式，某些虚词，用在某种环境很合适，用在另一种环境就不合适。这类问题过去叫做文体问题，有人嫌'文体'二字不好，近于'风格'，主张用'语体'……近年来英文的语言学著作里讨论这个问题，常用register这个字，我想可以译作'语域'。语域的研究属于社会语言学范围，也可以说是语法和修辞的边缘学科，是以往探索得很不够的一个领域。"吕先生说得很明确，语法研究中的语体关注，不是风格的关注，是从社会运用角度对语法的观察，这是语法学与修辞学结合发展的一个方向。

（原载《当代修辞学》2012年第6期）

第十七章　从“来”的代动词用法谈汉语句法语义的修辞属性

语法论著里，最早给了“来”字一个“代动词”身份的，是赵元任（1968）。他指出，在“你画的不象，等我来！”这个句子里，既可以把“来”解释成“到来”的意思，整句是“等我过来画”省略了“画”，也可以解释成没有省略，“来”就是代替动词“画”的“代动词”（pro-verb）。他认为代动词的用法是明确地存在的，如当“打牌”说成“来牌”的时候，又如“他不会，不能让他来。”这个句子里的“来”就只能解释成代动词，而不能理解为“到来”的“来”了。

“来”的这种代替意义，其实早已被语言学者认识到。在1960年印行的最早的《现代汉语词典》里，就有这个义项：

> 作某个动作（代替意义更具体的动词）：胡～|～一盘棋，怎么样？|～一个红旗竞赛|你歇歇，让我～|我们打球，你～不～？|咱们老朋友了，何必～这一套！

这个释义一直保留在此后几经修订的各个版次的《现代汉语词典》中。

值得注意的是，赵先生断言：“‘来’这个用法已经一般化，可以替代任何动词。”我们理解，赵先生这个断语是基于这样的观察：“来”可以替代的动词，既不局限于某几个具体的动词，也不局限于某些意义类型的动词，甚至不限于及物动词还是不及物动词这样的语法类别。应该说，赵先生这样的观察是结构主义对语言单位组合关系观察的经典范例。

17.1 “来”的代替作用与趋向词“来”有没有关系？

我们看到，代动词“来”的分布无非是两个：一是不带宾语单独做谓语，二是带宾语。如果要证明代动词“来”是否与趋向动词“来”有关，就要分别考察这两种情况。

先看第一种，不及物的用法。

按赵先生的说法，“你画的不象，等我来！”是有歧义的：如果“来”是趋向动词，则“来”是“来画”的省略式；如果“来”是代动词，则没有省略。

（1）你画的不象，等我**来**！

→你画的不象，等我**来**画！（“画”被省略后留下趋向词“来”，形成“等我来”）

→你画的不象，等我画！（“画”被代动词“来”所代替，形成“等我来”）

这样看来，《现代汉语词典》（1960年版）的例子“我们打球，你～不～？”也是有歧义的：

（2）我们打球，你**来**不**来**？

→我们打球，你**来**打不**来**打？（“打”被省略后留下趋向词“来”，形成“你来不来”）

→我们打球，你打不打？（“打”被代动词“来”所代替，形成“你来不来”）

这种论证方法事实上就已经例证了代动词“来”与趋向动词“来”在单独做谓语时的差异：代动词“来”在谓语位置上表示的是一个纯粹的行为，趋向动词“来”则往往是连谓结构“来+行为动词”的一部分。当然，如果不承认省略了一个行为动词，仅仅把“来”解释成“到来、过来”，则代动词“来”与趋向词的对立就更为显著了。

再看第二种，及物的用法。

趋向动词“来”也不是不能带宾语，不过只是出现在存现句里，如“远远地来了一个人”“来了区上一个交通员”。那么，代动词“来”的及物性用法的论证，就成为是否能与“来”的存现用法相区别的问题了。

先看一个例子：

（3）原来海军训练一完，日本就宣布投降，宗江乘着军舰在大西洋太平洋足转一阵后，一回到上海就又**来**个“投戎从戏”。（邓友梅《好您哪，宗江大哥》）

这句话的结构是“宗江来个‘投戎从戏’”，是个“施—动—受”结构，显然不是存现句。句子的意思是“宗江做了‘投戎从戏’这样一件事”。下面几个例子也都是类似的“施—动—受”结构：

（4）他头一炮就**来**个锤震四平山！（邓友梅《好您哪，宗江大哥》）

（5）凑热闹的人们，看着再呆下去也无趣，也就**来**个顺着台阶儿下，跟着往外挤。（浩然《新媳妇》）

（6）左腿立了有十分钟，我很高兴我的腿确是有了劲。支持到十二分钟不能不换腿了，于是就**来**个右金鸡独立。右腿也不弱，我更高兴了，嗨，爽性**来**个猴啃桃吧，我就头朝下，顺着柜台倒站了几分钟。（老舍《取钱》）

（7）白汉子连连痛击不同身高、体重的黄汉子；有个机灵的黄汉子攥住白汉子的一只手腕，拱背蹲身，意欲**来**个大背翱，但黄汉子上背后就抡不动了，被白汉子在背上猛擂地时，趴倒放平。（王朔《千万别把我当人》）

例（4）的“头一炮就……”，例（5）的“看着……也就……”，例（6）的“于是就……”“爽性”，例（7）的“意欲”等词语，都在不同程度上凸显了施事的意愿性。

下面这两个例子似乎不是以施事为主语的：

（8）那人说：“好，大清早先**来**个玩笑，抬头见喜了。”（邓友梅《烟壶》）

（9）“我是这么想的，”杨重有板有眼地说，“既是起哄咱就得像个起哄的样子，哄的专业点，该成立组织就成立组织该刻公章就刻公章。一人**来**个小证件，一人**来**打小名片，一人**来**身新衣裳，到哪儿一站，证件一掏名片一送，站有站相，坐有坐相，横竖怎么看都像那么回事。”（王朔《一点正经没有》）

例（8）的主语是时间词“大清早”，例（9）的主语是“一人（＝每人）”，是与事。例（8）是买卖双方对话过程中卖方嫌买方出价太低时说的话，可以理解为“大清早就出现了一个玩笑”，也可以理解为“大清早，买主就对我开了个玩笑”。如果是前者，就是趋向动词“来”，如果是后者，就是代动词“来”。例（9）每个小句孤立地看不好判断，放在整个篇章里就可以清楚看出，含“来”的句子都是典型的表示“分配、安排”意义的“数量对应句”，“来”没有

“出现”或“存在”的意思，三个“来”字都可以还原成实义动词“发”或“给”，可见，都是代动词用法。

这样，我们就全面论证了代动词“来”区别于趋向动词“来”的特点。

17.2 “来”的代动词功能

我们想进一步提出的看法是：代动词“来”与趋向动词“来”或许没有语源关系，至少没有可观察到的语法化过程。

任何语言里的实词都有被替代的需要，Jespersen就曾提出，与代名词（pro-nouns）相类的，还有代形容词（pro-adjectives）、代副词（pro-adverbs）、代不定式词（pro-infinitives）、代动词（pro-verbs）、代句词（pro-sentences），等等。他举的代动词的例子是：

（10）He will never love his second wife as he did his first.

英语的代动词现象，还可以从以下例子显示出来（引自Klammer *et al.*，2007）：

（11）We want that trophy more than they do.

（12）I'll taste your raw-beet casserole if Fred does.

例（10）用did代替love，例（11）用do代替want that trophy，例（12）用does代替taste your raw-beet casserole。Halliday and Hasan（1976）对英语代动词do的用法描述十分详细。

看得出来，英语的代动词do有实在的意义——“做”，用这样词义的动词来代替其他行为和事件也是极其自然的。

其实，像英语这样用意义较为概括的实义动词在语篇中代替较为具体的动词的现象，不足为奇。汉语里相似的情况有：

（13）“你也别八个长篇了，你先**弄**个微型小说——真写出来给我看看。”（王朔《一点正经没有》）

（14）“我们这次拍卖**搞**了多少钱？”（王朔《千万别把我当人》）

（15）饭馆是一个大地窝子，门口挂着厚厚的棉门帘，门帘四周与里层结满了冰霜，你如果力气不够，连掀起这样的门帘也**做不到**。（王蒙《半生多事》）

例（13）可以说是用“弄”代替“写”，例（14）也可以说是用“搞”代替“卖”，例（15）可以说是用“做不到”代替“掀起门帘”。但如果这样比附的话，“代动词”这个概念就没有严格的语法学上的意义了。也许正因为如此，英语里对pro-verbs的语法研究也不是很重视。

汉语的“来”看上去不尽相同。正如我们上文所论证的，“来”的代动词用法找不到与“做”意义有关的语源。从这个意义上说，似乎汉语的代动词现象是个语法化程度更高的东西，起着更纯粹的语法功能替代作用，换句话说，“来”对于“代替动词”这件事情来说，好像没有什么语义贡献。那么，是不是它真的只是起着语法作用的一个专门的词呢？

17.3 代动词“来”有没有意义？

在现代汉语语料里做比较普遍的检索后我们发现，代动词“来”的典型用法有一定的语义倾向性。集中在两种意义，一是涉及某种技能，如画画，打球，“金鸡独立”“猴啃桃”“大背翱”等特殊的武功名称；二是说话人对所述行为给予一个命名，如“投戎从戏”“锤震四平山”等。后者又可以说是前者的自然延伸。

从语体分布来说，倾向性也非常明显。在较为正式、严肃的语体里极少见，文学作品也限于那些受讲唱文学传统影响较深的民俗文学，最为常见的，是相声等曲艺作品里，例如：

（16）甲：有时候一个在楼上，一个在楼下，还**来**个花招儿。

乙：什么花招儿？

甲：扔的这位**来**个“张飞骗马”（动作）。

乙：嘿！

甲：接着那位**来**个“苏秦背剑”（动作）。

乙：啊。

甲：有时候扔散了还**来**个“天女散花”。

乙：这戏还怎么看呢？（侯宝林相声《关公战秦琼》）

（17）甲：上海话？有的人讲话好听。妇女讲话好听。有时候你走街上，看见两个上海妇女，人家在那儿说话，你在旁边听着，对话也是很美。

乙：是吗？

甲：不但是发音美，你在旁边看着，连她那个表情显得那么活泼。

乙：喔？您**来来**。（侯宝林相声《戏剧与方言》）

（18）甲：梁山伯、祝英台得俩人儿啊。

乙：那我帮您唱，唱吧？

甲：那可以啦。你**来**小生。我唱那个女的——祝英台。（同上）

（19）甲：新娘下轿。

乙：对。

甲：刚一下轿……

乙：嗯。

甲：新郎先给**来**个镇物。

乙：什么镇物啊？

甲：手拿一张弓，三支箭，砰砰砰，射她三箭。

乙：这是干什么呀？

甲：恐怕她是妖精。　　　　（侯宝林相声《婚姻与迷信》）

从这些例子做一个简单的观察，“来”的意义似乎多与扮演、表演有关。

为了更准确地了解“来”的使用意义，我们对京剧老艺人马崇仁的口述回忆作品《听歌想影话梨园》（团结出版社2014年版）一书做了一个全面的考察。

首先给人直观的感觉是，“来”的宾语常常是角色：

（20）经励科佟瑞三居然来约我，让我陪阎世善唱一出《穆柯寨》，让我**来**杨延昭。（第5节）

（21）他是“一赶三”的唱法，前面《潞安州》扮扎靠的武老生陆登，中间《八大锤》演武小生的陆文龙，后面《断臂说书》**来**老生的王佐。（第7节）

（22）万春唱《武松打虎》《落马湖》这样的戏，如果没有庆春**来**酒保，他就宁愿不唱。（第12节）

（23）庆春在《大劈棺》里**来**那个“二百五”，就是他的一绝。（同上）

（24）《一捧雪》里他**来**莫怀古，其中有简单的两三句反调唱腔，就很见特色。（第14节）

（25）他有时会反串老旦，在《马义救主》里**来**马妻。（同上）

（26）有一次叶盛兰要反串《花木兰》，让我**来**花弧，这个活儿没人会。（第15节）

（27）《清官册》里，我**来**个八贤王身边的小太监。《胭脂宝褶》里，我演侍儿；《假金牌》里，去个书吏；《四进士》里，扮个丁旦。（第18节）

（28）我**来**过《红楼二尤》的贾琏,《勘玉钏》的“大座儿”,《锁麟囊》的薛良等。（第21节）

（29）我觉得庆春饰演的最好的角色是《火并王伦》里的“白衣秀士”王伦，这个角色是丑行应工，但要有生行的东西。庆春在这个人物身上下了功夫，可以说极具难度和挑战性，一般的演员**来**不了。（第12节）

（30）还有《马义救主》这出戏，……戏中的县令是个受累不讨好的角色，……没人愿意**来**这个活儿。（第14节）

（31）他在未成名之前，不但常唱二路老生，而且还唱过《取洛阳》的小生、《法门寺》的老旦，就连《五人义》里的那个有南方口音的小花脸他也**来**过。（第6节）

（32）鸣春社有一位刘斌升，人称刘二爷，是著名的“跟头大王”。他也常**来**“王八”这个活儿，他的跟头中有戏，到了登峰造极的水准。（第12节）

这些句子里的“来”基本都可以理解为“扮演”，如例（21）（27）都是“演”“扮”“来”三者并用。

但另外一些例子里，“来”就不是扮演角色的意思了，而是用于扮演一类角色，甚至是一个行当的相关角色：

（33）你是学老生的，比如说在《审头刺汤》里**来**个龙套，你就要学陆炳的念和唱，怎么演，怎么动作。你是学小花脸的，你就要学人家怎么演汤勤。（第6节）

（34）父亲说：“我在科班的时候就是什么活都**来**，要争取多上台。每上一次台，就多一次经验。每演一个活儿，就多学点本事。就是扮个龙套，也要好好**来**。”（同上）

（35）活儿不论大小，都要尽力把它**来**好，不泡汤，不敷衍。先说扮相，**来**院子，首先要剃头刮脸，脸上干干净净。……养成习惯，

将来演主要角色才能演好。不然，演小活儿吊儿郎当，习惯成自然，养成坏毛病，到演主要角色时也改不过来了。（第7节）

（36）我在永春社什么活儿都**来**，以老生为主，基本上都是边边角角的零碎活。（第9节）

以上这几个例子，“来”的宾语分别是“龙套”“院子”“老生”等，已经很难用“扮演”来替代了。

值得注意的是，例（34）—（36）“来”的语义宾语是“活儿”。这是非常耐人寻味的。再看下面几个例子：

（37）父亲对我说：“你到万春那去，让你**来**什么活儿就**来**什么活儿。不许挑肥拣瘦，不许讲价钱。”（第6节）

（38）“什么活儿都要**来**，而且要把它演好。”（同上）

（39）父亲说，杨春这个活儿介于二路、三路活儿之间，其实很不好**来**。一般的二路老生不爱**来**，因为人家更愿意演毛朋。三路的演员水平有限，演这个角色不够。（第19节）

（40）等到“过府搜杯”演了一半后，父亲突然说肚子疼得不得了，后面的戏演不了了。父亲说：“请李二爷替我**来**吧！”李洪福不敢接这个活儿，他说怕被人轰下来。父亲转身对我说：“崇仁，你**来**！甭害怕，有我在这儿呐！”（第18节）

我们固然可以说“来”是“演”的意思，如例（38），但是例（39）却清清楚楚向我们诠释了“来”的意义：这里不仅谈的是扮演杨春这个角色的问题，而且涉及扮演这个角色的难度。所以，来得了来不了，愿意来不愿意来，都是基于对扮演这个角色的难度之考虑，而不是简单的扮演问题。

至此，我们对“来+N”的意义得到了一个更为深入的认识：“来”的意义固然可以用扮演、充任等来诠释，但“来+N”的整体意义还有字面所体现不出的“难度”“技能”“胜任”等相关意义。我们对代动词“来”的观察，到这里得出一个全面的认识：它的基本语义可以释作“充任”，它有两个方向上的语用倾向义：一是扮演、表演，二是胜任。

此前关于代动词“来”的有关研究中，有学者观察到这样的特点：“在由代动词‘来’构成的述宾短语中，宾语对数量词有强制性要求，不论是名词性宾语还是动词性宾语，宾语中一般要有数量词或量词，甚至用数量词直接代替宾语；数量词有使宾语有界化、指称化及标记焦点等功能，同时其标量功能弱化。”（陈昌来，2011）本章观察到的语言事实表明，宾语带数量词并非是强制性的要求，但是，一个很明显的趋势是，用于戏曲、曲艺行业技能时，带数量词并不是普遍现象；引申到行业用法之外时，数量词就几乎是必有的了。诚如周夏（2008）和陈昌来（2011）所观察到的，这里的数量词都不同程度地体现出标量功能的弱化，而增加了某种语用色彩。本章的研究，正好可以解释这一现象的来历：因为“来”所涉及的事情，一定是某种特殊技能，如果是个字面上显示不出技能性的名词，则需要调用我们语言中固有的凸显语用色彩的句法手段。我们曾经指出，当“（一）个”数量意义弱化时，它的主要作用便是凸显主观夸张意义。（张伯江，2009b）如例（5）的“来个顺着台阶儿下”、例（8）的“来个玩笑”中“顺着台阶儿下”和“玩笑”虽然不是什么特殊技能，但是在说话人的嘴里带有不寻常的意味，量词“个”恰如其分地标明了这一色彩。

17.4 余论：语法中的修辞

陶红印（2001）指出：“1）所谓语义问题不能仅仅归结为单个词项的问题，也可能是更大的组合格式的问题；2）语词搭配的语义属性具有动态性，具体来说，单个语词本身不具备的语义蕴涵有可能在具体语言运用中经过和其它语词的搭配而获取。”本章对代动词“来”的实际用例观察，就是这个观点的体现。如果我们仅仅用句法分布的办法来观察这个“来”，就只能得出它的替代作用；用简单的词语搭配来测试，可以得出它替代任何意义动词的能力。二者结合起来，就得出汉语的“来”是个纯粹的起着语法替代作用的语言成分。但是我们全面观察它所出现的语篇环境，从“活儿”这样的常用搭配词语得到启示，就观察出了它的语用倾向意义。这个观察的意义在于，不仅揭示了“来”语法替代作用说的局限，揭示了它的明确的语义选择性使用倾向，而且向我们例示了汉语语法现象的观察方法。因为汉语远非充分语法化的语言，汉语里极少有纯然起着语法作用的成分，汉语的语法与语用、修辞因素是密不可分的，汉语的句法语义现象必须结合语用和修辞角度的观察才能得出全面准确的认识。

为什么这么说呢？这是因为，在这个例子里，我们看到，修辞不是独立于句法—语义结构之外的单纯的语言应用问题，修辞在汉语中是内化于句法—语义形成过程中的。通过上述事实的讨论，我们可以得出这样的看法：“来”的原型意义是“扮演”，其概括意义是“充任”。“扮演”原本只实现在戏剧舞台上，但在语言中，也投射到了语言的舞台上——代动词的代替作用就是一种扮演，代动词“来”扮演了它所替代的那个动词的角色。两个领域之间这种修辞性的紧密关联，是汉语修辞内化于语法的很好说明。

更明确地说就是，我们怀疑，用“来”表示“扮演”的意思，本是戏曲、曲艺界内的行业用语，语源不详。至今戏曲行内还用“去”表示“扮演”的意思（《现代汉语词典》〔第6版〕，第1074页）。由于“来”是个语用频率高于“去”的动词，它的用法就先于“去”扩展到“扮演技能”的意义，进而发展出“胜任”义。“扮演、胜任”的意义被修辞性地用于非戏曲场合时，实现语词上的“扮演”作用，就成了语法上“代替、充任”的意义。这时，从语法研究的角度看，“来”就实现为一个“代动词”了（例〔8〕和例〔9〕就是远离“扮演、充任”意义的代动词用法）。至此，对于“‘来’是不是一个充分语法化了的代动词”这样的问题，我们就有了一个清楚的看法：“来”仍然不能说是个完全起着语法作用的代动词，因为它所能代替动词的类别和场合都明显地受限，它的代动词用法带着显著的修辞色彩，但是，汉语的语法与修辞密不可分，这也是汉语的重要特点。

（原载《当代修辞学》2014年第4期）

第十八章 法律法规语言的语法问题

法律法规在我们的社会生活中扮演着越来越重要的角色，近年来，随着我国法律体系的建成，最重要的法律法规全貌展现在公众面前。立法过程中的语言规范一向受到格外的重视，早在1954年我国第一部宪法起草之初，中央人民政府就聘请了叶圣陶、吕叔湘作为语言专家直接参与到起草工作中（商金林，2005：403—407）。六十年间，从宪法的修订到各个专业法律的制定与完善，语言问题都是最受重视的一个方面。“作为法律精神的体现，法律语言必须是严谨、准确、简洁、庄重的；同时，法律作为全体社会成员的基本规范和准则，它也应该是为大众所能理解的。”（赵世举主编，2015：135）应该说，六十年来的司法实践证明，我国法律法规的语言已经探索出一条成熟的道路，它最充分地体现了法律的严肃性，同时也在某种意义上成为语言表达的规范参照。近年来，新的法律法规频频出台或修订，也有推敲不慎之处，从一个语言研究者的眼光看，值得深思的地方不少，如果我们日常语言生活中一些习非成是的东西逐渐被定型在法规语言中，对现代汉语的健康不能不说是一种损害。以下我们以新近发布的《中华人民共和国食品安全法》（2015年4月24日第十二届全国人民代表大会常务委员会第十四次会议修订，本章引例均出自此法，出处仅注明条文编号）为例，讨论一些常见的语言问题。

18.1 并列短语问题

多项事物并列在一起谈论，是法规语言常遇到的问题。并列安排不当，或者并列连词使用不当，就会给理解造成很大的障碍。两项并列，尤其是字数较少的项目并列，不管用“和/或”还是用顿号，都比较容易表达清楚；三项以上，尤其是每个并列项字数较多的时候，选用什么方式来做并列项之间的衔接手段，就需要谨慎推敲了，如下例：

（1）食用农产品的市场销售、有关质量安全标准的制定、有关安全信息的公布**和**本法对农业投入品作出规定的，应当遵守本法的规定。（第二条）

我们知道，作为并列连词，“和”跟“以及”意义大致相同，用法上却有不同的倾向：“和”一般只用于较短的词与词之间的连接，“以及”则既可以用于短的词之间的连接，又可以用于较长的词组之间，甚至小句之间。这个例子里的“和”我们认为以改为“以及”为妥。因为在这个句子里，连词所连接的是两个小句，而“和”容易误解为仅连接相邻的两个词。

再看这个例子：

（2）具有与生产经营的食品品种、数量相适应的食品原料处理和食品加工、包装、贮存**等**场所，保持该场所环境整洁，并与有毒、有害场所以及其他污染源保持规定的距离。（第三十三条第一款）

这里有明显的语病。“……等场所”中“等”字前边必须是处所词，才能与“场所”相应。可以考虑直接改为“……食品原料处理和食品加工、包装、贮存的场所”，或者改为“……食品原料处理和食品加工、包装、贮存等用途的场所”。这里致误的原因是，先把“加工场所、包装场所、贮存场所”整合成了一个合流式短语“加工、包装、贮存场所”，同时又想涵盖更多情况，便在“加工、包装、贮存”后加了个“等”字，却弄巧成拙，破坏了定语和中心语的内在关联。

不该用并列连词的地方应该尽量不用。如下例：

（3）省级以上人民政府食品药品监督管理部门应当及时公布注册或者备案的保健食品、特殊医学用途配方食品、婴幼儿配方乳粉目录，**并**对注册或者备案中获知的企业商业秘密予以保密。（第八十二条第二段）

这里的“并”应该改为“同时”。上文“公布”是一种行为，一种意愿性很强的、有界的行为，而“保密”不是典型的有界行为，跟“公布”不是可并列的行为，它只是“公布”的一个伴随行为，所以，用“同时”更好。

早在1982年，吕叔湘参与新中国成立以来最重要的一次宪法修订工作时，就特别提出处理法律条文中并列项目连接方式时的几项基本原则：“1）两项的，尽量多用‘和’或‘或’，可用顿号。不用连词也不用顿号的，限于习惯语（已近于单一意义）。2）三项以上的，都以在末二项中间加‘和’（或‘或’）为主要形式。3）尽量避免‘合流式结构’，如‘物质、文化生活’、‘农、牧生产合作社’。”[①] 三十多年过去了，这些原则在立法语言中贯彻得仍不尽理想，而从我们上面讨论的几个例子看，与并列结构有关的语法问题，也比这

---

① 吕叔湘1982年4月9日在审读《中华人民共和国宪法修正案》时的批语，现存全国人大档案馆。

几条原则涉及的要复杂得多。

18.2 代词“其”的误用

“其”是一个文言里遗留下来的词，现代口语里几乎不说。在文言里“其”相当于“他的/它的”，但是现在的人们在书面语里经常误当作“他/它”来用，这是违背汉语常规的做法。[①]当今这种用法已经有习非成是的势头，却是无论如何不应该出现在严肃的法规语言里的。以下是我们摘出的若干实例，并一一给出修改办法：

（4）食品生产加工小作坊和食品摊贩等从事食品生产经营活动，应当符合本法规定的与其生产经营规模、条件相适应的食品安全要求，保证所生产经营的食品卫生、无毒、无害，食品药品监督管理部门应当对**其**加强监督管理。……鼓励和支持**其**改进生产经营条件……（第三十六条）

前者“应当对其加强监督管理”删去“对其”两个字即可；后者“鼓励和支持其改进生产经营条件”可以改为“鼓励和支持改进其生产经营条件”。

（5）集中交易市场的开办者、柜台出租者和展销会举办者，应当依法审查入场食品经营者的许可证，明确其食品安全管理责任，

① 现在书面上常用的这个“其”，无疑是来自先秦汉语里那个相当于现代“他的”的领格的“其”。吕叔湘写过一篇短文，在指出“其字只能用在领格，这是先秦的用例，正统的文言是以严守先秦用例为宗旨的，所以不承认其字的这种用法”“把其字当他字用，用在不是领格的处所，这是公认为不通的”之同时，也指出古籍中“汉、魏以后这种非领格的其字已经屡见而不一见”的现象，不过，吕先生认为，这是古代方言中“渠（相当于‘他’）”的另一种写法，现代书面语“其”当“他”用并非这个来源，仍是误用。（吕叔湘，1945）

定期对其经营环境和条件进行检查，发现**其**有违反本法规定行为的，应当及时制止并立即报告所在地县级人民政府食品药品监督管理部门。（第六十一条）

“发现其有违反本法规定行为的”可直接改为“发现有违反本法规定行为的”。同样，下面三处均可以直接删去“其”字：

（6）食品经营者发现**其**经营的食品有前款规定情形的……（第六十三条）

（7）食品生产经营者……防止**其**再次流入市场。（同上）

（8）县级以上人民政府……可以责令**其**召回或者停止经营。（同上）

下面三个例子虽然修改起来不是删去“其”字那么简单，但是，也都有更好的办法避免使用不正确的“其”字。我们提出的改法是这样的：

（9）生产经营者对**其**提供的标签、说明书的内容负责。（第七十一条）

改为“生产经营者对其标签、说明书的内容负责”。

（10）进口商在有关主管部门责令**其**依照本法规定召回进口的食品后……（第一百二十九条第四款）

改为“进口商在被有关主管部门责令依照本法规定召回进口的食品后”。

（11）有充分证据证明**其**不知道所采购的食品不符合食品安全标准，并能如实说明其进货来源的……（第一百三十六条）

改为“有充分证据证明是在不知情的情况下采购了不符合食品安全标准的食品，并能如实说明其进货来源的”。

（12）由境外出口商、境外生产企业或者**其**委托的进口商……（第九十三条）

改为“由境外出口商、境外生产企业或者所委托的进口商……”。汉语里“被”“所”都是有助于明确语法关系的手段，我们在例（10）的讨论中建议加一“被”字，在本例建议加一“所”字，为的就是实现“其”字所不能实现的更为清楚的关系说明。

究其原因，法规撰写者为什么喜欢用“其”而排斥用“他”，大概是因为“他”往往是跟具体语境相关的，而法规面对的是不针对具体个体的一般现象，于是就试图寻找一个区别于“他”的第三人称另外的形式，并赋予它偏于抽象的意义。但“其”毕竟不是一个可以代替“他”的人称代词，不能轻易用来置换。叶圣陶1954年推敲我国第一部宪法草案时，曾经特意要求改掉文言用法的“其”字，为的就是在制定宪法时“务求明白浅显”（这是彭真转达毛主席的意见）（商金林，2005：403）。六十年过去，这个当时着意去除的“其”字又在当今的法律语言中以一种错误的方式复活，真是让人啼笑皆非。我们上面的举例分析已经表明，这些用了“其”的地方，并非没有更合适的手段来准确表达意思。

18.3 表情况的“的”字的使用

汉语语法里，“的”字后面省略中心语一般只限于整个“X的”指称具体事物，且上下文里明显可以找得到句法空位的情况，朱德熙（1983）称为“转指”现象；如果指称抽象事物、上下文里没有明显句法空位的时候，“X的”一般不能省去中心语而独立存在，这是朱先生说的“自指”现象。我们曾经发现，法律语言里自指的“X的”独立使用现象大量存在（张伯江，2007），原因就在，法律语体是专门谈论一般情况而不是谈论具体的、个别的人或事物的一种语体。自指的“X的”成了法律语体通例。

即便如此，我们也希望法律法规的起草者在使用“X的”的时候尽量保持清醒的头脑，明白“X的”指的是什么，尽量让法律条文的读者也清楚明白指称的是什么。毕竟“X的”在语法上不是一种指称非常确定的形式，如果使用不当，将会造成不应有的理解障碍。

下面这种情况，使用这个“的”字是有必要的：

（13）餐饮服务提供者在加工过程中应当检查待加工的食品及原料，发现有本法第三十四条第六项规定情形**的**，不得加工或者使用。（第五十五条）

这是因为，这个“X的”是明确指称“情况”的，即“发现有本法第三十四条第六项规定情形的情况”，法律语言中大多是这种用法。再如：

（14）预包装食品没有中文标签、中文说明书或者标签、说明书不符合本条规定**的**，不得进口。（第九十七条）

这个也是很有必要的，因为这个句子是“预包装食品没有中文标签、中文说明书”和“标签、说明书不符合本条规定”两种情况并列讨论的，如果没有这个“的”字标示一下，“不得进口”的陈述对象就不那么明确了。

但是，这个“的”字不能滥用，有时用了不如不用。像下面这个句子，“发现……存在问题”，紧接着说“应当立即……报告”，连接关系非常明确，易于理解；但是加上了一个“的”，反倒阻断了人们的正常理解，会联想“X的”是否还指称什么没有明言的东西，可以说是添乱了。

（15）食品生产经营者、食品行业协会发现食品安全标准在执行中存在问题**的**，应当立即向卫生行政部门报告。（第三十二条）

总的来说，这个“的”字能不用就尽量不用。如下面这个例子里，后面的这个“的”字就没有必要。不加它，句子意思非常清楚；加了它，反倒造成严重的歧义：

（16）网络食品交易第三方平台提供者发现入网食品经营者有违反本法规定行为的，应当及时制止并立即报告所在地县级人民政府食品药品监督管理部门；发现严重违法行为**的**，应当立即停止提供网络交易平台服务。（第六十二条）

“发现严重违法行为的”容易让人误解成“严重违法行为的发现者”，那样的话，就损害了法规的准确性。

有的时候，可以用更为明确的字眼来代替这个指称不那么明确的“的”，如下面这两个例子，“的”改为“时”更好：

（17）发生食品安全事故需要启动应急预案**的**，县级以上人民政府应当立即成立事故处置指挥机构，启动应急预案，依照前款和应急预案的规定进行处置。（第一百零五条）

（18）公安机关商请……等部门提供检验结论……等协助**的**，有关部门应当及时提供，予以协助。（第一百二十一条）

例（18）除了把“的”替换为“时”，还应该在前面加上“需要”，即，“公安机关需要商请……等部门提供检验结论……等协助时，有关部门应当及时提供，予以协助”。

“X的”毕竟是个有所省略的表达法，有的时候，补上从缺的中心语，句子显得更完整、清晰，例如：

（19）食用农产品的市场销售、有关质量安全标准的制定、有关安全信息的公布和本法对农业投入品作出规定**的**，应当遵守本法的规定。（第二条）

这里，“对农业投入品作出规定的”后面加上“活动”一词为好。

18.4　其他问题

18.4.1　语病

（20）任何组织或者个人有权举报食品安全违法行为。（第十二条）

“任何”一词必须有否定词或者“都”与之呼应。这句话应该改为“任何组织或者个人都有权举报食品安全违法行为”。

（21）按照传统既是食品又是中药材的物质（第三十八条）/按照传统既是食品又是中药材的物品（第一百五十条）

“按照”是介词，这里都错当成动词用了。应该改为“传统看作既是食品又是中药材的物质/物品”。

（22）记录和凭证保存期限不得少于产品保质期满后六个月。（第五十条第二段）

这里存在严重的语句杂糅现象，致使表意含混。“不得少于”后面应该是一个数目字，从语法结构上解读，上例的意思就是“不得少于六个月”，不管是哪六个月。那么，如果某产品的保质期是十二个月，那么这条法规的意思应该是“记录和凭证保存十八个月以上”而不是我们解读出的“六个月以上”。所以，正确的表述法应该是“记录和凭证保存期限不得少于产品保质期及期满后六个月”。

（23）国务院卫生行政部门对相关标准进行审查，认为符合食品安全要求的，决定暂予适用。（第九十三条）

“决定”与“适用”不搭配。应该改为“认为符合食品安全要求的，决定其暂时适用资格”。

（24）国家出入境检验检疫部门应当及时采取风险预警或者控制措施。（第九十五条）

“采取”与“预警”不搭配。应该改为“国家出入境检验检疫部门应当及时发出风险预警或者采取控制措施”。

18.4.2 生造词语

（25）腐败变质、油脂酸败、霉变生虫、污秽不洁、混有异物、掺假掺杂或者感官性状异常的食品、食品添加剂。（第三十四条第六款，第一百二十四条第四款也有同样问题）

“掺假掺杂”一语不是个好的表达法，尽管当今法规语言中已经用得很多了，我们还是觉得应该避免使用。原因在于，“掺杂”在规范的汉语里已经是一个双音节动词，而一般不当作动宾短语“掺有杂物”的简缩形式。在本款中，“混有异物”已经完全表达了“掺有杂物”的意思了，应该将“混有异物、掺假掺杂”改为“混有异物、掺有假冒物”。吕叔湘早就说过：“法律文书以严密为要，不追求‘简洁’与‘悦耳’。”[①]“掺假掺杂”就是个盲目追求“简洁”与“悦耳”的不当表达法。

18.4.3 不当导向

（26）被包装材料、容器、运输工具等污染的食品、食品添加剂。（第三十四条第九款）

汉语里“被+简单动词”是一种常见组合，这个例子容易使人把“被包装”误读为一个词。为了避免这样的误会，我们觉得不妨把“被”改为“受”：“受包装材料、容器、运输工具等污染的食品、食品添加剂”。

（27）食品经营者未按规定要求销售食品。（第一百二十六条第七款）

这是一个歧义表达法，既可以理解为销售未遵从规定，也可以理解为未销售食品。可以改为“食品经营者销售食品过程不符合规定要求”。

（28）国家对食品生产经营实行许可制度。从事食品生产、食品销售、餐饮服务，应当依法取得许可。但是，销售食用农产品，不需要取得许可。（第三十五条）

① 吕叔湘1982年4月9日在审读《中华人民共和国宪法修正案》时的批语，现存全国人大档案馆。

从句子的真值语义来说，这句话没什么问题；从语用效果上说，就有点有违初衷的意味了。这一条的重点是从事哪些活动应该取得许可，“销售食用农产品，不需要取得许可”是一个补充说明的内容。不过，使用“但是”的场合往往带有强调其后内容的意味，这种强调效果就是原本的表达目的之外的了。我们认为应当删去“但是”二字，全句改为“食用农产品的销售不需要取得许可”。

18.4.4 表义欠精准

（29）消费者因不符合食品安全标准的食品受到损害的，可以向经营者要求赔偿损失。（第一百四十八条）

句中“消费者因不符合食品安全标准的食品受到损害”用的“因NP受到损害”格式是个现代汉语里已不通行的说法，有欠明晰，宜改为“消费者因食用不符合食品安全标准的食品受到损害”。

（30）生产经营的食品、食品添加剂的标签、说明书存在瑕疵但不影响食品安全且不会对消费者造成误导的，由县级以上人民政府食品药品监督管理部门责令改正。（第一百二十五条）

我们不建议在法律法规文字中使用“瑕疵”这样的修辞性词语，对于法规语言来说，这样的用词在实际操作中不易操作。可以径改为“错误”。

18.5 结语

上面我们以《中华人民共和国食品安全法》为例，讨论了法律法规中存在的一些语言问题。这些现象并不是仅在这部法律中表现突出，而是带有普遍性的。并列是法律中难以避免却稍有不慎就会出问题的手段，虽然三十多年前吕叔湘审读宪法修正案的时候就强调过并列结构的处理问题，可惜的是，这个问题始终没有解决好，法律条文中并列表达不当所带来的困扰还是经常看到。代词“其”的使用本来是个是非清楚的事情，但近年来错误用法有愈演愈烈之势，法律语言如果不能守住严谨的底线，不自觉地助长了不规范用法的泛滥，既有损于法律的声誉，也将给正常的语言秩序增添混乱。而表情况的“的”字的用法，可以说是近半个世纪以来法律工作者摸索出来的一种行之有效的独特表达法，它已经完全取代了旧式法律条文中的“者”，而且于语法有据。但是一种新兴的语法表达手段的使用应该格外小心，尤其不宜滥用，这种“自指”性质的“的”字结构本身就有容易混同于“转指”用法的特点，同时由于指称的笼统性而常常干扰准确的意义理解，使用时务必保持清醒，而不应失控。其余诸如语病、生造词语等问题则更不应该出现。

这项研究给予我们什么启示呢？白话文运动兴起已近百年，现代汉语规范语体基本成熟，这是一般的共识。可是细想起来，各个语体的发展是不平衡的。在白话文运动的早期，人们较多关注的是文艺语体和政论语体，二者也成为百年白话文的典型例证。与此同时，各种应用文体的规范，只是在有限的行业范围内由其实践者摸索着逐渐定型，一般公众较少关注，语言学者特别留意的也不多。法律语言中的立法语体，就是在法制工作者的实践中逐渐形成自己的风格和表达规范的。这里面有许多可贵的探索和宝贵的经验，也有一时权宜而形成的习非成是的使用习惯。本章重点讨论的几个现象，有的是对法规语言的建设具有重要价值的（如“的”字的用法），有的属于各种书面语体同样面临的问题（如“其”的误用），这些现象在各种名之以“法律语言学”的论著中很少见有深入讨论。潘庆云（2004：266）说：“立法语言的研究现状与我们‘立法大国’的地位无论如何是不相称的。……这与我们对语言文字、特别是法律语言中的语言文字运用不够重视，对立法语言研究比较粗疏有直接的关系。”我们认为，语言学者应该积极干预立法语言的规范建设。法律既是国民言行的根本遵循，也应该成为语言规范的范本。

（原载《当代修辞学》2015年第5期）

第十九章　言者与听者的错位

言语交流以互相理解为目的，但是也常有说话人与听话人理解错位的情况。交流是否成功，根本的决定因素还是在于听话人是否准确理解了说话人的意思。不准确，就形成了错位，就不是一次成功的言语交流。一般来说，说话人总是充分考虑听话人能否准确理解自己而选择他的说话方式（张伯江，2012），这是普通的交际原则；与此同时，语言的主观性无处不在，说话人在说出一段话的同时表明自己对这段话的立场、态度和感情，从而在话语中留下自我的印记（沈家煊，2001）。说话人这种主观立场、态度和感情又往往不能被听话人及时准确地把握住。本章讨论的是理解错位的一些情况。

19.1　指称意义的错位

这是一个发生在情人节那天的小笑话：

（1）刚才我去楼下买东西，老板问我："先生买花吗？"
"买花干什么啊？"
"买花送女朋友啊！"
"哦，买多少花能送个女朋友啊？"
然后老板默默地把花收回去了。

这个故事里售货者与叙述者的理解错位发生在名词短语“女朋友”的“实指”与“虚指”对立上。陈平（1987）在讨论“老杨想娶一位北京姑娘”的时候说：“这个句子可以理解为老杨已经有了意中人，此人是一位北京姑娘。也可以理解为老杨正在找对象，条件是女方得是北京人。”他指出前者是名词的实指（specific，所指对象是某个在语境中实际存在的人物）用法，后者是虚指（nonspecific，所指对象只是一个虚泛的概念，其实体在语境中也许存在，也许并不存在）用法。例（1）叙述者的现状是没有女朋友$_{虚指}$，而他最大的心事是找个女朋友$_{虚指}$。此时，实指的“女朋友”在他的世界里并不存在，对他来说，最容易激活的概念不是“对自己的女朋友$_{实指}$做什么”而是“为自己找一个女朋友$_{虚指}$”；售货者首要的目的是让他的顾客买花，而在他的理解中，有女朋友$_{实指}$的定会买花送给女朋友$_{实指}$。

相声《败家子》里有这样的对话：

（2）甲：我哪能光棍呢？我得娶个媳妇啊。
乙：对对。
甲：你说我娶谁媳妇？
乙：什么叫娶谁媳妇啊？你得找一没结婚的娶啊。

甲说“我得娶个媳妇”的时候，乙的理解是“媳妇$_{虚指}$”，而甲再一次说出“娶谁媳妇”的时候明确指向了“媳妇$_{实指}$”，造成了乙和听众意外的逗笑效果。

再看一个例子：

（3）一个小女孩站在铁匠铺旁边，看铁匠打铁。
铁匠有些讨厌她，便拿出烧红的铁，凑到小孩面前吓唬她。
小孩眨了眨眼说：“你给我一块钱，我就敢舔一舔它！”
铁匠听后，马上拿出一块钱给了小女孩。

小孩接过钱用舌头舔了一下，放进兜里走了……

这个例子里的理解错位产生在“它”的指示问题：小女孩使用的是“它”的话语回指功能（指向自己前面话语里的“一块钱”），而铁匠的理解用的是“它”的现场指示功能（自己现场所持的那块烧红的铁）。这个错位的根本原因还是在实指和虚指的对立上：小女孩说的“你给我一块钱”其实是没有歧义的，“一块钱”是虚指的。小女孩用“它”回指“一块钱”自然无可厚非，但是铁匠很难做到，因为他会首先寻找语境中实指的事物，于是他的理解指向了实指的铁块。

19.2　论元关系与话题关系的错位

论元关系与话题关系不一致时常常导致理解的错位，张伯江（2013）举了一些与此有关的例子。汉语的话题—说明结构允许多种语义关系，说话人可以用这种结构把句子简单组织起来，但是有些话题—说明结构的句子常常被听话人当作论元结构句来理解，造成错位。我们先看传统相声《扒马褂》里的两个例子。

（4）我们家那骡子啊，掉茶碗里烫死了！

这是甲、乙、丙三个人对话中乙的一句，丙听了以后觉得很荒唐，便向甲求证，甲解释说，是乙用自己家的骡子换了一只名贵的蝈蝈，那蝈蝈被热茶烫死了，致使乙非常伤心。

丙对这句话的误解使用的是论元结构，认为“掉茶碗里烫死”的角色必然是“我们家那骡子”，但乙说话时使用的是话题—说明结构，“我们家那骡子”只是他谈话的话题，并不用来指称那头骡子本身，而是想讨论它的价值。换句话说，这句话的话题部分（我们家那骡子）与说明部分（掉茶碗里烫死了）都不是客观描述，而是两种主观评价之间的联系：骡子（价值）—烫死（丧失），句意就是“价值的丧失”。

另一个例子：

（5）是啊！您就知道那风多大了，一宿的工夫，把井给刮到墙外边去了。

这也是甲、乙、丙三个人对话中乙的一句，丙听了以后觉得很荒唐，向甲求证，甲解释说：“因为他家那篱笆墙年头儿太多了，风吹日晒的，底下糟了，离着这井也就二尺来远。那天忽然来了一阵大风，篱笆底下折了，把墙鼓进一块来，他早起来这么一瞧，困眼蒙眬的：‘哟！怎么把我这井给刮到墙外边去了？’就这样给刮出去的。”

丙对这句话的误解在于把“风”当作了“刮”的直接施事，是一种典型的论元结构思维。看了甲的解释以后我们明白，乙并不是把“风”当作动作的施事来表达的，而是当作“致事”（causer）。致事的话题属性远远强于做句法主语的属性。

论元关系与话题关系的理解错位时有发生，这里再看一个例子。吕叔湘（1984b）曾经讨论过这样的一句话：

（6）在家里，我对儿媳像闺女一样，儿媳对我也像亲妈一样。

这是他在《人民日报》上读到的实例。吕先生作为这句话的受话人，尽管理解了说话人的意思，仍然对这句话的自然度提出了少许的质疑，他发现，“把这里边的‘闺女’和‘亲妈’掉个过儿，意思丝毫不变”：

（7）在家里，我对儿媳像亲妈一样，儿媳对我也像闺女一样。

这个现象可以从不同角度讨论（乐耀，2014）。我们觉得，从论元结构与话题结构的理解错位角度解释，也许更简单些。“我对儿媳像亲妈一样”＝“[我]$_{Subj.}$[（对儿媳）像亲妈]$_{Pred.}$”，这是论元结构的理解；而说话人的表达法则不是“我对儿媳像闺女一样”＝“[我]$_{Subj.}$[（对儿媳）像闺女]$_{Pred.}$”，即说话人不是用的论元结构来构句。说话人用的是话题结构：

（8）[我对儿媳]$_{Topic}$[像闺女]$_{Comment}$

用这种方式来组织句子无可厚非，听话人一般也能准确理解，但是也无法避免用论元结构思维去测试之。这就是吕先生提出变换可能性的原因。

两种说法都可以像例（8）这样做结构切分，作为“话题—说明”结构都是成立的，而如果按照论元结构来理解，一个相当于“我像闺女”，一个相当于“我像亲妈”，总有一个是不对的。由此可见，汉语话题结构可以容许多种说明关系。

19.3　条件与叙实的错位

张伯江（2013）曾经讨论了“三天打鱼两天晒网”这个俗语，“三天打鱼”与“两天晒网”并不是并列关系，而是前者为条件式的话题，后者为说明。把二者误读为并列关系，就是把条件句“三天打鱼”误会为叙实的了。

汉语里的假设条件关系句经常是没有显性标志的，“东风不与周郎便，铜雀春深锁二乔”这两句诗，如果不知道相关的历史故事，就很难读出前一句是假设条件句来。我们也确实看到当代报刊上有单独拿这一句当作现实否定的一句引语的，如：“‘东风不与周郎便’，虽然东部球队的整体水平不如西部，但有了凯尔特人，有了活塞，西部要想拿到总冠军并不容易。”（《扬州晚报》2008年10月28日）而《东莞时报》2011年11月23日有一则新闻的标题便是：“东风不与周郎便，广州车展也带不旺低迷车市”。

再如成语“海枯石烂”“地老天荒”和“肝脑涂地”，在近代汉语里也都是当作假设条件句用的，常伴有“虽、纵使”等连词（如《三国演义》：“云奔走四方，择主而事，未有如使君者。今得相随，大称平生。虽肝脑涂地，无恨矣。”）。现代汉语里这些成语有时被当作现实状态来描绘，如：“我相信，到那时，他会早早地回到家里，至亲至爱地温暖着你，端详着你，慰藉着你，守护着你，地老天荒。”（《生生世世的故事》，《北京晚报》2001年9月4日）再如：“法捷耶夫年轻时就‘爱上了党’，把斯大林视为党的化身，对他赤胆忠心，肝脑涂地。”（蓝英年《作家村里的枪声——法捷耶夫之死》）

吕叔湘（1985a：218—219）引了《儿女英雄传》里的一个例子。第四回，写安公子落店，两个卖唱的女子不由分说就进屋给他唱起来。公子发急道：“我不听这个。”女子说：“你不听这个，咱唱个好的。”

吕先生说，安公子的意思是不要听唱，是“直接称代”，卖唱的却说他是不要听这个曲子，要听另外的，“这个”实际上是省略了其后的“曲子”，这叫“转成称代”。

“直接称代”和“转成称代”是两个很有用的概念。不过，这个例子我们也可以用条件与叙实的错位来解释：安公子的“我不听这个”是个明确结了句的句子，属于我们说的叙实的情况，而卖唱的把这句话理解成了条件句：既然不听这个，那么我唱个别的。

再看一个例子：

（9）甲和乙两个小伙子。甲对自己的女朋友说：“我想有个女儿。”女朋友回答说：“我们结婚吧！”于是，甲求婚成功。

乙也想学着甲的方式求婚。当他对自己女友说“我想有个女儿”的时候，女友马上叫了他一声：“爸爸！”

乙女友的回答出乎乙的意料，其实是很直接的思路。甲的做法是以结果求条件，即，先让“我们结婚”这个条件成为现实，才有可能实现“有个女儿”的愿望。但“我想有个女儿”这句话字面上并不直接含有寻求条件的意思，乙女友没有绕弯想到条件，也是很自然的。

19.4　行域与知域的错位

俗语“大河有水小河满”的理解错位问题我们在§1.6讨论过了，这里不再复述。

这个例子说明，问题的实质，在行域与知域的理解错位：当有人从常识角度质疑这个俗语所阐释道理的合理性时，是行域里的解读；而我们在知域里，就会得到以“大河有水”为现实性条件式话题、“小河满”为推断性结果式说明的解读。另一个俗语“墙倒众人推”的理解也是如此。

19.5　行域与言域的错位

2013年6月8日《新华每日电讯》刊登了一篇署名“戴立言”的文章，题为《政党制度与反腐败》。文章刊出以后，其中“多党轮流执政照样腐败”一句话，引起了网上纷纷议论。有一些人把这话解读为承认了一党执政腐败的现实，“照样”“照”的就是这个“样”。

这显然是个误读。首先误读者有断章取义之嫌，那个句子所在的片段是这样的：

（10）多党轮流执政照样腐败，一党长期执政也可达到清廉，腐败与否并不取决于政党的多少。不管是多党还是一党，对腐败都没有天然的免疫力。一些实行多党制的国家，政党之间对立严重，政党轮流上台、轮流腐败的现象并不少见；而一党长期执政的国家，只要措施得力，照样能保持清廉。

不过，录全了这段话也无法解决“照”的是什么“样”的问题。误读者在行域里理解这段话，那么“样”就是现实的腐败状况和清廉状况，文中的两处“照样”他都可以解读为一党执政的腐败现实和多党轮流执政的清廉现实。这个误读的根源在于把原作者言域里的“照样”错误地解读成行域里的意义了。原作者在文章的开头说得很清楚：

（11）有人在社会上、在互联网上散布一种观点：“中国腐败问题的根本原因是共产党一党执政”，“只有实行多党制才可能达到廉洁”。

由此可见，“多党轮流执政照样腐败”“一党长期执政的国家，照样能保持清廉”这两处“照样”照的都是例（11）引语中的话。这两句话的意思其实是：多党轮流执政照样会出现你说的（一党执政国家会出现的）腐败，一党长期执政的国家照样能保持你说的（多党轮流执政的）清廉。

再看一个例子。2013年11月，多家媒体刊登了一篇对篮球运动员巴特尔的专访。在专访中巴特尔说：“其实，在新疆的这六年，新疆队对我问心无愧，我对新疆队也问心无愧，只能说，缘分尽了吧。”一般来讲，“问心无愧”这个谓语，要求主语是第一人称的。这个句子里，第一个“问心无愧”的主语是第三人称的“新疆队”，因此我们可以判定，整个一句话完整地说应该是：“新疆队说他们对我问心无愧，我对新疆队也问心无愧”。也就是说，原文“新疆队对我问心无愧”这半句其实是言域的。

19.6　句法与修辞的错位

《父亲的草原母亲的河》是一首歌的名字，最初我只知道其名，没有用心听过歌词，那时我以为，这是一句修辞性的说法：父亲般的草原，母亲般的河，属于吕叔湘（1976/2002：441）说的“同位性偏正短语”：作为父亲的草原，作为母亲的河。

后来仔细听了歌，歌词一开头便是：“父亲曾经形容草原的清香，母亲总爱描摹那大河浩荡”，于是我知道，以前的理解错了，原来是“父亲说的草原”和“母亲说的河”。

这是个非修辞性说法被错误理解成修辞性表达法的例子。更多的情况是，修辞性的说法被误解为普通说法。反问就是一个典型的修辞性问句，由于其形式大致跟普通是非问句相同，听话人常常听不出其中的修辞性色彩，造成误会。例如，吕叔湘（1985b）举的例子，师父责问徒弟：“你怎么吃掉了这么多？”徒弟把两个饼塞到嘴里：“这么吃就吃掉了。”吕先生解释说：“师父问‘怎么’是‘为什么（why）’的意思，徒弟故意把‘怎么’理解为‘怎么样（how）’的意思。”“怎么样”是有疑而问，是常规的句法语义，“怎么”的“为什么”义是反问，属于修辞用法。

普通的是非问句也有这两种效果。电影《妈妈咪呀》里，多娜问哈里：“Harry, what are you doing here?（哈里，你来这儿干什么？）”哈里手里拿着一张支票回答说：“I wanted to give you this.（我要给你这张支票。）”多娜说：“I don’t mean here here, I mean here on this island.（我不是说这儿，我是说，你到我们岛上干什么来了！）”多娜的解释说明，她的问话不是个一般的疑问句，而是个反问。这个现象早已引起了语言学者的注意，构式语法学者甚至认为这个格式已经构式化了，Kay & Fillmore（1999）称之为“WXDY?”构式（其中W代表疑问词，D代表do类动词，X和Y是可替换的其他词）。例如：

（12）Diner: Waiter, what's this fly doing in my soup?（服务员，这苍蝇在汤里干吗呢？）

Waiter: Why, madam, I believe that's the backstroke.（夫人，我想它是游仰泳呢。）

反问句凝固为构式的表达法在汉语里也很常见，如“干什么？”“怎么着？”等等。

19.7 注意焦点的错位

语言学研究中，不仅要研究说话人表达的焦点，还应研究听说双方注意的焦点（focus of attention）。看这个笑话：

（13）地铁站看到一男孩，拼命吃巧克力。

过了一会儿，我就跟男孩说：“小朋友，巧克力吃多对身体可不好。”

男孩轻蔑地看我一眼，说：“我太爷爷今年103岁了，你知道为什么吗？”

我好奇地问：“为什么？因为吃这个？”

男孩回答说：“他从不管闲事。”

叙述者注意焦点在男孩，于是以为男孩谈论长寿话题一定是谈论男孩自己，但是男孩却把注意焦点引向了对方。或者说，说话者关注与现场有关的话语命题内容，关注自己的话题和观点：巧克力吃多的后果；而听话者关注言语行为（speech act）本身的性质——管闲事。

另一个例子：

（14）最近加班比较多，没时间陪女友。女友一脸委屈地说："你不爱我了，一点都不关心我，只在乎你的工作。"

我很无奈地说："我怎么就不关心你了，最近是真忙啊！"

她说："我明天不吃饭了，晚上去打你们老板一顿！"

我问："你打我老板干吗？"

她愤怒地咆哮道："你都不问我为什么不吃饭！你果然不爱我了！"

女子希望男子的注意焦点在她身上以及她不吃饭这样的事情上，而男子的注意焦点却不知不觉跑到了老板以及老板挨打一事上。

两个例子为什么都发生了误会？第一个，成年人是顺着自己的话题连续方向延伸思路，没有想到转移；第二个则不然，男子没有沿着既定话题"感情"延伸，被"打老板"这一不寻常信息转移了思路。

再看一个：

（15）在一棵树上看到有人张贴了一张寻狗启事："这是一张我们走丢了的狗狗的照片，假如您看见它，请给我们来电！"于是我打电话过去说："我看见你们走丢了的狗狗的照片了！"

事实上这可能是路人故意跟狗主人捣乱。但从语言上说，也是注意焦点的不同提供了误读的可能。狗主人认为狗的生命度高于照片，因此优先获得被回指的资格；而那路人不认同这一原则，他认同的是"定中结构的中心语优先被回指"这条句法原则。

19.8 主观大量和主观小量的错位

语言的主观性表现在量范畴上，常会出现话语参与者超出实际量度的“主观大量”和“主观小量”现象。（李善熙，2003）以下是两者理解错位的现象。

（16）餐厅里，一位单身汉对我说：“好羡慕，我什么时候也能有机会吃情侣套餐呢？”

我安慰他说：“别灰心，只要有钱，像我这样，一个人也能买情侣套餐。”

“吃情侣套餐”是一种方式，这方式意味着什么？在那个单身汉看来，能吃上情侣套餐的前提是“有情侣”，实现这个条件远比一份套餐本身的价值大；而听者则认为情侣套餐不过是比普通套餐多一点钱而已。单身汉对情侣套餐价值的理解是基于他的主观大量，而听者则是基于主观小量。这种错位可以用副词“才”和“就”的对立显示出来：

（16'）a. 有了情侣才能吃上情侣套餐。

b. 有了钱就能吃上情侣套餐。

再看一个例子：

（17）爸爸刚到家看到儿子的成绩，十分生气，上来就是一个耳光。

儿子自知理亏，不敢说什么，心想，赶紧让爸爸去吃饭吧，就说：“爸爸，你没吃饭呢吧？”

爸爸一听更生气了，啪啪又是两个耳光：“你小子，嫌我没吃饭打得轻了是吧？！”

“没吃饭”在儿子的理解中是一件大事，儿子企图用他主观认为更大意义的事转移爸爸的注意力，爸爸却错会了儿子的意思，他以为儿子用“没吃饭”指打人的轻重，因没吃饭而打人没力气，这是一种主观小量。

（18）一个小伙子坐公交车，上来个老奶奶，小伙子起身让座。“小伙子，谢谢，今年多大了？”“26。”“我孙女也是26，人长得可漂亮了！”小伙子心想：“莫非老奶奶看我让座想介绍孙女给我？”刚想开口，老奶奶却说：“26了还坐公交。我孙女都买车了！”

小伙子主观上觉得“坐公交让座”是个有价值的行为，他对此事可能引发的老奶奶的回应有主观大量的期待，而老人对“坐公交”的主观评价是偏低的，两人期待值形成巨大反差。

19.9　话题和焦点的错位

话题是谈话的起点，总是已知信息，说明部分往往是新信息，也是焦点所在的地方。但是当汉语话题和说明都是体词性的时，同样一个体词性片段，在话语中可能是话题，也可能是说明甚至是焦点。（沈家煊，2012b）以下是话题和焦点错位的一些例子。

（19）一男子被判刑12年，狱中闲来无事训练蚂蚁玩。几年后蚂蚁已可以倒立、翻跟头等。男子出狱后去酒吧炫耀他的蚂蚁。进入酒吧后男人点了一杯啤酒，然后掏出蚂蚁放在桌子上对服务员说：看，这只蚂蚁。服务员转身一掌拍死了蚂蚁，然后道歉说：对不起先生，我马上给您换一杯。

说话人是以“蚂蚁”为话题，试图让听话人注意他要表达的焦点“它将做出惊人之举”，而听话人却不是这样解读，他是以情境（“酒吧—啤酒”）做了话题，他解读的焦点是“（其中）有一只蚂蚁”。

（20）“从前有两个人，一个叫‘我爱你’，另一个叫‘我不爱你’。突然有一天‘我不爱你’死了，那剩下的一个叫什么？”

“幸存者啊，笨蛋！”

说话人是以“甲死了，乙剩下”作为一个“话题—说明”的，把“乙”的名字空出来，等待答话人回答；而答话人则是以“甲死了，乙剩下”这一事实整体作为话题，然后做出说明：“这就叫幸存者。”换句话说，发话人期待的答案是个对比焦点，而答话人的回答是个自然焦点。

再看一个稍微复杂些的例子。严格地说，这个故事不像本章其他例子那样完全是误解，但也有一点超出原本预期的解读。

（21）一个女子自述：跟闺蜜聊天，她抱怨我每次逛街都不化妆，我就问她：“知道为什么我不爱化妆不？”闺蜜说：“不知道。”我就回答说：“我不化妆，别人说我丑，我可以说我是没化妆；可万一我化了妆还有人说我丑，我就没有借口了。”

闺蜜拿出“她不化妆”作为话题来讨论，希望女子给予说明。女子给出了说明：“（不化妆）是为怕别人说丑找的借口。”这本已是个完满的语法上的回答了。但出乎意料的是，女子进一步拿出了“不化妆”的对比性话题“化了妆”来讨论，并给出了这个对比性新话题的说明“没有借口了”。我们知道，对比性话题从另一个角度看也可以说是对比性焦点，“不化妆”与“化了妆”同时拿来说明，语义上更完满，语法上，却是超出了问话人的结构预期的。

19.10　结语

以上举例讨论了理解错位的一些因素。有几件事需要说明：

第一，我们题目说的是“言者与听者”，这里所谓言者和听者，不限于狭义现场对话的听说双方，也包括跨时空的语言编码与语言解码。如书面形式与它的读者，也是语言发出者和接受者的关系。一些流传多年的成语、俗语，最初的说话人有他一时一地的说话意图，后人解读时未必准确还原当初说话人的具体意图，也就造成了理解错位。归根到底都是解码者对编码者或多或少的误读，所以，本章讨论的现象，不管是不是现场对话，在这个意义上说，都是一样的。

第二，许多举例都是笑话，可以代表正常的语言吗？理解错位本来就是交际过程的“故障”，有些错位的理解在交谈现场很快就消除了，谈话双方为了交谈的正常进行会主动忽略掉；有的错位理解显得好笑，就有人留意记录下来，作为笑话流传。其实交谈中的理解错位几乎每天都在发生，只是语言材料很少记录，而各种笑话体裁的文字恰好为我们研究理解错位保留了一份难得的素材。有些笑话（尤其是相声等文艺作品）可能是刻意编的，编造的基础也恰恰是因为存在错位的可能，仍然可以说是一种语言现实。

第三，本章从九个侧面探讨导致理解错位的因素，这九个因素既不是同一个平面上的，而且每个例子也不是仅限于唯一角度的解释，每个语言事实都可能涉及不同的因素。如例（1）就可以从多种角度观察。以动词“送”的论元结构来说，它应该涉及三个论元，卖花人和叙述人的理解分别是：“送女朋友一束花”和“送你一个女朋友”。双及物式里与事总是已知信息，必须是实指；受事往往是新信息，可以是实指的不定指，也可以是虚指。这就把指称性质跟论元结构结合起来解释了。同时这也可以说是关注焦点的不同：卖花人关注在你买不买他的花，所以他首先用的是“买花”做焦点，“送女朋友”只是被追问时的答句；叙述人关注的焦点则在“得到女朋友”。因此同样是“送女朋友”四个字，却代表着不同的关注焦点。再如例（17），也可以看作父子二人推理方式的不同：儿子是以现实情况“没吃饭”作为条件，引导父亲去做“吃饭”这个结果；父亲则以现实情况“打孩子”为条件，回溯推导出“没吃饭”这个原因。

第四，理解错位有没有倾向性规律？有，但不是绝对的。吕叔湘曾经这样描述语言解码过程：“听人说话，听了一个词，根据他的语法和词汇知识预期底下可能是一个（或哪几个里边的一个）什么词，也许猜对了，也许猜错了，一个个词顺次猜下去，猜测的范围逐步缩小，猜对的机会逐步加多，最后全对了，就叫做听懂了。听完了还不完全懂，这种情况也常见，多半由于说话的人说得不周到。”（吕叔湘，1979：103）吕先生这段表述仅说到了语法和词汇因素，没有谈及语用因素。不同的语用倾向会导致不同的句法—语义选择，如选用“话题—说明”结构还是“施事—受事”结构，选用实指指称还是虚指指称，等等。一般来说，发话人对自己想说的内容了然于胸，难免就说话当时的情境发挥主观性，采用更适于表达他主观意义的形式；而听话人一般是以捕捉信息为首要目的，他会优先选用偏于客观表述的事件结构来理解，这就是为什么我们常会看到，说话人采用的是主观性强的“话题—说明”结构来构句，而听话人用的是客观事件结构常用的“施—动—受”结构去理解。再如说话人在知域和言域里推理，而听话人按行域的情况去理解。有的时候谈不上有什么倾向，仅仅是听说双方关注点的差异造成理解错位，这可以说是每个例子里或多或少都存在的。

（原载《语言教学与研究》2016年第1期）

第二十章　消极修辞的灵活度

20.1　引言

自陈望道在《修辞学发凡》提出修辞学两大分野，积极修辞和消极修辞后，学界对积极修辞的研究用力甚勤，着眼于修辞格和修辞方式的归纳与分类一度是汉语修辞学研究的热点。王希杰（2008）谈道："发现和创建新修辞格是从上世纪六十年代开始的，八十、九十年代里逐渐形成了高潮。汉语修辞格从三十个增加到两三百个。"其间也难免出现了吕叔湘所批评的"为讲修辞格而讲修辞格""盲目的修辞格崇拜"的弊端（吕叔湘，1983）。

相对比之下，消极修辞的研究就显得较为薄弱。陈望道提出消极修辞应有四个标准："内容方面明确、通顺；形式方面平匀、稳密"，目的是"使当时想要表达的表达得极明白，没有丝毫的模糊，也没有丝毫的歧解"。事实上，吕叔湘、朱德熙《语法修辞讲话》本来的意图就是告诉人们要关注消极修辞，但后来人们大多只是从语法上的正误去看其中的问题，而把修辞的精力过多转向积极修辞了。八十年代以后，对消极修辞的关注多了起来，吴士文（1982、1986）提出消极修辞的两个下位层次"辞规""辞风"，强化了消极修辞的规律性。之后有多位学者对消极修辞的研究有新的发展和突破，如潘庆云（1991），胡习之（2002、2014）等。

近些年，学术界倡议并实践将消极修辞的研究跟语言学的研究成果相结合，如陆俭明（2015），郑远汉（2015），陆丙甫、于赛男（2018）等，正如陆俭明（2015）所说："需要关注和加强消极修辞方面的创新性研究，需要用新的视角来探索与分析研究某些修辞现象。"

研究消极修辞可以从不同的角度切入，远至汉外译文对比，近至比勘作家的自我修改，都是有效的办法。这里的"远""近"说的是文本差异性的远近。本章选取一份特殊语料，尝试一种介乎语言对比和文辞推敲之间的消极修辞观察工作，借以观察汉语的实质性语法特点和语篇特点，并探讨不同文本在体现消极修辞时对语法形式的取舍。

20.2 文本背景及对比意义

本章将从《英轺日记》与其白话文版本《京话演说振贝子英轺日记》的语言对比入手，来对消极修辞进行考察。

《英轺日记》（以下简称《英轺》）12卷，唐文治著（日记作者署载振名，即庆亲王奕劻子，但实为其下属唐文治执笔），1903年出版。1902年，时任外务部员外郎的唐文治随载振赴英，庆贺英王爱德华七世即位，自天津大沽口南下，经新加坡、斯里兰卡、亚丁湾、希腊等地至英国，回国途中，路经比利时、法国、美国、日本等地。日记内容即为该段时间在外的见闻、考察与思考，日记相当于考察报告，文本风格相当严肃。

《京话演说振贝子英轺日记》（以下简称《京话》）12卷，为前者之白话本，刊载于上海商务印书馆出版《绣像小说》第1—40期（1903—1904年）。"该日记对于传播新知作用深大，将其翻译成白话转载，可看做以下层人民喜闻乐见的方式推广白话、开启民智的手段。"（李文杰、董佳贝整理《英轺日记两种》，2017）

选取《英轺》和《京话》进行语言对比，其意义在于：

也是如此：（以下例句，a句为《英轺》用语，b句为《京话》用语，如有需要，另做说明）

（1a）又询以教养之规制。

（1b）又问他们教养的规矩。

（2a）又询以商税之出入。

（2b）又问他们商税的出入。

（3a）又询以刑律之轻重。

（3b）又问他们刑罚的轻重。

例（1）中“教养之规制”译为“教养的规矩”，例（2）中“商税之出入”译为“商税的出入”，例（3）中“刑律之轻重”译为“刑罚的轻重”，例（1）—（3）都是用“的”字来对译偏正结构中的“之”字。但是在《京话》中，对“之”的翻译除了用“的”，还使用了其他手段：

（4a）爰询以港属之广袤。

（4b）问他们香港的地方有多大。

（5a）又询以户口之繁庶。

（5b）又问他们香港的人口有多少。

（6a）教师之有名者殁，则即葬于内。

（6b）有名的教师过去了，都葬在那哈儿。

（7a）视疾之轻重分居待治。

（7b）病轻的跟病重的，分作两起。

（8a）景慕之心油然而生。

（8b）那些学生看了羡慕他。

（9a）玻璃碗盏、器具倾倒撞碎之声，不绝于耳。

（9b）什么玻璃碗盏，碎了不知多少。

一是不存在作者时代差异因素。过去我们研究文言
的对比，文本多是现代人翻译的古代文言文，这就有一
者对文本语言的理解，难免有时代上的差异。而《京i
1904年）是同一时期对《英轺》（1903年）的白话文翻
可能是同一作者的翻译），不会存在作者时代差异的因素

二是不存在语体风格差异因素。过去我们做的文白
少，但大多存在一个天然的缺憾，那就是语体风格不对
例如我们常用来作为各个时代代表作品的秦汉史书，和
宋古文，明清小说，其间的语言对比就存在文体上严重
事实上历来的白话研究选取的都是偏于通俗的文体，
的白话语体的实例。而《英轺》和《京话》的目的都是
载振出使英国，尤其是在政体上的见闻，内容和目的完
此都是庄重的文体，文白两体具有对当的严肃性，所以
《京话》的语言对比，不存在庄重语体和通俗语体风格
素。这是这份语料独特的价值。

三是可以管窥白话文运动之前的汉语口语的面貌。《
年刊出，是远在白话文运动（1917年）之前的口语
《京话》的语言，也可以使我们了解白话文运动之前汉
际面貌。

20.3　句法强制性与自由度

下面我们将通过对比《英轺》和《京话》中一些虚
使用差异，来观察文言和白话在语言表现以及句法强制性

20.3.1　“之”字结构的白话表达

《英轺》中“之”的使用以位于定语和中心语之间构
为多，现代人翻译这个“之”多使用“的”来表达其功

（10a）独擅商贾之利。

（10b）后来就给英国人全占了去。

例（4）（5）都没有把原文译成“香港的大小”“人口的多少”，而是翻译成谓语形式：“[香港的地方]有多大”“[香港的人口]有多少”。例（6）“教师之有名者”是古代汉语中有特色的句式，难以兑换成现代汉语的“教师的有名的”，于是翻译成完全不同的定中结构“有名的教师”。例（7）也没有把“疾之轻重”直译成“病的轻重”，而是换说成并列结构“病轻的跟病重的”，二者语法结构完全不对应。例（8）则是用动宾结构“羡慕他”来翻译名词性结构“景慕之心”。例（9）用了谓词性结构“碎了不知多少”来翻译名词性结构“撞碎之声”。例（10）“商贾之利”是一个名词性结构，本是用了名词性结构来表达“商贾有利、有便利”这样的概念，白话则用了个全不相干的句式“给英国人全占了去”，全然不顾原来的结构了。

总的看来，文言中“之”字结构是一种非常有效的结构组织方式，“之”字后头可以是名词，也可以是动词、形容词，都经过它组织成名词性短语。白话的“的”虽然勉强可以逐一对应于“之”字结构，但并不是都那么自然。从另一个角度说，白话表达的自由度更大，白话可以用多种方式来表达“之”字结构，除了用“的”字来对应，还可以用动宾结构、并列结构、谓词性小句等多种方式来表达。这几种形式的自由选择，完全是为了表意精准、语句自然，不是积极修辞意义上的自由，而纯粹是消极修辞的需要。

20.3.2 “者”字的白话表达

“者”也是古代汉语中一个具有明确语法功能的词，可以是名词化的标记，根据名词化后意义是否转变，分为转指和自指两类（朱德熙，1983）；还可以“……者，……也”格式构成判断句。我们下面来看一下《英轺》中的“者”在《京话》中是如何表达的。

先来看转指的“者”字结构：

（11a）位尊**者**握手为礼，卑**者**则跪一膝，嗅王之足，以示亲近。

（11b）年纪大**的**跟他拉手，年纪轻**的**跪在地上，捧了他的腿，闻上一闻。

（12a）卒业**者**给照，商民子弟争赴焉。

（12b）卒业**的**给一张执照。

（13a）学徒年自二十岁以上，习普通学已成就**者**，方准入内。

（13b）学生要二十岁以上，学过普通学**的**才许到这学堂里去念书。

例（11）中“者”的用法是转指，就是用“位尊+者”表示名词性的结构，例（12）中“卒业者”和例（13）中“习普通学已成就者”同样都是转指用法，在《京话》中都翻译为“年纪大的”“卒业的”“学过普通学的”这样的“的”字结构。但并不是所有的“者”字结构都用表示转指的“的”来表达，《京话》中还采用了别的方式：

（14a）其始至也，家人从官送行**者**甚夥。

（14b）上船的时候，家里的人都来送行。

（15a）民有资于行**者**……

（15b）百姓有钱的，存在行里……

例（14）“家人从官送行者”是文言中典型的主谓谓语句，“家人”做大主语，“从官送行者”做小主语，在《京话》中翻译为“家里的人都来送行”，并将“甚夥”的意思整合到“都来送行”这个谓语里，实词“甚夥”的意思由虚词“都”来体现。例（15）“民有资于行者”与白话的翻译“百姓有钱的，存在行里”，二者句法结构差异甚远。

再来看判断句中的“者”。文言中“……者，……”或者“……者，……也”是比较常见的表示判断的句式，现代汉语中多用系词“是”来表示，《京话》中除了用“是”来翻译表判断的“者”，也用了其他的方式：

（16a）盖正任港督请假回国，摄篆**者**为将军格思可言**也**。

（16b）那个时候，正任港督请假回国去了，**是**将军格思可言跟他代理。

（17a）盖西人论学，辄谓：念**者**，事之基萌。

（17b）他们论学，说念头**是**事的根基。

（18a）侍病多妇人，所蹑履，皆以软皮为底，虑有声惊病**者**也。

（18b）伺候病人的，是些老婆子。穿了软皮的鞋，生怕走的响了，惊了病人。

例（16）（17）《京话》都用了“是”来对译《英轺》中表判断的“者”，如例（16）中“摄篆者为将军格思可言也”是一个典型的“……者，……也”结构，《京话》中“是将军格思可言跟他代理”同样是典型的现代汉语表判断的“是”字结构。但例（18）就有所不同，并没有用判断句的形式来对译，而是用了陈述的结构“生怕走的响了，惊了病人”来翻译上面“……者也”的判断结构。

还有一种比较特殊的翻译是当“者”字结构位于假设句中：

（19a）有废业**者**，集资使归里，终身不许再至。

（19b）再不然，就凑了钱送他回国，以后不许再来。

（20a）有不中度**者**，别储之。

（20b）分两不对，就拦在一边儿。

例（19）中“有废业者”译为“再不然”，例（20）中“有不中度者”译为“分两不对”，其实我们也可以在《京话》的句子上加上假设标记或一个“的”，如“再不然的话”或者“分两不对的”，这说明现代汉语中假设标记“的”可以省略，但是在文言中“有废业者”和“有不中度者”无论如何不能省去“者”。

20.3.3 “于”字的白话表达

上古汉语中“于”的应用范围极广，可以联系多种语义关系（张伯江，2018）。汉代开始，“在”虚化为介词，慢慢替代了“于”的功能，唐宋时期，“在”对“于”的词汇替换基本完成，“于”作为古语残留保存于书面语中，仍长期存在。《英轺》中“于”的使用相当普遍，《京话》多用“在”对译，但在《京话》中，同样使用了多种手段来体现“于”的意思。

（21a）将军迎**于**大门外，与行握手礼，偕入正厅。

（21b）那格思可言早早**在**门口儿迎接，拉着手一块儿到厅上去。

（22a）金乐培导余先至一处，有学堂司事官候**于**门。

（22b）金乐培先引着到一个学堂里，有司事官**在**门口候着。

（23a）且称众商备行台**于**振裕园，请往少憩。

（23b）说这儿商人预备着行台**在**振裕园，就请过去。

例（21）（22）是比较标准的用“在”翻译“于”的例子，将介词结构前置于动词之前，如例（21）把“迎于大门外”翻译为“在门口儿迎接”，就将介词结构“在门口儿”置于动词“迎接”之前，符合现代汉语的习惯。但例（23）将“备行台于振裕园”翻译成“预备着行台在振裕园”，把介词宾语“在振裕园”后置于动词结构，这说明当时白话的用法里，表示处所的介词结构有前后两种位置。现在的习惯，就不如“在振裕园预备着行台”这样的介词宾语前置更合乎我们的语感。

（24a）此行创始**于**西历一千六百九十四年。
（24b）**是**公历一千六百九十四年**盖**的。
（25a）盖学徒夏日课余，则**于**兹纳爽，所以为游息地也。
（25b）司事官说，这船上是预备学生避暑**的**地方。
（26a）国家有急需，租税不敷，则贷**于**民。
（26b）国家有什么要紧事情，钱不够使，就**问**百姓借。

例（24），当介词结构表示时间时，《京话》没有用相应的介词结构“在公历一千六百九十四年创办”来对译后置介词结构“创始于西历一千六百九十四年”，而是用了“是……盖的”这样的判断结构来翻译。例（25）“于兹纳爽”的意思就是“在这儿纳凉”，但是对应的译文是实词“X的地方”，这也说明在现代汉语中处所的表示有多种方式。例（26）“贷于民”用了现代汉语的“问”这样一个还没有彻底虚化为对象介词的动词来翻译。

20.3.4　白话把字句在文言的表达

本节我们反过来从白话出发看一个现象，即，现代汉语的常用句式把字句，在相应的文言文本里是怎么表现的。学界一般认为把字句来源于历史上的“处置式”，先后有过“以”“将”“把”等多种标记词。我们感兴趣的是，这种处置意义（王力，1943；吕叔湘，1948；沈家煊，2002）是不是也存在文白对当的表示法。《京话》中有大量的把字句，但是对应的《英轺》却不是“处置式”的形式，我们来看下面的例子：

（27a）舟仍行印度洋。风大，簸甚。舱中皆阖窗，天气郁热，夜不成寐。

（27b）船照旧在印度洋里走。风大的狠，船上**把**窗户都闭上，把人闷得慌。

（28a）旁有铁桥，缀以机炼，挽运煤铁诸物实之于炉。

（28b）旁边有座铁桥，是预备**把**煤铁两样送到炉里去的。

（29a）及炼钢，则入铁于巨瓮，悬置低炉受热复化乃出。

（29b）要是炼钢，就得**把**铁搁在一个大瓮子里，等到烧烊了，拿出来搁在机器里。

（30a）盖西人论学，辄谓：念者，事之基萌。一念而事即随之，故治念然后可治事，……

（30b）他们论学，说念头是事的根基，先**把**念头治好了，才能够治事。

例（27）—（29），《京话》中都是典型的现代汉语把字句，但是《英轺》中并没有对应的“处置式”，而分别用动宾结构“阖窗”“挽运煤铁”“入铁”等来表示“处置”的概念。例（30），《京话》中“把”的宾语是抽象名词“念头”，《英轺》中也是动宾结构“治念”。《英轺》中也有少量的用“将”的“处置式”，相对来说，数量非常少，如下例：

（31a）兵丁一经验看，即**将**名次列单，按镇张告。

（31b）那些验看过的人，就**把**名字写了，贴在各处，使人知道。

从全书的用语来看，《京话》中的把字句绝大多数在《英轺》中都是动宾结构，这首先给我们提出一个问题：文言中用动宾结构已经可以表示处置意义，到了现代白话里为什么要专门用把字句来表示处置的意思？是不是现代汉语的动宾结构里处置意义已经弱化了？这一点已经有过一些讨论，如张伯江（2001）曾对比“他骗了我，可是我没有上当”和“*他把我骗了，可是我没有上当”，后者不能说，说明把字句已经表达了“骗”这一行为的完全处置意义，因此就不能再加上“没有上当”；而“他骗了我”没有这个作用，可以有完全处置的意思，也可以用在不完全处置的场合。

那么接下来的问题就是，动作的完整性在古今汉语里究竟是结构暗含的，还是依赖虚词，抑或依赖特殊句式的？上面的对比得出了白话处置句式浮现出来的观察，此外，还有没有相关的手段呢？于是我们想到了文言的“毕”和白话的“了”，其间有没有明确的对应关系呢？

20.3.5　表完成的“毕”在白话中的表达

文言中，“毕”是一个实词，意思是“完毕”，可用于动词之后表示动作的完成，《英轺》中使用很多，在《京话》中，多用“了、过、完”来对译“毕”：

（32a）工部尚书吕海寰、工部侍郎盛宣怀等在彩棚跪请圣安。礼**毕**，即赴斜桥之洋务局驻节，接见在沪各官及在沪申商。

（32b）工部尚书吕海寰、工部侍郎盛宣怀在彩棚里请了圣安，见了面，就坐了马车到斜桥洋务局，见上海的官、见上海的绅士、见上海的商人。

（33a）少顷，入餐房献茶。饮**毕**，司请阅操。

（33b）看了一回子，进大餐间，喝过茶，司达雷请看操。

（34a）演**毕**，复进餐房茶叙，仍坐舢板登岸，兵船演乐声炮致送。

（34b）看过了操，照旧坐了舢板上岸，兵船上又奏起西乐，放上几门炮，算是送客。

（35a）观**毕**，司事官延余坐马车至一河畔。

（35b）瞧完了，司事官请我坐在一部马车里头，到一条河边上去逛。

（36a）约四刻许，宴**毕**归，已子正矣。

（36b）赴完了宴，回来的时候，已经是子正了。

（37a）时河工已**毕**，堤工方过半。

（37b）这个时候，河工已经完了，堤工才只得一半。

上面例（32）—（37),《京话》分别用了“见了面”“喝过茶”“看过了操”“瞧完了”“赴完了宴”“河工已经完了”来对译《英轺》中相应的“V毕”。比较来看，“V毕”在文言中是专门表示完成的格式，有一定的强制性，而在现代汉语中对完成的表达有更多的选择，可以使用多种虚词来表达。不仅如此,《京话》中还用了更多的表达方式来对应“V毕”这种完成的意义，如体标记加时量成分：

（38a）览**毕**，返行台。赴众商宴。

（38b）逛了**一会**，回到行台，那些商人又请吃饭。

（39a）阅**毕**，顺道至工艺局一览。

（39b）逛了**一回**，又上工艺局。

例（38)（39）就用了“V了+时量成分”来表示动作的完成，如“逛了一会”“逛了一回”。还可以用零形式：

（40a）裕庚跪请圣安，礼**毕**，发外务部电一件。

（40b）裕庚请了圣安，Ø，发了一个电报给外务部。

（41a）申刻，江苏巡抚恩寿以阅兵过沪，诣行次跪请圣安。礼**毕**，留晚膳。

（41b）申刻，江苏巡抚恩寿为了阅兵，路过上海，到洋务局跪请圣安，Ø，就留他吃晚饭。

（42a）少顷，乐止，司指二兵官通名，额手相见**毕**，导引周历。

（42b）一会儿西乐住了，司达雷引着两个兵官来见，Ø，叫看他的炮。

例（40）—（42）中《京话》就没有把《英轺》的“V毕”翻译出来，但是也不影响对句义的理解，如例（40）“裕庚请了圣安，Ø，发了一个电报给外务部”中间并没有把“礼毕”翻译出来，但是句子的衔接并不存在任何问题，同样也能表示“某一事完，之后某一事开始”的意思。

20.3.6 白话的长句和短句

从上面的分析我们看到，文言中某些固定格式有一定的强制性，在白话中有多种方式甚至是零形式来表达这些概念。

除了上述这些词汇形式的对应、变异和有无以外，值得注意的是，语篇的句子组织，也是很值得观察的一个方面。我们知道，古汉语以单音节词为基本单位，即便不是韵文，也比较讲究篇章的节奏，故而文言的句子一般都不会太长，长短匀称。现代汉语一者双音节词大量使用，二者受欧化句法的影响，句子往往比较长。值得注意的是，《京话》在对译《英轺》的文言句子的时候，既没有严格匹对原文的断句，也不是像“现代汉语”那样组织句子，而是依照当时北京口语的实际，也是采取一些节奏匀称的短句。为了比较，我们给每个例子附上我们自己按照现代书面汉语的习惯来对《英轺》的翻译。

（43a）嘉庆时英人与荷国立约议租，岁出租银十万元。

（43b）本朝嘉庆手里，英国人跟荷兰人订了个条约，每年出十万块钱，向他租过来做买卖。

（43c）嘉庆年间英国人跟荷兰人订条约，约定每年用十万块钱租过来做买卖。（自拟）

（44a）王冠绒冠，前后锐，有脊亘其上，缀以金络。

（44b）戴的是绒帽子，前后溜尖，上面挂了几条金线。

（44c）戴着缀有金络的前后尖形绒帽。（自拟）

（45a）有游民入境，则拘之，教一技，令自营生，俾足自给而止。

（45b）有什么苦人去，教他一个手艺，等他自己可以养活自己。

（45c）如果有苦人入境，就教他某种手艺以便他自己可以谋生。（自拟）

例（43）《京话》首先把“本朝嘉庆手里”独立成一个小句，而不是像《英轺》那样作为一个句子成分；《英轺》的连动式“立约议租”也拆分成不连续的两个分句“英国人跟荷兰人订了个条约”“向他租过来做买卖”，而《英轺》独立的后置小句“岁出租银十万元”按现代的习惯做了状语性的独立小句“每年出十万块钱”移至前边。现代书面汉语中用两个分句的表达法，其实是对白话结构的一个整合。再如例（45）白话删去了文言“则拘之”“令自营生”两个小句，文意仍然是连贯的，三个分句节奏匀称；而现代书面汉语“如果有苦人入境，就教他某种手艺以便他自己可以谋生”则是对“有什么苦人去，教他一个手艺，等他自己可以养活自己”的整合。

例（43）—（45）这三个例子已经很说明问题了，每组句子都代表着三种不同的文体。下面再看一个完整的段落：

（46a）查法国外部之制，设大臣一人，每年给俸六万佛郎，此外员额共六十二名，额外行走者又逾数倍。其考取之法，必其人曾习法律、公法及外交条约等学，于学堂卒业后，得有专门凭单，始准赴考。考取后，在部当差，初不给俸，历试后或补各司员缺，或升使馆、领署参、随，或外派、或内用，皆须计功计资，以为行赏之地。如仪制局之总办古娄谢位居各总办之首，而历官则已至全权大臣。又如翻译官微席叶以东方言语科得凭后，在部当差，旋派驻北京使馆翻译，历升至头等翻译，后又升天津各口领事。到法后，又升总领事。实则仍当翻译之职，并未莅领事任。此为藉升使领参、随各等之第明证。至所派出使人员，皆即部内当差之员，而所补部司各员，亦即曾派使领各署之员。

（46b）查法国外部，设一个大臣，每年薪俸六万个佛郎，另有六十二个司员额，额外行走的，再要加上几倍。他们考取外部的法子，必须先学过法律、公法、外交条约，在学堂里卒了业，得了专门的文凭，才能够报名应考。考取之后，就在外部当差，不给薪俸。以后或是补了司员的缺，或是升了使馆、领署的参、随，或是外派，或是内用，然后计功行赏。就像仪制局的总办古娄谢，现在已经做了全权大臣。又像翻译官微席叶，考东方言语科，得了文凭，到外部当差。后来派充北京使馆翻译，升到头等，后来又升天津领事。到了法国，又升总领事，其实仍旧当翻译，并没有到过领事的任。这就是借着外部升使领参、随的凭据。至于派出去出使人员，一大半是部里当差的人员。

这一段的文白对译，几乎是逐句对应的。给我们的感觉是，文言文本抑扬顿挫，舒缓有致；白话文本节奏匀称，从容不迫。二者跟现代书面汉语最大的区别，就在节奏感上。赵元任（1968）打破了句子成分与“零句”之间的界限，吕叔湘（1979）强调汉语“特多流水句”，看了例（46）这样的情况，我们才对赵先生和吕先生的论断有了真切的理解。如果只是看现代书面汉语，“零句”和“流水句”的特征反倒不那么明显。

20.4　结语

通过对比文言文本《英轺日记》与同时期白话文本《京话演说振贝子英轺日记》的一些语法现象，我们得到了一些有趣的观察，也引发了一些具有理论价值的思考。

陆丙甫（2004、2011）分别用“距离—标记对应律”和“重度—

标志对应律”解释具有处理难度的语法成分往往要加句法标志的现象，即，“一个附加语离核心越远，越需要添加表示它跟核心之间语义关系的显性标记”，“一个成分长度或结构复杂度越大，越需要一个标示其句法地位的标志”。我们认为，这两条规律既准确解释了汉语语法事实，又呼应了语言共性。结合本章讨论的现象，我们可以对这两条规律在古今汉语里的实现方式，做进一步的讨论。应该说，两条规律对古代文言和现代书面汉语来说，都是非常合乎事实的概括，但对现代白话口语来说，长度和结构复杂度大的成分，经常选择成为独立的小句，而不是整合进紧凑的句法结构里去。这一现象说明什么呢？

近些年我们对“语法化”关注很多，发现汉语里符合世界语言语法化一般规律的很多现象。语法化里有一句著名的说法：“昨天的章法就是今天的句法”，即先有章法后有句法。本章的考察却发现“文言→白话”的一种独特现象，如例（43）“嘉庆时英人与荷国立约议租，岁出租银十万元”两个分句，到了白话里成了四个分句，文言里的句法成分“嘉庆时”“议租”到了白话里都成了独立的小句，句法成了章法。这是不是违背了“从章法到句法”的语法化方向规律呢？我们认为，不能简单地这样看。汉语的句法和章法毕竟不是严格的逻辑性的结构，“节律压倒结构”的事情常常发生（吕叔湘，1984c），甚至可以说，节律的追求是第一位的。文言里结构紧凑的句子，到了白话里，如果相应的表达法导致句子太长，那么说话人宁愿不遵从原来的结构，也要拆成节奏匀称的多个小句。这就是我们观察《京话演说振贝子英轺日记》时最重要的发现。

总之，《英轺日记》与《京话演说振贝子英轺日记》是两份很有语言对比价值的语料，其对比价值，主要就在消极修辞上。本章从文言白话里相近功能词的对比、相同语义表达式的对比以及句式异同的对比，观察了消极修辞中词汇、句法、语篇选择的灵活性，观察出文白汉语的系统性差异，以及语篇节律方面的古今一贯性。这对我们理解汉语语法修辞的强制性与自由度，了解汉语语篇的节律性要求，应该是有启发意义的。

（原载《当代修辞学》2019年第3期，与郭光合作）

参考文献

安　欣　2006　再论北京话的"—子"、"—儿"、"—头"，中国社会科学院研究生院硕士学位论文。

贝罗贝　1986　双宾语结构从汉代至唐代的历史发展，《中国语文》第3期，204—216。

蔡维天　2002　自己、自性与自然——谈汉语中的反身状语，《中国语文》第4期，357—362。

陈昌来　2011　由代动词"来"构成的述宾短语及数量词的功能，《河南大学学报》（社会科学版）第1期，139—146。

陈　平　1987　释汉语中与名词性成分相关的四组概念，《中国语文》第2期，81—92。

陈望道　1932　《修辞学发凡》，上海：上海教育出版社，1976。

陈玉洁　2010　《汉语指示词的类型学研究》，北京：中国社会科学出版社。

大河内康宪　1985　量词的个体化功能，大河内康宪主编《日本近、现代汉语研究论文选》，北京：北京语言学院出版社，1993，426—446。

邓思颖　2003　《汉语方言语法的参数理论》，北京：北京大学出版社。

丁声树　1953　主语、宾语，《语法讲话》（七）（署名中国科学院语言研究所语法小组），《中国语文》1月号，16—20。又，现代汉语的主语和宾语，《丁声树文集》（下卷），北京：商务印书馆，2020，506—522。

丁声树等　1961　《现代汉语语法讲话》，北京：商务印书馆。

董秀芳　2003　北京话名词短语前阳平"一"的语法化倾向，吴福祥、洪波主编《语法化与语法研究》（一），北京：商务印书馆，166—180。

董秀芳　2011　《词汇化：汉语双音词的衍生和发展》（修订本），北京：商务印书馆。

董秀芳　2016　主观性表达在汉语中的凸显性及其表现特征，《语言科学》第6

期，561—570。

范继淹 1984 多项NP句，《中国语文》第1期，28—34。

范继淹 1985a 汉语句段结构，《中国语文》第1期，52—61。

范继淹 1985b 无定NP主语句，《中国语文》第5期，321—328。

方 梅 2002 指示词“这”和“那”在北京话中的语法化，《中国语文》第4期，343—356。

冯胜利 2000 《汉语韵律句法学》，上海：上海教育出版社。

冯胜利 2010 论语体的机制及其语法属性，《中国语文》第5期，400—412。

龚千炎 1994 《儿女英雄传虚词例汇》，北京：语文出版社。

郭 锐 2001 汉语形容词的划界，《中国语言学报》（第十期），北京：商务印书馆，17—33。

郭 锐 2010 朱德熙先生的汉语词类研究，走向当代前沿科学的现代汉语语法研究国际学术研讨会论文。

郭圣林 2004 现代汉语若干句式的语篇考察，复旦大学博士学位论文。

韩 蕾 2003 指称在现代汉语双名同位组构中的作用，《语法研究和探索》（十二），北京：商务印书馆，141—163。

韩 蕾 2007 《现代汉语指人名词研究》，北京：中国戏剧出版社。

韩 蕾 2009 “人称代词+称谓”序列的话题焦点性质，《汉语学习》第5期，35—42。

何元建 2001 汉语中的零限定词，沈阳、何元建、顾阳《生成语法理论与汉语语法研究》，哈尔滨：黑龙江教育出版社，620—648。

洪 波 2004 “给”字的语法化，《南开语言学刊——庆祝邢公畹先生九十华诞专号》。又，《汉语历史语法研究》，北京：商务印书馆，2010，447—461。

胡建华 2010 论元的分布与选择——语法中的显著性和局部性，《中国语文》第1期，3—20。

胡习之 2002 《辞规的理论与实践——二十世纪后期的汉语消极修辞学》，北京：中国文史出版社。

胡习之 2014 《核心修辞学》，北京：中国社会科学出版社。

华 萍 1981 评“暂拟汉语教学语法系统”，《中国语文》第2期，98—106。

黄国营 1981 伪定语和准定语，《语言教学与研究》第4期，38—44。

黄瓒辉 2001 介词“给”“为”“替”用法补议，《暨南大学华文学院学报》第1期，49—54。

黄瓒辉 2003 人称代词“他”的紧邻回指和紧邻预指，《语法研究和探索》（十二），北京：商务印书馆，65—82。

黄佐临 1981 梅兰芳、斯坦尼斯拉夫斯基、布莱希特戏剧观比较（署名佐临），《人民日报》8月12日，第5版。

蒋绍愚 2002 “给”字句、“教”字句表被动的来源——兼论语法化、类推和功能扩展，《语言学论丛》（第二十六辑），北京：商务印书馆，159—177。

蒋绍愚 2005 《近代汉语研究概要》，北京：北京大学出版社。

金立鑫、崔圭钵 2019 “把”字句的结构功能动因分析，《汉语学习》第1期，3—12。

柯 航 2004 “把……给VP”句式的历时考察，华中师范大学硕士学位论文。

柯 航 2007 现代汉语单双音节搭配研究，中国社会科学院研究生院博士学位论文。

孔令达 1994 影响汉语句子自足的语言形式，《中国语文》第6期，434—440。

黎锦熙 1924 《新著国语文法》，北京：商务印书馆，“汉语语法丛书”版，1992。

李临定 1963 带“得”字的补语句，《中国语文》第5期，396—410。

李临定 1983 宾语使用情况考察，《语文研究》第2期，31—38。

李善熙 2003 汉语“主观量”的表达研究，中国社会科学院研究生院博士学位论文。

李思旭 2012 “完全受影响”和“部分受影响”编码方式的类型学研究，《外国语（上海外国语大学学报）》第4期，12—23。

李 炜 2004 加强处置/被动语势的助词“给”，《语言教学与研究》第1期，55—61。

李亚非 2011 论汉英词类的异同，国际中国语言学学会第19届年会（天津）论文。

李艳惠 2008 短语结构与语类标记：“的”是中心词？，《当代语言学》第2期，97—108。

李宇明、陈前瑞 2005 北京话“给”字被动句的地位及其历史发展，《方言》第4期，289—297。

梁实秋主编 1977 《远东汉英大辞典》（简明本），北京：新华出版社、远东图书公司，1995。

廖秋忠 1985 篇章中的框—棂关系与所指的确定，《语法研究和探索》（三），北京：北京大学出版社，323—337。

刘安春、张伯江 2004 篇章中的无定名词主语句及相关句式，《汉语语言与计算学报》第14卷第2期，97—105。

刘大为 2012 修辞学视野中的语体理论重构，汉语语体研究学术座谈会（香港）论文。

刘丹青 1995 语义优先还是语用优先——汉语语法学体系建设断想，《语文研究》第2期，10—15。

刘丹青 2002 汉语类指成分的语义属性和句法属性，《中国语文》第5期，411—422。

刘丹青 2006 名词短语句法结构的调查研究框架，《汉语学习》第1期，70—80。

刘丹青 2008 汉语名词性短语的句法类型特征，《中国语文》第1期，3—20。

刘丹青 2009 话题优先的句法后果，程工、刘丹青主编《汉语的形式与功能研究》，北京：商务印书馆，50—71。

刘丹青 2012 汉语差比句和话题结构的同构性：显赫范畴的扩张力一例，《语言研究》第4期，1—12。

刘街生 2004 《现代汉语同位组构研究》，武汉：华中师范大学出版社。

刘宁生 1983 汉语口语中的双主谓结构句，《中国语文》第2期，97—98。

刘宁生 1995 汉语偏正结构的认知基础及其在语序类型学上的意义，《中国语文》第2期，81—89。

刘探宙 2003 汉语的相互代词及其指称特点，《语法研究和探索》（十二），北京：商务印书馆，118—140。

刘探宙 2009 烟台话的量名相关结构，中国社会科学院语言研究所“五四”青年学术演讲会报告。

刘探宙 2013 现代汉语同位同指组合，北京大学博士学位论文。

刘探宙 2016 《汉语同位同指组合研究》，北京：中国社会科学出版社。

刘探宙 2017 从“抢钱”到“抢红包”——“抢”相关的句式和宾语，《汉语学习》第4期，24—32。

刘勋宁 2007 “得”的性质及其后所带成分，张黎、古川裕、任鹰、下地早智子主编《日本现代汉语语法研究论文选》，北京：北京语言大学出版社，269—283。

刘永耕 2005 动词“给”语法化过程的义素传承及相关问题，《中国语文》第2期，130—138。

陆丙甫 1988 定语的外延性、内涵性和称谓性及其顺序，《语法研究和探索》（四），北京：北京大学出版社，102—115。

陆丙甫 2001 从宾语标记的分布看语言类型学的功能分析，《当代语言学》第4期，253—263。

陆丙甫 2003 试论“周遍性”成分的状语性，徐烈炯、刘丹青主编《话题与焦点新论》，上海：上海教育出版社，83—96。

陆丙甫 2004 作为一条语言共性的“距离—标记对应律”，《中国语文》第1期，3—15。

陆丙甫 2005 指人名词组合语序的功能解释——从形式描写到功能解释的一个个案，《中国语文》第4期，291—299。

陆丙甫 2011 重度—标志对应律——兼论功能动因的语用性落实和语法性落实，《中国语文》第4期，291—300。

陆丙甫、于赛男 2018 消极修辞对象的一般化及效果的数量化：从“的”的选用谈起，《当代修辞学》第5期，13—25。

陆俭明 1985 由指人的名词自相组合造成的偏正结构，《中国语言学报》第2期，209—224。

陆俭明 1986 周遍性主语句及其他，《中国语文》第3期，161—167。

陆俭明 1988 名词性“来信”是词还是词组？，《中国语文》第5期，366—369。

陆俭明 1990 汉语句法成分特有的套叠现象，《中国语文》第2期，81—90。

陆俭明 2015 消极修辞有开拓的空间，《当代修辞学》第1期，1—8。

吕叔湘 1942—1944 《中国文法要略》，北京：商务印书馆，“汉语语法丛书”版，1982。

吕叔湘 1944a 与动词后得与不有关之词序问题，《汉语语法论文集》(增订本)，北京：商务印书馆，1984，132—144。

吕叔湘 1944b 個字的应用范围，附论单位词前一字的脱落，《汉语语法论文集》(增订本)，北京：商务印书馆，1984，145—175。

吕叔湘 1945 非领格的“其”，《汉语语法论文集》，北京：科学出版社，1955，181。

吕叔湘 1946 从主语、宾语的分别谈国语句子的分析，《汉语语法论文集》(增订本)，北京：商务印书馆，1984，445—480。

吕叔湘 1948 把字用法的研究，《汉语语法论文集》(增订本)，北京：商务印书馆，1984，176—199。

吕叔湘 1953 修饰语，《语法讲话》(八)(署名中国科学院语言研究所语法小组)，《中国语文》2月号，17—21。

吕叔湘 1965 被字句、把字句动词带宾语，《汉语语法论文集》(增订本)，北京：商务印书馆，1984，200—208。

吕叔湘 1976 《现代汉语语法》(提纲)，《吕叔湘全集》(第十三卷)，沈阳：辽宁教育出版社，2002，405—540。

吕叔湘 1977 通过对比研究语法,《语言教学与研究》(试刊)第2期，1—15。又,《吕叔湘语文论集》，北京：商务印书馆，1983，137—152。

吕叔湘 1978 漫谈语法研究,《中国语文》第1期，15—22。

吕叔湘 1979 《汉语语法分析问题》，北京：商务印书馆。

吕叔湘主编 1980 《现代汉语八百词》，北京：商务印书馆。

吕叔湘 1983 《汉语修辞学》序，王希杰《汉语修辞学》，北京：北京出版社。

吕叔湘 1984a 《语文杂记》，上海：上海教育出版社。

吕叔湘 1984b 掉个过儿还是一样,《语文杂记》，上海：上海教育出版社，40。

吕叔湘 1984c 节律压倒结构,《语文杂记》，上海：上海教育出版社，108。

吕叔湘 1984d 片面追求升学率和全面追求升学率(署名程工),《中国语文》第6期，478。又,《吕叔湘全集》(第十三卷)，304，沈阳：辽宁教育出版社，2002。

吕叔湘 1985a 《近代汉语指代词》，上海：学林出版社。

吕叔湘 1985b 笑话里的语言学,《读书》第8期。

吕叔湘 1986a 汉语句法的灵活性,《中国语文》第1期，1—9。

吕叔湘 1986b 主谓谓语句举例,《中国语文》第5期，334—340。

吕叔湘 1987 说“胜”和“败”,《中国语文》第1期，1—5。

吕叔湘 1988 “花溅泪”和“鸟惊心”(署名叔湘),《中国语文天地》第3期，3。

吕叔湘、朱德熙 1952 《语法修辞讲话》，北京：中国青年出版社，1979。

马建忠 1898 《马氏文通》，吕叔湘、王海棻编《马氏文通读本》，上海：上海教育出版社，1986。

马　真 1985 “把”字句补议，陆俭明、马真《现代汉语虚词散论》，北京：北京大学出版社，200—211。

梅祖麟 1980 四声别义中的时间层次,《中国语文》第6期，427—443。

孟　琮、郑怀德、孟庆海、蔡文兰编 1987 《动词用法词典》，上海：上海辞书出版社。

穆海亮 2017 戏曲批评应尊重戏曲美学,《光明日报》2月3日，第2版。

潘庆云 1991 “消极修辞”研究大有可为,《淮北煤师院学报》(社会科学版)第1期，100—105。

潘庆云 2004 《中国法律语言鉴衡》，上海：汉语大词典出版社。

齐沪扬 1995 有关介词“给”的支配成分省略的问题,《上海师范大学学报》(哲学社会科学版)第4期，83—89。

钱 穆 1999 中国京剧中之文学意味，翁思再主编《京剧丛谈百年录》，石家庄：河北教育出版社，86—91。

饶长溶 1985 “叫做”试析，句型和动词学术讨论会论文。

饶继庭 1961 “很”+动词结构，《中国语文》第8期，15—16。

商金林 2005 《叶圣陶年谱长编》(第三卷)，北京：人民教育出版社。

沈家煊 1989 不加说明的话题——从“对答”看“话题—说明”，《中国语文》第5期，326—333。

沈家煊 1995 “有界”与“无界”，《中国语文》第5期，367—380。

沈家煊 1997 形容词句法功能的标记模式，《中国语文》第4期，242—250。

沈家煊 1999a 转指和转喻，《当代语言学》第1期，3—15。

沈家煊 1999b 《不对称和标记论》，南昌：江西教育出版社。

沈家煊 2001 语言的“主观性”和“主观化”，《外语教学与研究》第4期，268—275。

沈家煊 2002 如何处置“处置式”？——论把字句的主观性，《中国语文》第5期，387—399。

沈家煊 2004 再谈“有界”与“无界”，《语言学论丛》(第三十辑)，北京：商务印书馆，40—54。

沈家煊 2007 汉语里的名词和动词，《汉藏语学报》第1期，27—47。

沈家煊 2008a “逻辑先后”和“历史先后”，《外国语(上海外国语大学学报)》第5期，91—92。

沈家煊 2008b 三个世界，《外语教学与研究》第6期，403—408。

沈家煊 2009a 我看汉语的词类，《语言科学》第1期，1—12。

沈家煊 2009b 汉语的主观性和汉语语法教学，《汉语学习》第1期，3—12。

沈家煊 2009c 我只是接着向前跨了半步——再谈汉语的名词和动词，《语言学论丛》(第四十辑)，北京：商务印书馆，3—22。

沈家煊 2010a 英汉否定词的分合和名动的分合，《中国语文》第5期，387—399。

沈家煊 2010b 如何解决“补语”问题，《世界汉语教学》第4期，435—445。

沈家煊 2011a 从“优雅准则”看两种“动单名双”说，第三届两岸三地现代汉语句法语义小型研讨会论文。

沈家煊 2011b 从韵律结构看形容词，《汉语学习》第3期，3—10。

沈家煊 2012a “名动词”的反思：问题和对策，《世界汉语教学》第1期，3—17。

沈家煊 2012b “零句”和“流水句”——为赵元任先生诞辰120周年而作，

《中国语文》第5期，403—415。

沈家煊 2012c 汉语的逻辑这个样，汉语是这样的——为赵元任先生诞辰120周年而作之二，第六届汉语方言语法国际学术研讨会论文。

沈家煊 2012d 汉语不是英语，手稿。

沈家煊 2013 谓语的指称性，《外文研究》第1期，1—13。

沈家煊 2014 汉语的逻辑这个样，汉语是这样的——为赵元任先生诞辰120周年而作之二，《语言教学与研究》第2期，1—10。

沈家煊 2016 《名词和动词》，北京：商务印书馆。

沈家煊 2017a 汉语有没有“主谓结构”，《现代外语》第1期，1—13。

沈家煊 2017b 超越“主谓结构”，中国社会科学院语言研究所的报告，12月7日。

沈家煊、完 权 2009 也谈“之字结构”和“之”字的功能，《语言研究》第2期，1—12。

沈家煊、王冬梅 2000 “N的V”和“参照体—目标”构式，《世界汉语教学》第4期，25—32。

沈 括，胡道静校证 1987 《梦溪笔谈校证》(全二册)，上海：上海古籍出版社。

沈 阳 2009 词义吸收、词形合并和汉语双宾结构的句法构造，《世界汉语教学》第2期，147—159。

石定栩 2008 “的”和“的”字结构，《当代语言学》第4期，298—307。

石定栩 2011 《名词和名词性成分》，北京：北京大学出版社。

石毓智 2000 汉语的有标记和无标记语法结构，《语法研究和探索》(十)，北京：商务印书馆，19—30。

石毓智 2002 现代汉语句子组织信息的原则，《语法研究和探索》(十一)，北京：商务印书馆，135—150。

石毓智 2004 兼表被动和处置的“给”的语法化，《世界汉语教学》第3期，15—26。

石毓智、李 讷 2001 《汉语语法化的历程——形态句法发展的动因和机制》，北京：北京大学出版社。

司马翎 2009 汉语句法研究，在全国语言学暑期高级讲习班上的授课。

宋玉柱 1981 关于“把”字句的两个问题，《语文研究》第2期，39—43。

宋玉柱 1989 从“把谁都不看在眼里”谈起(署名玉柱)，《中国语文天地》第1期，8—9。

宋作艳 2011 轻动词、事件与汉语中的宾语强迫，《中国语文》第3期，205—

217。
孙天琦、李亚非　2010　汉语非核心论元允准结构初探，《中国语文》第1期，21—33。
谭景春　2008　语义综合与词义演变及动词的宾语，《中国语文》第2期，99—108。
陶红印　1999　试论语体分类的语法学意义，《当代语言学》第3期，15—24。
陶红印　2001　“出现”类动词与动态语义学，《现代中国语研究》（日本）第2期，89—100。
陶红印　2008　《戏剧化的言谈：论汉语把字句》述评，《当代语言学》第3期，267—272。
陶红印、张伯江　2000　无定式把字句在近、现代汉语中的地位问题及其理论意义，《中国语文》第5期，433—446。
完　权　2012　超越区别与描写之争：“的”的认知入场作用，《世界汉语教学》第2期，175—187。
完　权　2014　从“复合词连续统”看“的”的隐现，《语法研究和探索》（十七），北京：商务印书馆，199—223。
完　权　2017　“领格表受事”的认知动因，《中国语文》第3期，309—320。
王灿龙　2012　“违规”一词有歧解，《语言文字报》6月20日，第2版。
王洪君　2001　音节单双、音域展敛（重音）与语法结构类型和成分次序，《当代语言学》第4期，241—252。
王　力　1943—1944　《中国现代语法》，北京：商务印书馆，“汉语语法丛书”版，1985。
王　力　1944　《中国语法理论》，上海：商务印书馆。
王　力　1958　《汉语诗律学》（第一章第十三节“近体诗的对仗”），上海：新知识出版社。
王希杰　2008　反复现象论序言，徐广洲、张晓《反复现象论》，长春：吉林大学出版社。
王彦杰　2001　“把……给V”句式中助词“给”的使用条件和表达功能，《语言教学与研究》第2期，64—70。
王元化撰论，翁思再注跋　1999　绪论：京剧与传统文化，翁思再主编《京剧丛谈百年录》，石家庄：河北教育出版社，1—38。
温锁林、范　群　2006　现代汉语口语中自然焦点标记词“给”，《中国语文》第1期，19—25。
吴长安　2012　汉语名词、动词交融模式的历史形成，《中国语文》第1期，

17—28。

吴福祥 1999 试论现代汉语动补结构的来源，江蓝生、侯精一主编《汉语现状与历史的研究——首届汉语语言学国际研讨会文集》，北京：中国社会科学出版社，317—345。

吴怀成、沈家煊 2017 古汉语“者”：自指和转指如何统一，《中国语文》第3期，277—289。

吴 鹏 2010 现代汉语准词缀研究，中国社会科学院研究生院硕士学位论文。

吴士文 1982 《修辞讲话》，兰州：甘肃人民出版社。

吴士文 1986 《修辞格论析》，上海：上海教育出版社。

吴早生 2009 汉语领属结构中被领者的句法、语义和语用研究，中国社会科学院研究生院博士学位论文。

吴早生 2010 《汉语领属结构中被领者的句法、语义和语用研究》，贵阳：贵州大学出版社。

吴祖光 1954 谈谈戏曲改革的几个实际问题，《戏剧报》第12期，15—19。

习近平 2016 在哲学社会科学工作座谈会上的讲话，《人民日报》5月19日，第2，3版。

项开喜 1997 汉语重动句式的功能研究，《中国语文》第4期，260—267。

谢红梅 2011 《汉语形+名短语的交集歧义研究》，湖南大学硕士学位论文。

邢福义、沈威 2008 理论的改善与事实的支撑——关于领属性偏正结构充当远宾语，《汉语学报》第3期，2—11。

徐烈炯 2000 题元的用处，侯精一、施关淦主编《〈马氏文通〉与汉语语法学——〈马氏文通〉出版百年（1898—1998）纪念文集》，北京：商务印书馆，425—440。

徐烈炯、刘丹青 2007 《话题的结构与功能》（增订本），上海：上海教育出版社，1998初版。

徐烈炯、沈 阳 1998 题元理论与汉语配价问题，《当代语言学》第3期，1—21。

薛凤生 1989 “把”字句和“被”字句的结构意义——真的表示“处置”和“被动”？，戴浩一、薛凤生主编《功能主义与汉语语法》，北京：北京语言学院出版社，1994，34—59。

颜力涛 2008 复合把字句与复合被动句中“给”后宾语的省略问题及其诱因，《中国语文》第6期，535—543。

杨成凯 1987 小句作宾语的划界问题，《句型和动词》，北京：语文出版社，225—241。

杨成凯　1996 《汉语语法理论研究》，沈阳：辽宁教育出版社。

杨成凯　2000a　语法学原理和汉语语法的一些原则问题，刘利民、周建设主编《语言》(第一卷)，北京：首都师范大学出版社，30—48。

杨成凯　2000b　汉语句子的主语和话题，《现代中国语研究》(日本)第1期，35—48。

杨霁楚　2008　现代汉语"给+VP"结构研究，北京大学硕士学位论文。

杨　啸　2003　清代"给"字句考察——兼论表被动"给"字句的起源，上海师范大学硕士学位论文。

姚振武　1994　关于自指和转指，《古汉语研究》第3期，10—15。

姚振武　1996　汉语谓词性成分名词化的原因及规律，《中国语文》第1期，31—39。

叶　狂、潘海华　2012a　逆动态的跨语言研究，《现代外语》第3期，221—229。

叶　狂　潘海华　2012b　把字句的跨语言视角，《语言科学》第6期，604—620。

叶　狂、潘海华　2018　逆动式的最新研究及把字句的句法性质，《语言研究》第1期，1—10。

叶秀山　1994　论艺术的古典精神——纪念艺术大师梅兰芳，《哲学研究》第12期，17—25。

于是之　1995 《茶馆》的第一幕，《语文建设》第9期，18—20。

于泳波　2012　"人称代词+一个+NP"的句法语义分析，第十七届现代汉语语法学术讨论会论文。

俞　敏　1999　古汉语的"所"字，《俞敏语言学论文集》，北京：商务印书馆。

袁毓林　1994　一价名词的认知研究，《中国语文》第4期，241—253。

袁毓林　1995　谓词隐含及其句法后果——"的"字结构的称代规则和"的"的语法、语义功能，《中国语文》第4期，241—255。

乐　耀　2014　论现代汉语的比拟型对待句，《中国语文》第1期，35—47。

载　振、唐文治，李文杰、董佳贝整理　2017 《英轺日记两种》，南京：凤凰出版社。

詹开第　1983　把字句谓语中动作的方向，《中国语文》第2期，93—96。

詹卫东　2005　以"计算"的眼光看汉语语法研究的"本位"问题，《汉语学报》第1期，64—73。

张伯江　1991　关于动趋式带宾语的几种语序，《中国语文》第3期，183—191。

张伯江　1999　现代汉语的双及物结构式，《中国语文》第3期，175—184。

张伯江 2000 论“把”字句的句式语义，《语言研究》第1期，28—40。
张伯江 2001 被字句和把字句的对称与不对称，《中国语文》第6期，519—524。
张伯江 2005 功能语法与汉语研究，刘丹青主编《语言学前沿与汉语研究》，上海：上海教育出版社，23—45。
张伯江 2006 存现句里的专有名词宾语，《语法研究和探索》（十三），北京：商务印书馆，214—219。
张伯江 2007 语体差异和语法规律，《修辞学习》第2期，1—9。
张伯江 2009a “出现句”在近、现代汉语中的语法化，吴福祥、崔希亮主编《语法化与语法研究》（四），北京：商务印书馆，469—481。
张伯江 2009b 《从施受关系到句式语义》，北京：商务印书馆。
张伯江 2010 汉语限定成分的语用属性，《中国语文》第3期，195—207。
张伯江 2011a 现代汉语形容词做谓语问题，《世界汉语教学》1期，3—12。
张伯江 2011b 汉语的句法结构和语用结构，《汉语学习》第2期，3—12。
张伯江 2012 以语法解释为目的的语体研究，《当代修辞学》第6期，13—22。
张伯江 2013 汉语话题结构的根本性，《木村英树还历记念·中国语文法论丛》，东京：日本白帝社。又，张伯江主编《现代汉语语法的功能、语用、认知研究》（二），北京：商务印书馆，2016。
张伯江 2014a 汉语句法结构的观察角度，《语法研究和探索》（十七），北京：商务印书馆，46—67。
张伯江 2014b 汉语句式的跨语言观——“把”字句与逆被动态关系商榷，《语言科学》第6期，587—600。
张伯江 2017 语言主观性与传统艺术主观性的同构，《中国社会科学评价》第3期，89—99。
张伯江 2018 现代汉语的非论元性句法成分，《世界汉语教学》第4期，442—455。
张伯江 2019 《说把字句》，上海：学林出版社。
张伯江、方 梅 1996 《汉语功能语法研究》，南昌：江西教育出版社。
张国宪 2006 《现代汉语形容词功能与认知研究》，北京：商务印书馆。
张国宪 2008 韵律引发词汇化的个案分析，《语法研究和探索》（十四），北京：商务印书馆，266—283。
张厚载 1918 我的中国旧戏观，《新青年》第五卷第四号。又，翁思再主编《京剧丛谈百年录》，石家庄：河北教育出版社，1999，26—31。

张 黎、于 康 2000 汉语指称性成分的等级分类及其对判断句的影响，《语法研究和探索》（十），北京：商务印书馆，287—299。

张 敏 1998 《认知语言学与汉语名词短语》，北京：中国社会科学出版社。

张谊生 2001 助词“给”及其相关的句式，《汉语学报》（上卷）第3期，24—33。

张中行 1992 《诗词读写丛话》（第十六节“对偶”），北京：人民教育出版社。

赵长才 2003 “打头破”类隔开式动补结构的产生和发展，《汉语史学报》（第四辑），上海：上海教育出版社。

赵世举主编 2015 《语言与国家》，北京：商务印书馆。

郑远汉 2015 消极修辞的研究——《消极修辞有开拓的空间》读后，《当代修辞学》第6期，23—27。

中国大辞典编纂处编 1957 《汉语词典》（原名“国语辞典”），北京：商务印书馆，1937初版。

中国科学院语言研究所 1960 《现代汉语词典》（试印本），北京：商务印书馆。

中国社会科学院语言研究所词典编辑室 2005 《现代汉语词典》（第5版），北京：商务印书馆。

周 韧 2006 共性与个性下的汉语动宾饰名复合词研究，《中国语文》第4期，301—312。

周 韧 2007 关于“纸张粉碎机”的切分，《东方语言学》第1期，125—133。

周 韧 2010 论韵律制约句法移位的动因和手段，《世界汉语教学》第1期，18—25。

周 韧 2012 “N的V”结构就是“N的N”结构，《中国语文》第5期，447—457。

周 夏 2008 代动词“来”的多角度研究，上海师范大学硕士学位论文。

周一民 2009 《北京俏皮话词典》（增订本），北京：商务印书馆。

朱德熙 1956 现代汉语形容词研究，《语言研究》第1期，83—112。

朱德熙 1957 《定语和状语》，上海：新知识出版社。

朱德熙 1982 《语法讲义》，北京：商务印书馆。

朱德熙 1983 自指和转指：汉语名词化标记“的、者、所、之”的语法功能和语义功能，《方言》第1期，16—31。

朱德熙 1984 定语和状语的区分与体词和谓词的对立，《语言学论丛》（第十三辑），北京：商务印书馆，5—14。又，《朱德熙文集》（第3卷），北京：商务印书馆，1999，55—65。

朱德熙 1985 《语法答问》，北京：商务印书馆。

朱德熙 1991 词义和词类，《语法研究和探索》(五)，北京：语文出版社，3—7。

朱德熙 1993 从方言和历史看状态形容词的名词化，《方言》第2期，81—100。

朱德熙，袁毓林整理注释 2010 《语法分析讲稿》，北京：商务印书馆。

Andrews,A. 1985/2007. The major functions of the noun phrase. In *Clause Structure*, T. Shopen (Ed.), *Language Typology and Syntactic Description*, Vol. 1, 2nd edition, 132-223. Cambridge University Press.

Chao, Yuen Ren (赵元任). 1948. *Mandarin Primer: An Intensive Course in Spoken Chinese*. Harvard University Press.（《国语入门》，李荣编译《北京口语语法》，1952，开明书店）

Chao, Yuen Ren (赵元任). 1968. *A Grammar of Spoken Chinese*. University of California Press.（吕叔湘译《汉语口语语法》，1979，商务印书馆）

Chen,Ping (陈平). 1996. Pragmatic interpretations of structural topics and relativization in Chinese. *Journal of Pragmatics*, 26 (3): 389-406.（徐赳赳译，汉语中结构话题的语用解释和关系化，《国外语言学》1996年第4期，27—36）

Chen, Ping (陈平). 2004. Identifiability and definiteness in Chinese. *Linguistics*, 42 (6): 1129-1184.

Croft, William. 2001. *Radical Construction Grammar: Syntactic Theory in Typological Perspective*. Oxford University Press.

Dixon, R. M. W. 1977. Where have all the adjectives gone?. *Studies in Language*, 1: 19-80.

Dryer, Matthew S. 2007. Noun phrase structure. In *Complex Constructions,* T. Shopen (Ed.), *Language Typology and Syntactic Description*, Vol. 2, 2nd edition, 151-205. Cambridge University Press.

Du Bois, John W. 1985. Competing motivations. In John Haiman (Ed.), *Iconicity in Syntax*. John Benjamins Publishing Company.

Du Bois, John W. 1987. The discourse basis of ergativity. *Language*, 63(4): 805-855.

Finegan, Edward. 1995. Subjectivity and subjectivisation: an introduction. In Stein, Dieter & S.Wright (Eds.), *Subjectivity and Subjectivisation: Linguistic Perspectives*. Cambridge University Press.

Givón, Thomas. 2009. *The Genesis of Syntactic Complexity: Diachrony, Ontogeny, Neuro-cognition, Evolution*. John Benjamins Publishing Company.

Goldberg, Adele E. 1995. *Constructions: A Construction Grammar Approach to*

Argument Structure. The University of Chicago Press.

Greenberg, Joseph H. 1978. How does a language acquire gender markers?. In Joseph H. Greenberg (Ed.), *Universals of Human Language*, Vol. 3: *Word Structure*, 47-82. Stanford University Press.

Halliday, M. A. K. and Ruqaiya Hasan.1976. *Cohesion in English*. Longman.

Heine, Bernd and Tania Kuteva. 2002.*World Lexicon of Grammaticalization*. Cambridge University Press.(《语法化的世界词库》，2007，世界图书出版公司）

Hopper, Paul J. and Sandra A. Thompson. 1980. Transitivity in grammar and discourse. *Language*, 56: 251-299.

Huang, C. -T. James, Y. -H. Audrey Li & Yafei Li. 2008. *The Syntax of Chinese*. Cambridge University Press.

Huang, Shuanfan. 1999. The emergence of a grammatical category definite article in spoken Chinese. *Journal of Pragmatics*, 31(1): 77-94.

Jespersen, Otto. 1924. *The Philosophy of Grammar*.（何勇等译《语法哲学》，1988，语文出版社）

Kay, Paul & Charles J. Fillmore. 1999. Grammatical construction and linguistic generalizations: The What's X doing Y? construction. *Language*, 75(1): 1-33.

Klammer, Thomas P. Muriel R. Schulz and Angela Della Volpe. 2007. *Analyzing English Grammar*, 5th edition. Longman, Pearson Company.

Kuno , S.1987. *Functional Syntax: Anaphora , Discourse and Empathy*. University of Chicago Press.

Langacker, Ronald W. 1993. Reference-point construction. *Cognitive Linguistics*, 4.1: 1-38.

LaPolla,Randy J. 1995. Pragmatic relations and word order in Chinese.（詹卫东译，语用关系与汉语的词序）《语言学论丛》（第三十辑），2004，商务印书馆。

Larson, Richard K. 2009. Chinese as a reverse Ezafe language.《语言学论丛》（第三十九辑），2013，商务印书馆。

Li, Charles N. & Sandra A. Thompson. 1981. *Mandarin Chinese: A Functional Reference Grammar*. University of California Press.

Li, Jie (李洁). 1997. Predicate type and the semantics of bare nouns in Chinese. In Xu Liejiong (Ed.), *The Referential Properties of Chinese Noun Phrases*. Centre de Recherches Linguistiques sur l' Asie Orientale.

Lyons, Christopher. 1986. The syntax of English genitive constructions.*Journal of Linguistics,* 22:123-143.

Lyons, Christopher. 1999. *Definiteness*. Cambridge University Press.

Palmer, Frank R. 1994. *Grammatical Roles and Relations*. Cambridge University Press.

Partee, Barbara H. 2010. Privative adjectives: subsective plus coercion. In R. Bäuerle, U. Reyle and T. E. Zimmermann (Eds.), *Presuppositions and Discourse*. Emerald Group Publishing, 273-285.

Quirk, R., S. Greenbaum, G. Leech & J. Svartvik. 1972. *A Grammar of Contemporary English*. Longman.

Shi, Dingxu (石定栩). 1997. Issues on Chinese passives. *Journal of Chinese Linguistics*, 25:41-70.

Sidnell, Jack. 2010. *Conversation Analysis: An Introduction*. Wiley-Blackwell.

Sweetser, Eve. 1990. *From Etymology to Pragmatics: Metaphorical and Cultural Aspects of Semantic Structure*. Cambridge University Press.

Tao, Hongyin (陶红印). 1999. The grammar of demonstratives in Mandarin. *Journal of Chinese Linguistics,* 27(1):69-103.

Teng, Shou-hsin (邓守信). 1975. *A Semantic Study of Transitivity Relations in Chinese*. University of California Press.(《汉语及物性关系的语意研究》，1984，台湾学生书局)

Thompson, Sandra A. 1973. Transitivity and some problems with the *ba* construction in Mandarin Chinese. *Journal of Chinese Linguistics,* 1:208-221.

Thompson, Sandra A.1988. A discourse approach to the cross-linguistic category 'adjective'. In John Hawkins (Ed.), *Explaining Language Universals*, Basil Blackwell, 167-185.

Thompson, Sandra A. 1998. A discourse explanation for the cross-linguistic differences in the grammar of interrogation and negation. In Anna Siewierska and Jae Jung Song (Eds.), *Case, Typology, and Grammar*. John Benjamins Publishing Company.

Vendler, Zeno. 1967. *Linguistics in Philosophy*. Cornell University Press.

Wetzer, Harrie. 1996. *The Typology of Adjectival Predication*. Mouton de Gruyter.

Zhang, Hongming (张洪明). 1994. The grammaticalization of *bei* in Chinese. In P. Jen-kuei Li *et al.* (Eds.), *Chinese Languages and Linguistics*, II, Academia Sinica, 321-360.

Zhang, Min (张敏). 2010. The postverbal constraint as a geographical continuum. Paper presented at the International Symposium for Comparative and Typological Research on Languages of China, May 08-09, HKUST.

Zhuo Jing-Schmidt (井茁). 2005. *Dramatized Discourse: The Mandarin Chinese Ba-construction*. John Benjamins Publishing Company.

后　记

收在这里的是我近些年汉语语法研究的二十个专题。这些研究有一个共同的追求，就是揭示汉语语法中语用动因的体现，故此用“汉语句法的语用属性”做书名。每个专题都曾用单篇论文的方式发表过，论文的原始出处在每章的末尾注明。这些专题大都有内在联系，这次编辑的时候按主题归为四个部分，全书重新编了章节序号，各部分内容也都有一些改动，让全书更有整体性。其中第六章、第九章和第二十章分别与刘探宙、吴早生、郭光合写，感谢三位合作者允许我把他们参与的研究成果收入这个集子。本书的出版得到中国社会科学院重点学科“句法语义学”的资助。商务印书馆给予了大力的支持，责任编辑冯薇在编校中帮助校正了许多体例和内容方面的错误，在此表示由衷的感谢。

张伯江

2021年12月